Sean Bonney

# 3ds max 4 efeitos mágicos

**Tradução**
Mabel Alzueta de Moreno

**Revisão técnica**
Deborah Rüdiger

Do original
***3ds max 4 Magic***

**Authorized translation from the English language edition, entitled *3ds max 4 Magic*, published by New Riders Publishing, Copyright © 2001**

**All rights reserved. No part of this book may be reproduced or transmitted in any form or by any means, electronic or mechanical, including photocopying, recording or by any information storage retrieval system, without permission from the Publisher.**

**Portuguese language edition published by Editora Ciência Moderna Ltda. Copyright © 2001.**

**©Editora Ciência Moderna Ltda. 2001**

Todos os direitos para a língua portuguesa reservados pela EDITORA CIÊNCIA MODERNA LTDA.

Nenhuma parte deste livro poderá ser reproduzida, transmitida e gravada, por qualquer meio eletrônico, mecânico, por fotocópia e outros, sem a prévia autorização, por escrito, da Editora.

**Editor:** Paulo André P. Marques
**Supervisão Editorial:** Carlos Augusto L. Almeida
**Produção Editorial:** Friedrich Gustav Schmid Junior
**Capa:** Renato Martins
**Diagramação:** Érika Loroza
**Tradução:** Mabel Alzueta de Moreno
**Revisão:** Daniela Marrocos
**Revisão Técnica:** Deborah Rüdiger
**Assistente Editorial:** Daniele M. Oliveira

Várias **Marcas Registradas** aparecem no decorrer deste livro. Mais do que simplesmente listar esses nomes e informar quem possui seus direitos de exploração, ou ainda imprimir os logotipos das mesmas, o editor declara estar utilizando tais nomes apenas para fins editoriais, em benefício exclusivo do dono da Marca Registrada, sem intenção de infringir as regras de sua utilização.

## FICHA CATALOGRÁFICA

Bonney, Sean
***3ds max 4: efeitos mágicos***
Rio de Janeiro: Editora Ciência Moderna Ltda., 2001.

Animação de imagens em computador; computação gráfica
I — Título

ISBN: 85-7393-168-X                                    CDD 001642

**Editora Ciência Moderna Ltda.**
**Rua Alice Figueiredo, 46**
**CEP: 20950-150, Riachuelo – Rio de Janeiro – Brasil**
**Tel: (021) 2201-6662/2201-6492/2201-6511/2201-6998**
**Fax: (021) 2201-6896/2281-5778**
**E-mail: lcm@lcm.com.br**

# Sumário

**Efeitos especiais**
Projeto 1 - Impacto! .......................................................................... 1
Projeto 2 - Água em movimento ........................................................ 31

**Iluminação**
Projeto 3 - Cena submarina .............................................................. 55
Projeto 4 - Efeitos de iluminação ...................................................... 81

**Modelagem e animação**
Projeto 5 - O balanço da corda ........................................................ 101
Projeto 6 - Água-viva ....................................................................... 117
Projeto 7 - Animação de personagens usando a cinemática inversa ........ 139
Projeto 8 - Máquina mecânica .......................................................... 155

**Materiais**
Projeto 9 - Oceano tormentoso ......................................................... 189
Projeto 10 - Texturas para jogos ....................................................... 213

**Expansão do Max**
Projeto 11 - Mesa de pregos ............................................................ 235
Projeto 12 - Renderizar de maneira fotográfica não realista ................ 255
Projeto 13 - Ajuste de câmeras ........................................................ 269
Apêndice - O conteúdo do CD-ROM .................................................. 287

Índice ............................................................................................. 293

**Projetos de bônus do CD-ROM**
1 Fumaça e vento
2 Modelo e mapeamento de uma cabeça
3 Expressões faciais e movimento dos lábios
4 Conteúdo ampliado do Projeto 3
5 Conteúdo ampliado do Projeto 8

# Os autores

**Sean Bonney** é animador de imagens em 3D, grande artista e projetista de jogos que mora na histórica cidade de Fredericksburg, Virginia. Sean formou-se na Virginia Commonwealth University em Richmond, Virginia, em 1991, com o grau BFA em ilustração e desenho. Trabalhou como Desenhista Gráfico para o sistema implantado na Biblioteca Regional Central de Rappahannock durante nove anos. Anteriormente havia trabalhado para os Estúdios Rainbow em Phoenix, Arizona, em diversos projetos de jogos e difusão. Sean contribuiu com seus artigos em duas publicações da New Riders, *3D Studio MAX 3 Magic* e *3D Studio MAX 3 Professional Animation*. Atualmente, Sean é Diretor do Estúdio Anvil e se especializa em animações independentes e design de jogos. Para obter mais informações sobre Sean Bonney ou sobre o Estúdio Anvil, visite o site da Web **www.anvil-studio.com** ou envie e-mail para **sbonney@anvil-studio.com**.

**Laurent M. Abecassis** tem uma formação tradicional em animação e trabalha com 3ds max desde o lançamento do 3D Studio R3 para o DOS. Os seus projetos incluem caracterização para vídeo games, séries de TV, efeitos especiais, animações com captura de movimento e outros aplicativos. Estimulado por seu desejo de aprofundar seus conhecimentos sobre 3ds max, Laurent decidiu abandonar suas atividades de liderança no campo da pesquisa e desenvolvimento que desempenhava na empresa KliK Animation em 1999 para buscar oportunidades de serviço independente. A partir desse momento, encontrou várias ocasiões para compartilhar seus conhecimentos com a comunidade 3D. Laurent é atualmente Especialista de Treinamento em Montreal, Canadá. Ele dá aulas em todos os níveis sobre os recursos de 3ds max, estúdio de caracterização, raios mentais, combustão e Lightscape, e também sobre como incorporar plug-ins de vários desenvolvedores. Todos os seus cursos têm o objetivo de aplicar as características do 3D. Laurent também é presidente/gerente de produtos da Di-O-Matic, uma empresa que produz plug-ins e de treinamento em CDs para 3ds max. Para obter mais informações, visite **www.di-o-matic.com**.

**Sue Blackman** é uma artista independente de Temecula, Califórnia, que no começo da década de 90 sentiu-se encantada por poder concentrar seu interesse e transformar-se numa artista 3D. Os treinos de cavalos, as exibições e julgamentos, os desenhos de móveis de qualidade, assim como a criação, os trabalhos de paisagismo e horticultura, a construção de casas e, sem dúvida, a sua participação em vários canais artísticos mais tradicionais têm contribuído para formar uma base sólida para os ambientes e animações com recursos em 3D que a artista produz para Radish Works, um desenvolvedor de jogos do Sul da Califórnia. Ela também dispõe de seu tempo para dar aulas sobre 3ds max em dois colégios comunitários de Southland, assim como se encontra em processo de concluir os estudos de um curso já bastante longo na UC Riverside. Ela reconhece que é uma "viciada em max" e uma escritora compulsiva de tutoriais, e que sempre ficou fascinada por todo tipo de entretenimento e artefatos mecânicos. Se ela puder encontrar tempo suficiente para criar sua página na Web, poderá ser encontrada em **www.3dxxzone.com**. Isto é, XX como no cromossomo feminino, e não o X do raio X (desculpem)!

## Os autores | V

**Pete Draper** foi sempre um apaixonado pelo 3D desde sua infância. Ele começou sua carreira como artista de belas-artes e designer gráfico antes e durante seus estudos universitários, onde estava cursando Engenharia IT. Depois de descobrir o 3D Studio MAX 3, em um dos laboratórios CAD da universidade, decidiu concentrar seu interesse no novo assunto. E atualmente, tendo se convertido num fanático do max, exerce o cargo de Diretor de Mídia para o Grupo de Design Orchard Creative, no sudoeste da Inglaterra, e passa suas noites como artista, instrutor e escritor da seção de Perguntas e Respostas da revista *3D World*. Se você não estiver muito ocupado e não tiver nada melhor para fazer, a sua página na Web pode ser vista em **www.xenomorphic.co.uk**.

**Richard Katz** é um artista e animador que mora na região da Baía de São Francisco. Procedente de New Jersey, recebeu o grau BFA na Trenton State College antes de mudar-se para o oeste para fazer jogos. Atualmente é o Artista Chefe do jogo *"Warriors of Might and Magic"* para PlayStation 2 na empresa 3DO. Ele permaneceu trabalhando na indústria dos jogos durante quatro anos e vem utilizando o 3ds max diariamente em vários jogos para a empresa 3DO e para a Sierra On-Line. Pode ser contatado pelo e-mail **katz@katz3d.com** ou por meio do site **www.katz3d.com**.

**Randy M. Kreitzman** é um Engenheiro Sênior de Qualidade numa Divisão da Autodesk, Inc., trabalhando exclusivamente com 3ds max. A sua carreira na computação gráfica começou em 1991, ao produzir curta-metragens para uma empresa de cabo afiliada do sul da Califórnia, utilizando o Animator da Autodesk e o 3D Studio R1 para DOS. Em 1994, mudou-se para o norte da Califórnia à procura de serviço de alta tecnologia em 3D. Trabalhou na FTI Communications (em São Francisco) em 1995 para criar animação com recursos 3D para várias empresas, como AT&T, Boeing, Chyron, Chevron e DSC, utilizando o software Alias/Wavefront. Em 1996, entrou na Divisão de Multimídia da Autodesk, Inc. como Analista de Qualidade para testar o 3D Studio MAX na produção de cenários do mundo real. Randy atualmente reside no Centro da Califórnia com sua adorável esposa, Kimberlie, seus quatro cachorros de trenó e três cavalos. Ele deseja agradecer a Kimberlie pelo seu amor constante e pelo seu apoio incondicional. Pode ser contactado via e-mail em **randy.kreitzman@autodesk.com**.

**Daniel Manahan** é mais que um mero artista, músico, cantor, bailarino, perito jogador de xadrez e Go, nadador, goleiro de pólo aquático, lutador, marido e pai. É um professor apaixonado que tem a missão de facilitar a vida dos alunos ávidos por aprender. Atualmente ele ensina max em cinco colégios no Sul da Califórnia e participou do desenvolvimento do currículo escolar em 12 colégios nos últimos quatro anos. Quando não está ocupado ajudando no desenvolvimento dos artistas para que consigam emprego, está em seu estúdio fazendo animações para filmes, teses e apresentações comerciais. Para obter mais informações sobre suas aulas básicas e avançadas no Sul da Califórnia, contacte-o em **3DMan@Charter.net**.

**Michael Reiser, MD** é atualmente médico radiologista em Pittsburgh, Pennsylvania. Começou trabalhando com 3D há cinco anos e tornou-se um adepto desde então. Escreveu muitos artigos de revista e numerosos tutoriais online. Michael deleita-se com as ilustrações médicas em 3D e suas aplicações em radiologia. No entanto, sua maior predileção está no desenvolvimento de criaturas. "Costumo exercer a profissão de médico até que alguém me contrata para criar dinossauros em tempo integral". Pode-se contactar Michael em **MikeReiser@aol.com**.

**Marcus Richardson** sempre foi em essência um ótimo artista. Ele começou sua peregrinação de CG em 1994 quando criou seu primeiro mundo em 3D no Rend 386. A partir daquele momento, ele se esforçou em empreender os caminhos que o levaram ao desenho em 3D e às filmagens, criando os

Estúdios IonAmation. Graduado pelo Instituto de Belas-Artes do Colorado, Marcus já produziu diversas animações profissionais para vários clientes, incluindo a Qwest Communications. Atualmente mora em Aspen, Colorado, onde concretizou seu sonho de viver nas montanhas, além de criar animações para televisão e filmes para a Versatile Productions, Inc. Para obter mais informações sobre os Estúdios IonAmation, visite **www.ionamation.com**. Para saber sobre a empresa Versatile Productions, Inc., visite **www.versatileproductions.com** ou comunique-se via e-mail com **crazymoose@ionamation.com**.

# Dedicatória

*A meu pai, Richard Scott Bonney, que não compreenderia este material técnico, mas orgulhosamente comentaria em todos os cafés da área de Boulder sobre seu filho, o autor/artista.* — **Sean Bonney**

*A minha Nanna, Marie Fletcher; espero que tenha recebido meu cartão!* — **Pete Draper**

*A minha querida esposa, Lourdes, cuja paciência deu-me a sinceridade para conquistar os desafios da vida.* — **Daniel Manahan**

*Para Asher, Lauren e Emma. Eles me ajudaram a ver o mundo como uma criança de novo!* — **Marcus Richardson**

# Agradecimentos

Agradeço a Earl Simpson e a Chad Carter por pesquisar as referências corretas. Gostaria de agradecer também a meus editores da New Riders, particularmente Linda Bump, pela sua paciência e encorajamento durante o desenvolvimento deste livro. E, o mais importante, à minha esposa há 10 anos, Sydney, pelo seu amor e apoio, sem os quais eu não poderia ter completado este trabalho. — **Sean Bonney**

Agradeço a Ben e a Garrick da Future Publishing pela oportunidade que me foi concedida em primeiro lugar; a minha família, a respeito da qual sempre penso, apesar de estarmos tão longe; a Carol, Mark e Jenny Baker, por nos suportar; e a Marlon, grato pela ajuda, colega! Finalmente, a minha cara metade, Laura, por tolerar-me durante todo o tempo precioso que perdi com o maldito computador! — **Pete Draper**

Meu tutorial "Cenário Submarino" foi cuidadosamente desenvolvido durante os anos que dediquei a responder perguntas de meus artistas. Agradeço aos que lutaram, batalharam e tiveram a coragem de perguntar "por quê?". Na busca de tornar-se grandes artistas em 3D, vocês me ensinaram como o principiante percebe essa complicada interface. — **Daniel Manahan**

Gostaria de agradecer aos meus pais pelo apoio incondicional e pela fé que depositaram em mim; ao meu mestre e mentor Todd Debreceni, que me ajudou a ver o mundo de uma maneira diferente; a Charles Sutherland, que me trouxe de volta à realidade e a Mike Canu do TTCE Online, que sempre me impulsionou a melhorar meu desempenho. — **Marcus Richardson**

# Introdução

3ds max é uma ferramenta poderosa na moderna computação gráfica. Desde o início dos anos 90 o max tem se tornado mais popular e mais poderoso, e hoje, com seus recursos gráficos plenamente desenvolvidos com possibilidades ilimitadas, este livro o ajudará a explorar algumas dessas possibilidades.

## QUEM SOMOS

Os autores deste livro estão entre os mais destacados artistas de 3D na indústria atual. Alguns trabalham como artistas de efeitos especiais, produzindo os efeitos utilizados nos filmes mais importantes de Hollywood. Outros empregam seus talentos na criação de efeitos para produções de televisão e comerciais. E outros trabalham criando muitos dos jogos populares que são comercializados atualmente.

Nenhum dos autores que contribuíram para este livro vive de escrever livros — ainda bem! Apesar de escreverem e contribuírem em muitos dos livros e revistas de melhores vendas sobre 3ds max e computação gráfica em geral, seu foco e seu tempo é dedicado à sua arte. Este livro não recria os conjuntos de recursos e manuais do produto; é uma fonte de grande inspiração e saber técnico colocado à sua disposição pelas pessoas que vivem e estão ligadas à computação gráfica como um todo.

## QUEM É VOCÊ

Este livro é adequado para os usuários de nível intermediário e avançado de 3ds max 4. Nos esforçamos em fornecer a você todas as instruções de que precisará para trabalhar num projeto e atingir efeitos espetaculares, sem restringir os detalhes de cada fase. Nossos esforços foram realizados para conseguir o equilíbrio entre clareza e funcionalidade.

Assumimos que você esteja familiarizado com os fundamentos do 3ds max 4. Acreditamos que você é proprietário ou tem acesso ao 3ds max 4, que já leu a documentação que acompanha o programa e que já trabalhou com os tutoriais. Em outras palavras, entendemos que você tem a compreensão básica sobre como usar recursos como o painel Modify Command, o Material Editor, dobras espaciais, NURBS, sistemas de partículas, Video Post, entre outros. Isso não significa que um iniciante não possa usar este livro. Ao contrário, se você for o tipo de pessoa que gosta de mergulhar de cabeça num projeto, o uso deste livro irá acelerar sua compreensão sobre o 3ds max 4 e rapidamente melhorar seu desempenho.

## Conteúdo do livro

Cada capítulo deste livro consiste em um projeto passo a passo que explica como criar efeitos espetaculares que vão desde explosões devastadoras de planetas, utilizando partículas e materiais avançados, até um mar denso, tormentoso, usando efeitos de deslocamento de ambientes e nuvens de partículas. Esses efeitos são obtidos através da exploração da poderosa ferramenta que acompanha o max. No livro, você encontrará dicas e truques valiosos para tirar o máximo proveito do max.

## O CD anexo

Incluídos no CD que acompanha este livro você encontrará todos os arquivos e texturas necessárias de que precisará para completar os exercícios em cada capitulo. Além dos arquivos iniciais do programa tutorial do max, você encontrará versões completas de cada efeito, para comparar com seus próprios resultados. Você também encontrará os plug-ins necessários para completar alguns dos capítulos. A maioria dos projetos deste livro tem o objetivo de completar uma animação renderizada, na qual você encontrará uma animação Audio Video Interleaved na pasta do projeto. Com o arquivo AVI, você poderá ter uma visão antecipada do resultado final ou ver uma animação renderizada (se não quiser completar a animação). Você também encontrará cinco projetos de bônus que o ajudarão a continuar e aprimorar seu aprendizado, inclusive após o término do livro. Lembre-se de verificar o Apêndice para obter informações adicionais.

## Nossas suposições

### Ao escrever este livro

Tínhamos cinco suposições no momento de escrever este livro. Essas suposições estão baseadas em nossa experiência coletiva no aprendizado e no trabalho com software.

- Você não tem tempo a perder em aprender um efeito.

  Você detesta ficar trabalhando com um tutorial que parece não ter fim? As etapas desses capítulos foram projetadas para ajudá-lo rapidamente a atingir o efeito final sem muita demora. Você não encontrará nem humor descabido nem divagações. Cada capítulo se inicia com um breve parágrafo que explica o que você deverá fazer, assim como um breve resumo dos passos que você deverá executar para obter o efeito.

- Você não quer ficar sentado lendo o livro até o final.

  Este livro não foi escrito para ser lido de forma linear. Cada capítulo é único em si mesmo. Tudo o que você necessita em qualquer capítulo está incluído em suas próprias páginas. Encontre o efeito que tanto o fascina e inicie o capítulo.

- Você quer poder reproduzir os efeitos demonstrados neste livro.

  Uma das queixas mais freqüentes sobre os livros estilo tutorial é que geralmente, após estabelecido o parâmetro e depois de agir de acordo com as instruções, você conseguiu um bom resultado, mas não compreendeu exatamente como o fez e como chegou a ele. Um dos objetivos deste livro é não somente conduzi-lo até o resultado final, mas assegurar que você entendeu o motivo pelo qual foi necessário estabelecer um parâmetro definido para determinado valor. Você descobrirá por que a maioria das fases e parâmetros inclui uma breve explicação sobre o motivo pelo qual você o está mudando para esse valor. Por exemplo, às vezes você encontrará uma observação informando que esse valor será mudado depois, no momento da animação.

■ Você deseja idéias adicionais que provoquem variações sobre o efeito.

Quando você está aprendendo novos efeitos, a melhor maneira de aprofundar os conhecimentos é através da repetição. No final de cada capítulo, você encontrará sugestões sobre variações de cada efeito. Uma característica compartilhada pelos maiores peritos em computação gráfica é que, quando eles aprendem alguma coisa nova, continuam trabalhando com diversas variações até dominá-las totalmente. Ensaie as variações sugeridas com esses efeitos e assim desenvolverá as suas próprias. Essa é a melhor maneira de compreender como funcionam os diversos parâmetros.

■ Você gosta de aprender visualmente.

Uma imagem vale mais que mil palavras. Isso é verdadeiro quando falamos de tutoriais computadorizados. Nada é mais frustrante que trabalhar passo a passo com um tutorial e sentir-se em dúvida se as instruções estão sendo cumpridas corretamente, já que não há referências visuais. Agregamos figuras para acompanhar as etapas de aprendizagem e garantir que será fácil manter-se no rumo.

## Convenções
### UTILIZADAS NESTE LIVRO

Todo livro de computação tem seu próprio estilo de apresentar informações. Neste livro, você perceberá que utilizamos um formato pouco comum. Como sabemos que a maioria de nossos leitores não estaria lendo este livro se não fosse da área gráfica, as aberturas dos projetos são bastante simples e atraentes. O material realmente substancial começa na página seguinte.

Na coluna esquerda, você encontrará instruções passo a passo para completar o projeto, assim como explicações sucintas e valiosas. Na coluna correspondente, à direita, você encontrará imagens de telas ilustrando esses passos. Vamos repetir: se você se perder em qualquer momento ao completar o projeto, procure o arquivo desse projeto já concluído no CD e encontrará a resposta para sua pergunta.

## Una-se à revolução

O mundo da computação gráfica e da animação é um território excitante e em rápida expansão. Cada dia penetra mais no mundo que nos rodeia. A computação gráfica é utilizada na educação e no entretenimento, nos filmes, apresentações de televisão, documentários, comerciais, jogos, entre outras coisas. A computação gráfica também é usada fora do mundo do entretenimento, na arquitetura e nas imagens animadas dos projetos, nas animações de processos nos tribunais, em programas de treinamento técnico e na visualização de protótipos de produtos. Com o aumento na largura de banda na Internet, a rede mundial de informações vai se transformando em um lugar cada vez mais atraente e convidativo. Parece não ter fim o possível emprego dos recursos avançados de computação.

O 3ds max está rapidamente se transformando numa força dominante nessa revolução da computação gráfica. Desde o humilde começo com o 3D Studio para DOS no início dos anos 90, ele conseguiu satisfazer uma necessidade do mercado como uma alternativa conveniente em comparação com os outros pacotes gráficos 3D incrivelmente dispendiosos da época. Em menos de 10 anos ficou

# 3ds max 4: efeitos mágicos

demonstrado ser o mais versátil e poderoso programa de animação disponível. A introdução do 3D Studio Max 3 em meados de 1999 eliminou toda dúvida de que este programa seria capaz de produzir efeitos atraentes e espetaculares, até mais que os mais poderosos e caros programas disponíveis em 3D.

*3ds max 4: efeitos mágicos* é uma ferramenta valiosa que ajudará ainda mais sua compreensão do 3ds max 4 e do potencial que ele oferece a você como artista. Este livro foi feito para ajudá-lo a alcançar outro nível para seu talento através das demonstrações das técnicas usadas pelos profissionais mais inovadores no setor.

# IMPACTO!

*"É o que habitualmente chamamos um assassino em série. Nada sobreviverá, nem as bactérias."*
—**DO FILME ARMAGEDDON.**

## Explosão de um planeta

Uma das primeiras coisas que os artistas fazem quando começam a trabalhar com 3D é criar um planeta e explodi-lo. Neste capítulo, você simulará o efeito de um objeto chocando-se contra a Terra com força suficiente para gerar uma explosão nuclear e uma onda de choque que percorre o planeta, banhando-o com uma nuvem de fragmentos, chamuscando e iluminando a superfície e deslocando o mar à sua passagem.

*Projeto 1*
# Impacto!

*Por Pete Draper*

## COMO FUNCIONA

Neste capítulo, você recriará a velha história "asteróide se choca contra a Terra". Você criará não somente a explosão inicial, como também a massa de nuvem movimentando-se, as terríveis trilhas de rochas, o impacto de pequenos fragmentos e a onda de choque que chamusca a folhagem sobre a superfície do planeta e desloca o mar. Não é uma tarefa fácil de animar, você deve pensar ...não, não é... se você realizar tudo manualmente através de quadros-chave. Mas, neste exemplo especifico, configuramos a cena completa de maneira que você terá que animar algumas cenas efêmeras e movimentar alguns mapas UVW.

Para reduzir a confusão de animar e configurar a cena completa, ela foi dividida em diversas seções. A onda de choque completa, o deslocamento das nuvens e o efeito do terreno chamuscado terão como base elementos materiais, de maneira que poderão ser desenvolvidos em tarefas separadas e sobrepostas, a fim de gerar o efeito final. O impacto da explosão será material, baseado na geometria das partículas, e o impacto dos fragmentos será desenvolvido através de uma simples partícula multiplicada dentro da configuração diversa de um espaço alterado. Finalmente, você agregará um ou dois efeitos posteriores para abrilhantar alguns elementos e para falsificar as explosões do impacto.

Projeto 1 - IMPACTO! | 3

## O começo

Comece com uma cena básica, impact.max. As únicas coisas que você utilizará foram preparadas previamente e são diversos mapas para controlar o efeito: um mapa comum da Terra Difusa (earth diffuse.jpg), um mapa Specular (earth map reflection.jpg), um mapa Marítimo (earth map sea bump mask.jpg), uma máscara Chamuscada (earth map burn mask.jpg), um mapa das Nuvens que vem com max (CloudMap.jpg, incluído no folheto Maps/Space do 3ds max 4) e uma máscara da Marca do Impacto (impact mark.jpg). Todos esses recursos podem ser encontrados no CD-ROM anexo.

O material da Terra Difusa formado por imagens da earth diffuse.jpg, earth map reflection.jpg e CloudMap.jpg com redução de iluminação própria já criada. Esse material foi aplicado sobre uma esfera Nurbs com detalhes adaptados no centro da cena e é objeto da colisão com um asteróide (já animado para você) que colidirá com a esfera no quadro 200; isso proporcionará alguns quadros para uma composição incrível! Se for necessário, você pode substituir a esfera Nurbs por uma esfera geométrica primitiva. Tesselation é definida como Medium por *default*. Também está inclusa na cena uma iluminação Explosion Glow Omni, criada para gerar um brilho inicial, com animação de Attenuation e Multiplier. Nenhuma das luzes é prevista para gerar sombras, portanto, não se preocupe em desativar as sombras geradas ou surgidas nas propriedades de qualquer um dos itens deste capítulo.

**Observação:** Os mapas de bits da Terra personalizada foram criados no Photoshop mascarando-se todas as cores fora da folhagem verde para a máscara chamuscada. Para a máscara do choque no mar, todas as cores fora do azul foram mascaradas. Esses mapas de bits serão utilizados para cobrir os mapas existentes com mapas localizados no objeto Terra a fim de gerar o efeito desejado.

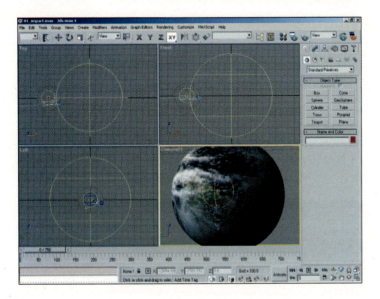

*Carregar o arquivo de cena básico do max.*

## COMO CRIAR A TEXTURA
### DAS NUVENS DESLOCADAS

Para simular a força do impacto, você criará um efeito de nuvem deslocada/ evaporação usando um gradiente de opacidade que se controla através de um mapa de UVW.

1. Abra o Material Editor e clique no material Terra no slot 1.

2. Navegue até o Diffuse Color, clique no slot Mix Amount e no mapa Clouds Bitmap, clique no botão Bitmap próximo do texto Cloud Bitmaps e adicione o novo mapa Mask. Verifique o Keep Old Map como Sub-map e clique em OK. Nomeie este mapa **Mask Clouds & Nuclear Opacity**.

   Usando este método, você está criando um novo mapa que está incorporando o mapa existente como um dos seus componentes.

3. Clique no slot Mask e adicione o mapa do gradiente Ramp. Nomeie isso como **Cloud Displacement Gradient Mask**. Configure o gradiente como está ilustrado.

   Deverá ter um ponto na posição 99 e outro na posição 0, ambos definidos na cor branca e um ponto na posição 100 definido na cor preta.

4. Aumente o seletor do Map Channel para **4** e desligue as sinais U e V. Expanda o Output e ligue o Invert.

5. Clique duas vezes no botão Go to Parent para voltar ao nível mix da Terra e nuvens mix e faça uma cópia instância do slot Mix no slot Color #2. Esse gradiente será usado para mascarar um setor da camada de nuvens quando o asteróide bater no planeta e será controlado por um mapa UVW. O gradiente está invertido porque não está segmentado; toda área externa ao UVW Map está configurada normalmente como cor preta. Ao inverter ela fica branca, em conseqüência defina a camada de nuvens quando o UVW inverter o gradiente ele fica localizado fora da esfera. É necessário inverter o gradiente porque posteriormente você o utilizará e deverá invertê-lo em outro mapa sem provocar perturbações em outras configurações.

6. Retorne ao nível superior do material Earth e clique no slot Specular Level.

   Você perceberá que o mapa Clouds & Nuclear Opacity Mask já está ali. Isso aconteceu porque o material original foi uma cópia instância daquela que você previamente modificou e em conseqüência este mapa também se alterou.

7. Nesta terra sem a referência das nuvens do mapa Mix, agregue um novo mapa Mask no slot Color #2 (nomeie este novo mapa Mask como **Inverted Clouds**) e conserve o mapa velho como sub-mapa. Coloque a cópia instância da Cloud Displacement Gradient Mask dentro do slot Inverted Clouds Mask.

Fixe os parâmetros do gradiente como ilustrado.

# Projeto 1 - IMPACTO! | 5

O material Earth, tem por padrão um mapa invertido de Clouds misturado com um mapa Earth Reflection de maneira que suas características especulares não se mancham ao ficar juntas. Então, quando as nuvens se deslocam, o mapa Cloud Specular necessita ser mascarado, utilizando o mesmo gradiente para ocultar a mesma seção mas com um mapa Cloud invertido (o slot Color #2).

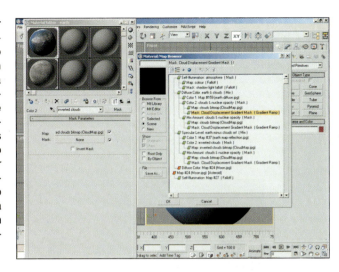

*Cópia instância de Gradient Mask selecionando Browse From Scene e selecionando o mapa Cloud Displacement Gradient Mask.*

8  Selecione a esfera Earth Nurbs. Agregue outro UVW Map modificador e o instale no Planar com um Map Channel de 4. Nomeie como **UVW Cloud Displacement**. No visor Top, selecione o modificador de gizmo e mova-a à esquerda do eixo X de modo que ela fique em frente à outra esfera.

É preferível ir para Show Map no visor no mapa Cloud Displacement Gradient Mask Gradient Ramp, para posicioná-lo corretamente.

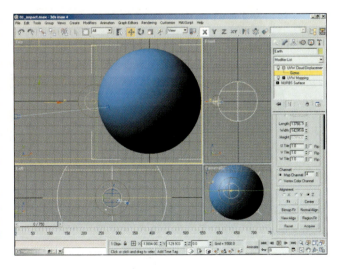

*No visor Top, crie o mapa UVW, como ilustrado e defina o gizmo.*

9  Para verificar o deslocamento, posicione UVW gizmo, de maneira que intersecte com a esfera. Ative o Active Shade no visor Câmera clicando com o botão direito do mouse sobre o texto da Câmera e navegue para Views/Active Shade.

O visor Câmera deverá mostrar atualmente a camada de nuvens sendo mascarada pelo mapa Gradient Ramp. Clique com o botão direito do mouse no visor ActiveShade e selecione Close no menu Quad para voltar a visão da Câmera. No visor Top, movimente o gizmo para que não intersecte a esfera. Esse é o gizmo UVW que controla os gradientes e as máscaras que você acaba de configurar; sua função é controlar o deslocamento das nuvens quando o asteróide se choca com o planeta. Fixando o gizmo para além da esfera, a integridade do mapa Clouds, permanece ainda inalterada.

*A interseção do gizmo UVW deveria resultar na camada de nuvens sendo deslocada.*

## COMO CRIAR A TERRA CHAMUSCADA E A TEXTURA DO MAR DESLOCADO

Como você está basicamente concentrado no efeito da explosão do impacto, a animação do asteróide já foi configurada, junto com seu Visibility Track para ocultar a geometria do objeto após o impacto. Usando o processo de camadas sobrepostas e uma gama de opacidades, então você configura a terra chamuscada e as texturas do mar deslocado e as funde junto ao mapa original da terra.

1  Copie o material Earthno qual esteve trabalhando e nomeie-o **Earth Scorched**.
2  No slot Diffuse, renomeie este **Earth & Foam & Clouds**. Clique o slot Color #1 e agregue-o ao novo mapa Mix. Conserve o mapa antigo como sub-mapa. Denomine-o **Earth & Sea Foam**. No slot Mix Amount, crie um mapa Bitmap e selecione o arquivo earth map sea bump mask.jpg. Suba um nível até o mapa Mix.

## Projeto 1 - IMPACTO! 7

Esta máscara mistura o mapa de bits Earth com o mapa de procedimentos que você irá usar como a espuma do mar.

3  Como o mapa de bits Earth Diffuse no slot Color #1, crie um novo mapa Mask no slot Color #2. Nomeie-o **Waves Overlay**.

4  Crie um mapa Noise no slot Mask; configure-o **Turbulence** com um High de 0.5. Nomeie-o de **Wave Foam Mask**.

5  Suba um nível ao mapa do Waves Overlay Mask e crie um novo mapa Gradient Ramp no slot Map. Denomine-o **Waves**. Configure o Map Channel para 2, desligue na grade o U e V, e crie o gradiente das ondas usando um branco desbotado e um azul escuro com RGB de 11, 21, 48, como ilustrado.

Nesta ocasião, o gradiente é usado como um mapa e não como uma máscara, mas será controlada da mesma maneira anterior, com a ajuda dos gizmos UVW Map. Esse gradiente será mascarado pelo mapa procedural Noise e está misturado com o mapa de bits terra somente onde tem água, usando o mapa de bits earth map sea bump mask.jpg

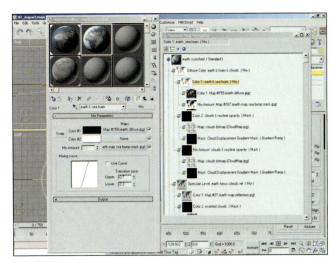

*Agregue o mapa de bits ao slot Mix do novo mix de materiais.*

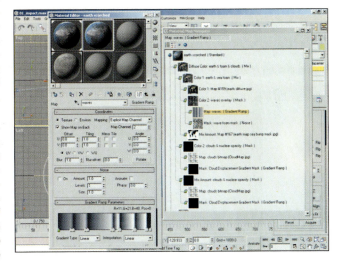

*O desenho do Gradient Ramp das ondas.*

6   Na pilha Earth Modifier, clique com o botão direito do mouse no modificador UVW Cloud Displacement, copie-o, clique novamente com o botão direito do mouse e cole. Renomeie o novo modificador de **UVW Transition** e configure a coluna Map Channel no valor de **2**.

Isto garante que ambos os mapas comecem a animação no mesmo local. Neste momento você criará a textura da Scorched Earth (terra chamuscada).

7   No nível superior, agregue um mapa com um novo mapa composto ao slot de Self-Illumination. Conserve o antigo mapa como um sub-mapa. Nomeie-o de **Atmosphere & Fire**.

8   No slot Map 2, agregue um novo mapa Mask e nomeie-o de **Scorch**. No slot Scorch Mask, agregue o mapa de bits earth map burn mask.jpg.

9   No slot Map, agregue um novo mapa Noise configurado como **Turbulence** com um Size de 200, um High de 0.5 e Levels de 10. Clique no botão Swap para mover as cores branco e preto. Nomeie o novo mapa Noise como **Fire Noise Patches**.

10  No slot Noise Parameters Color #1, agregue outro novo mapa Noise e denomine-o como **Red Fire**. Configure-o em **Turbulence** com Size de **200**, o High de **0.3** e Levels de **10**. Configure o Color #2 para este novo mapa Noise, em vermelho (R 255, G 0, B 0).

11  Novamente, no slot Color #1 do mapa Red Fire, agregue outro mapa Noise e nomeie-o como **Yellow & White Fire**. Configure-o em **Turbulence** com Size de 200, High de **0.2** e Levels de **10**. Configure Color #1 de branco e Color #2 de amarelo (R 255, G 225, B 0).

**Observação:** Criamos um mapa em camadas múltiplas para gerar o efeito do fogo usando vários mapas Noise sobrepostos para gerar o efeito procurado, porque o efeito de fogo requer mais de duas cores e diversos tamanhos. Este efeito foi mascarado pelo mapa de bits earth map burn mask.jpg e composto com o mapa da atmosfera no slot Self-Illumination.

*Você pode testar o mapa Earth Scorched designando-a à esfera Earth.*

# Como criar a marca do impacto

Usando a opacidade do gradiente criado para as nuvens deslocadas, você agregará uma marca do impacto sobre a textura da terra.

1. No slot do novo material, crie um material Oren-Nayar-Blinn com Specular Level and Glossiness fixado em **0**. Nomeie-o de **Impact Mark**.
2. No slot Diffuse, crie o mapa Gradient Ramp e denomine-o de **Impact Fire**. Configure o Map Channel em **3** e desligue a grade U e V. Mude o Gradient Type para Radial.
3. Crie um gradiente similar àquele que está ilustrado, usando as cores do branco nas posições 0 e 5, ao amarelo (R 255, G 255, B 0) na posição 10, no laranja (R 255, G 100, B 0) na posição 16, no vermelho escuro (R 130, G 0, B 0) na posição 33 e finalmente o preto nas posições 60 e 100. No Gradient Ramp Parameters, aumente o Noise Amount para **0.1**, Fractal e Size em **0.1**.
4. Suba ao nível superior do material e faça uma cópia instância do Impact Fire Gradient Ramp no slot Self-Illumination.
5. No slot Opacity, crie um mapa Mask e nomeie-o de **Impact Mark & Mask**. No slot Map, agregue um novo mapa de bits e adicione o impact mark.jpg. Desligue a grade U e V fixe a referência do Map Channel em **3**.

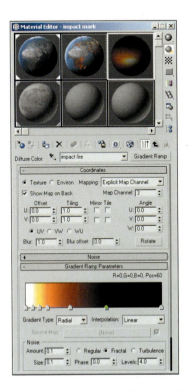

*Desenhe o gradiente usando as configurações ilustradas.*

6  No slot da máscara Impact Mark & Mask (o mapa pai), faça uma cópia instância do Cloud Displacement Gradient Mask anteriormente criado.

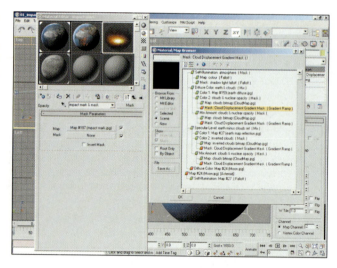

*Faça a cópia instância do mapa Gradient Ramp paginando a cena.*

7  No mapa Impact Mark & Mask, marque Invert Mask.

Invertendo o gradiente, cubra a marca do impacto até que o mapa UVW de deslocamento das nuvens intersecte a esfera. O gradiente invertido está novamente invertido; porque não está segmentada, toda área fora do recurso mapa UVW está configurada na cor branca (normalmente preta, mas o gradiente está invertido). Em conseqüência, você neste momento, a inverte para preta, a fim de ocultar a marca do impacto sem afetar a instância.

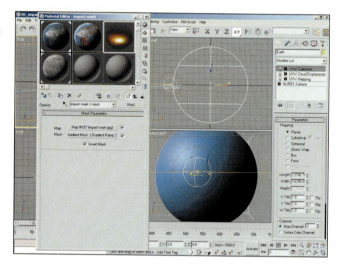

*A máscara do mapa Mask está invertida neste ponto, não dentro do mapa da Gradient Ramp.*

**Projeto 1 - IMPACTO!** | **11**

8. No visor Top, agregue um novo modificador UVW Map na pilha da terra, nomeie-o de **UVW Impact Mark**, e configure o sinalizador do Map Channel em **3**. Selecione o recurso sub-objeto, escolha Rotate e digite **-90** no sinalizador de transformação Y, de maneira a ficar posicionado olhando do interior da esfera em direção ao local do impacto.

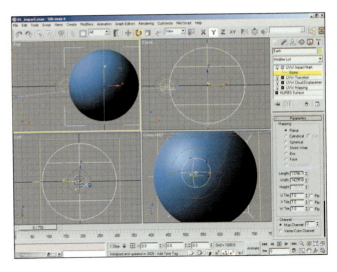

*A rotação resultante.*

9. Selecione Uniform Scale e vire o botão Absolute Transform Type-In até o fundo da tela. Digite **20** na caixa de entrada X.

    Escale o recurso, sem segmentar o mapa de Impact Opacity, e usando o mesmo mapa de canais e gradiente, como o mapa Cloud, que deverá apresentar a marca do impacto ao mesmo tempo que a camada Cloud fica encoberta.

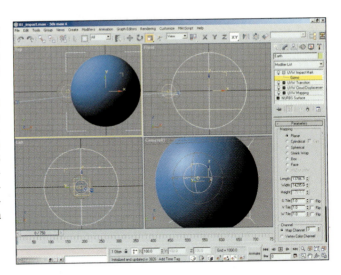

*A escala uniforme resultante.*

## Como criar a onda de choque

Finalmente, você criará a detonação da onda de choque que iluminará a textura da Terra, pela frente e por trás da onda.

1. Crie um novo material Oren-Nayar-Blinn e nomeie-o **Shockwave Gradient.** Configure as cores Ambient, Diffuse e Specular como branco, ajuste Self-Illumination em **100**, e Specular Level and Glossiness em **0**.

   Para um gabarito como este (e a marca do impacto) é sempre aconselhável utilizar o recurso customizado e não o especular e a cena do brilho, porque eles também serão gabaritados.

2. No slot Opacity, crie um novo mapa Gradient Ramp e nomeie-o como **Shockwave**. Desligue a grade U e V e configure o recurso Map Channel em **2**. Desenhe o gradiente como ilustrado: preto na posição 0, 93, 99 e 100; e branco na posição 98.

   Essa é a faixa do branco que passará sobre a esfera, controlada pelo mesmo recurso UVW que controla o deslocamento das nuvens e as opacidades da marca do impacto. Você neste momento obterá a onda de choque para iluminar a superfície da terra.

3. No material da Terra, agregue um novo mapa Mix no slot Self-Illumination e conserve o mapa antigo como sub-mapa. Denomine-o de **Atmosphere &** Shockwave Illumination.

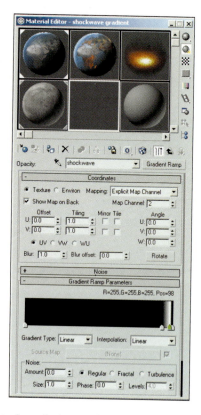

*A configuração do mapa Shockwave Gradient Ramp.*

Projeto 1 - IMPACTO! | 13

4   No slot Color #2, faça uma cópia instância do mapa Earth & Clouds Mix, criado anteriormente.

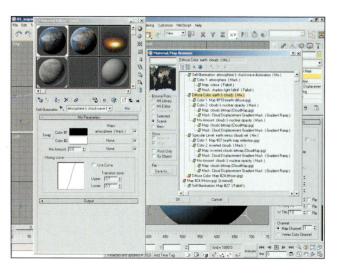

*Executando a cópia instância do mapa Earth & Clouds Mix.*

5   No slot Mix Amount do mapa Atmosphere & Shockwave Illumination Mix, copie (sem ser uma cópia instância) o Shockwave Gradient Ramp para criar um novo mapa. Nomeie este novo gradiente como **Shockwave Glow**.

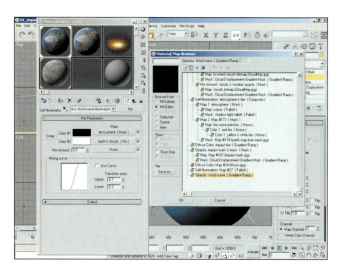

*Copie o mapa Shockwave Gradient Ramp selecionando Browse From Material Editor e selecionando o mapa Shockwave Gradient Ramp.*

6. Apague a bandeira preta na posição 99 e mova a bandeira preta da posição 93 para 87.

Isto lhe permitirá modificar ligeiramente o gradiente para iluminar o mapa Terra, na frente e por trás do gradiente Shock-wave, com a intensidade aumentando na frente da onda de choque e diminuindo atrás dela.

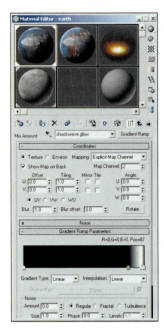

*Modifique a configuração da Gradient Ramp da maneira como está ilustrado.*

## COMO JUNTAR OS MATERIAIS

Usando Blend e os materiais compostos, você cobrirá cada material para gerar um composto totalmente animado que será aplicado ao nosso objeto Terra.

1. Crie um novo material Blend e nomeie-o de **Earth Blend**. Faça uma cópia instância do material Terra no slot Material 1 e o material Earth Acorched no slot Material 2 arrastando-os para os slots do material Blend.

2. Copie o Shockwave Gradient Ramp para o slot Mask. Nomeie o gradiente novo de **Earths Gradient** e modifique as posições de maneira a ter as bandeiras pretas nas posições 87 e 100 e as brancas nas posições 0 e 69.

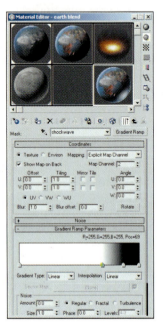

*Modifique a Gradient Ramp copiada da maneira como aparecem ilustradas.*

Projeto 1 - IMPACTO! | **15**

Esse é o gradiente de transição do material normal Earth para a cópia chamuscada. Você está usando Blend para esse material porque o material composto será usado para juntar os materiais cobertos completos, que possam provocar resultados indesejáveis como brilhos e compostos adicionais. Isso é aceitável para os outros materiais porque eles foram criados para se comportar assim.

3   Crie um novo material composto e nomeie-o de **Earth Composite**. Faça uma cópia instância do material Earth Blend no slot Base Material, localize a coloque a cópia instância do material Impact Mark no slot Material 1 e coloque a cópia instância do material Shockwave Gradient no slot Material 2. Desmarque todo o outro material no material composto. Atribuía o material composto a esfera Earth Nurbs.

*Teste orientado com o material composto aplicado sobre a esfera da Terra e os recursos UVW deslocados. A marca do impacto aparece, as nuvens estão deslocadas e a superfície chamusca pode ser visualizada.*

## COMO ANIMAR OS MATERIAIS

Neste momento que todo o trabalho difícil foi realizado, tudo o que você necessita fazer é animar os recursos UVW Cloud Displacement e UVW Transition.

1   Limpe a barra do tempo até o quadro 750 e ligue Animate. Ligue Smooth + Highlights nos visores Top e Left (se já não estiverem ligados), e ligue o Show Map no visor do Shockwave Gradient Ramp.

2. No visor Top, mova o recurso UVW Transition pelo eixo X para a direita da esfera, de maneira que quando a ultrapasse, fique a ¾ do total do percurso.

Isso anima a posição da onda de choque, controla a auto-iluminação da superfície do planeta e controla a transição do material Earth para o material Scorched Earth incluindo a espuma das ondas do mar.

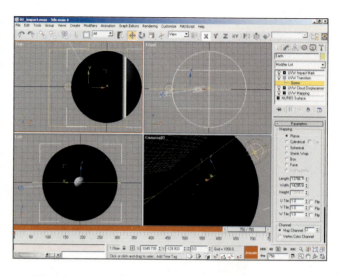

*Movimentando o recurso UVW Transition através da esfera Nurbs.*

3. Volte e limpe o quadro 225. Ligue Show Map no visor em Cloud Displacement Gradient Mask Gradient Ramp. Selecione o recurso UVW Cloud Displacement e mova ligeiramente à direita no visor Top, de maneira que apenas intersecte a esfera.

O mapa resultante será apenas um pouco maior que a esfera Moon Nurbs quando vista no visor Left.

4. Desligue Animate. Na linha do tempo, arraste a chave(s) até o quadro 0 e arraste-os até o quadro 200.

Isto oculta o momento do início dos efeitos do impacto até o quadro 200, quando o asteróide intercepta a esfera Nurbs.

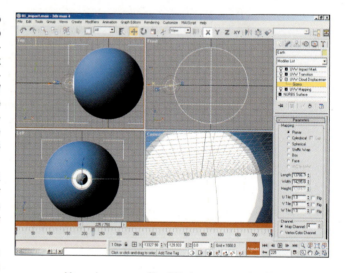

*Movendo o recurso Cloud Displacement no visor Top e simultaneamente observando-o no visor Left.*

## Como criar o impacto da explosão e o fulgor do impacto inicial

Neste momento em que o material Earth Impact já está preparado, você irá agregar alguns efeitos pirotécnicos na cena. A bola de fogo do impacto será criada usando objeto composto Scatter através de um emissor animado, permitindo a bola crescer. Então agregaremos um sutil fulgor ao objeto Scatter a fim de dar a impressão de luminosidade intensa.

1. Crie um globo terrestre primitivo no visor Left com um raio de **50** e com **3** segmentos; ele será o recurso do Tetra Base Type e nomeie-o de **Explosion Fireball**.

2. Crie outro globo terrestre primitivo no visor Left com X = 0, Y = 0, Z = 0 com um raio de **100** e **10** segmentos; nomeie-o de **Scatter Explosion Emitter** e configure-o como um Tetra Base Type. Marque Base to Pivot e selecione Move. Entre com **-6500** no X da caixa Transformation Type-in, na base da tela, de maneira que o globo terrestre se apóie na superfície da esfera Nurbs.

3. Limpe a linha do tempo no 750 e ligue Animate. Aumente o valor de Radius para **300** e mova a chave do raio gerado no quadro 0 na linha do tempo para o quadro 200. Desligue Animate.

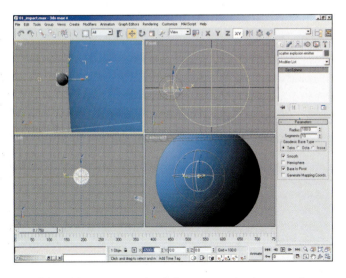

*Crie o globo terrestre no visor Left e mova-o entrando com o valor de transformação na caixa X do Transformation Type-in.*

4. Selecione o globo terrestre Explosion Fireball e crie um objeto composto Scatter; selecione o globo terrestre Scatter Explosion Emitter como Distribution Object. Aumente a quantidade de duplicados para **100**, marque Use Maximum Range e Lock Aspect Ratio na seção Scaling nas opções do Transform e entre com o valor de **100 no** seletor X de percentual. Marque Hide Distribution Object nas opções de Display.

5 Selecione o objeto Explosion Fireball Scatter e o Scatter Explosion Emitter e abra o Track View. Adicione um Visibility Track aos recursos do Scatter Explosion Emitter e ao Explosion Fireball. Crie chaves na pista de visibilidades do Scatter Explosion Emitter nos quadros 199 e 200 com valores de **0** e **1**, respectivamente.

6 Escolha Visibility Track com as chaves criadas e clique no ícone Copy na Track View. Selecione o Visibility Track para o Explosion Fireball e cole a instância clicando no ícone Paste na Track View.

Para que você não veja a explosão antes do quadro 200 (momento em que o asteróide se choca), usando Visibility Tracks você esconde os objetos Scatter e Emitter antes do quadro 200 e então você os exibe antes e após do quadro 200.

7 Crie um novo material Blinn e nomeie-o de **Explosion Fireball**. Dê a ele um Material ID de **1**. Marque 2-Sided, e configure o Specular e o Glossiness para **0**. Marque as caixas Color de Self-Illumination e deixe a cor como preta.

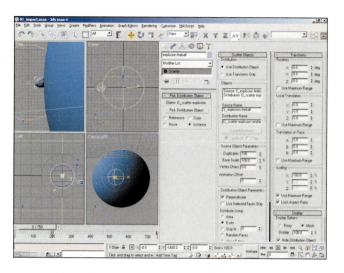

Crie o objeto Scatter composto com estas configurações.

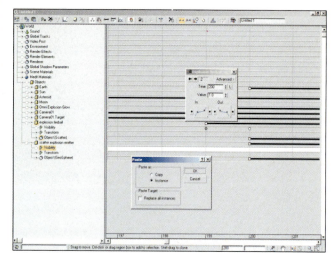

Preparando uma cópia instância da Visibility Track.

# Projeto 1 - IMPACTO! | 19

8. Crie um mapa Towards/Away Falloff no slot Diffuse; nomeie-o de **Fire Falloff**. Troque as cores branco e preto. No slot Towards (na parte superior), agregue um mapa Noise e nomeie-o de **Fire Noise**. Utilize Turbulence com Size de **200**, com High de **0.75** e Levels de **10**. Clique no botão Swap.

9. Agregue outro mapa Noise no slot da Fire Noise Color #1 e nomeie-o de **Red Fireball Fire**. Atribua ao slot Color #2 o valor de R 255, G 0 e B 0. Mude o tipo de barulho para **Turbulence** com um Size de **200**, o High de **0.3** e Levels de **10**.

10. Agregue outro mapa Noise no slot Red Fireball Fire Color #1 e nomeie-o de **White & Yellow Fireball Fire.** Faça o slot Color #1 ficar como cor branca e o slot Color #2 de R 255, G 225, B 0. Mude o tipo de barulho para **Turbulence** com **Size** de **200**, o High de **0.2** e Levels de **10**.

11. Volte para o nível superior do material, execute uma cópia instância do mapa Fire Falloff para os slots Self-Illumination e Opacity. Em Extended Parameters, mude Advanced Transparency Type para Additive. Atribua este material para o objeto Explosion Fireball Scatter.

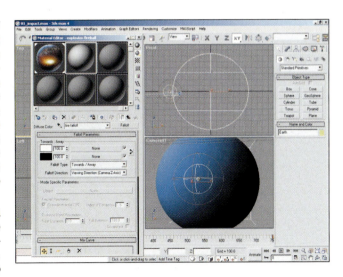

*O mapa Towards/Away Fallof.*

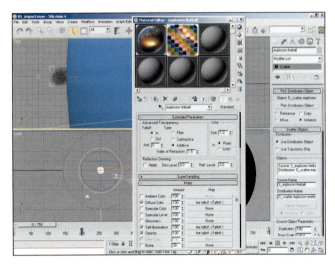

*Faça a cópia instância de Fire Falloff nos slots Self-Illumination e Opacity e configure Advanced Transparency.*

12. Copie o material e nomeie-o de **Explosion Emitter**. Desmarque o Opacity Map. Mude Advanced Transparency Type para Filter, mude o Falloff para Out, e aumente o sinalizador Amount para **100**. Desmarque 2-Sided. Atribua este material ao globo terrestre Scatter Explosion Emitter.

13. Na janela Rendering Effects, adicione um efeito Lens Effects e nomeie-o como **Lens Effects Explosion**. Adicione Glow Element (fulgor) ao painel direito de Lens Effects Parameters. Clique no novo Glow Element.

14. Na relação de Glow Element, corrija o sinalizador para **0.02**. Os marcadores de Intensity, Occlusion e o Use Source Color deverão ser configurados, cada um deles, em **100**. Desligue Glow Behind.

15. Na guia Glow Element Options, desligue Lights e ligue Effects ID. Certifique-se de que o recurso Effects ID esteja ajustado em **1**.

Devido a que o efeito da explosão usa transparências agregadas sobre o objeto Scatter, o efeito do fulgor não necessita ser muito intenso, tal como é um brilho inicial. O fulgor desintegra diversos cantos agudos e adiciona um efeito de iluminação intensa à cena.

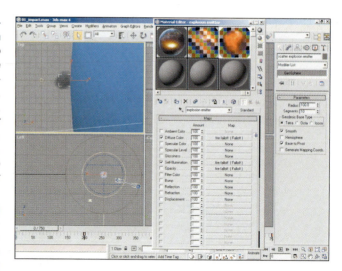

*As configurações do material corrigidas.*

*O objeto resultante Scatter combinado com a emissão Scatter no quadro 750.*

## Como criar o efeito de entulhos em chamas

Para dar maior força a esta cena dramática, você neste instante agregará grandes fileiras de escombros em chamas que emanam do local do impacto utilizando materiais agregados e Particle Spawn (geração de partículas).

1. No visor Top, defina o X = -6500, Y = 0 e Z = 0, crie um sistema de partículas Super Spray e nomeie-o de **Fire Trails**. Gire-o a -90 ao longo do eixo Y, de maneira que fique direcionado na direção oposta de onde se encontra a terra.
2. Atribua um Off Axis Spread de **100** graus e um Off Plane Spread de **90** graus. Por padrão, o tipo do Viewport Display deverá ser estabelecido em Ticks. Ajuste Percentage of Particles para serem vistas em **5%**.
3. Na relação de Particle Generation, clique Use Total e mude o valor do marcador para um valor entre 10 e 60. Ajuste Particle Motion Speed em **8** e Variation em **30%**.

**Observação**: Regule sua configuração entre 10 e 60 no marcador Use Total; se seu computador não é muito potente, você poderá desejar configurar num nível ainda menor porque uma grande quantidade de partículas serão criadas posteriormente usando Particle Spawn, que aumentará dramaticamente os tempos induzidos. A maior quantidade de partículas, entretanto, aumentará o efeito do impacto.

4. Mude os marcadores Particle Timing Emit Start e Emit Stop para **200** e os marcadores Display Unit e Life para **1000**.
5. Na seção Particle Size, mude o marcador Size para **15** com uma Variation de **50%**. Fixe os marcadores Grow e Fade For para 0. Na relação Particle Type Rollout, use o Standard Particles configurando-o para Facing.

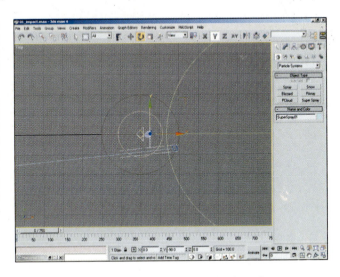

*Crie e posicione o sistema de partículas Super Spray.*

6. No Particles Spawn Rollout, mude o Spawn Trails. Mude o marcador Direction Chaos para **1%**, e o Speed Chaos Factor para **100%** e modifique-os em Both. Ligue o Inherit Parent Velocity. Na Lifespan Value Queue, entre com **500** no marcador Lifespan e clique no botão Add.

Esse é o tempo de vida para trilhas de partículas geradas, não dos emissores de partículas.

7. Crie um novo material Blinn e nomeie-o de **Fire Trails**. Ligue o 2-sided e Face Map na relação Basic Parameters. Modifique os marcadores Specular Level e Glossiness para **0** e aumente o marcador Self-Illumination para **100**.

8. Embaixo da relação Extended Parameters, mude Advanced Transparency Type para Additive.

Utilizar as transparências agregadas significa que você não tem que criar um efeito de fulgor para as partículas.

9. No slot Diffuse, agregue um mapa de Particle Age e nomeie-o de **Trails**. Faça Color #3 preta e configure o marcador Age #2 para **5**. Agregue um mapa Noise no slot Color #1. Nomeie isso como **Yellow & Orange**. Fixe Low para **0.25**. Configure Color #1 para R 255, o G 255 e o B 0 e o Color #2 para R 255, G 148 e B 0.

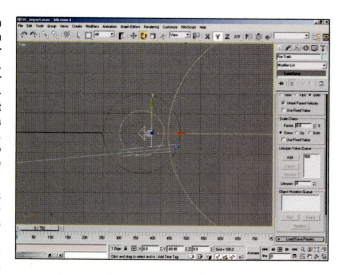

*Juntando as configurações do Super Spray àquelas ilustradas.*

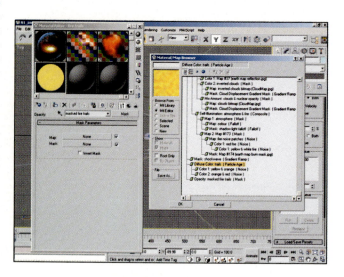

*Selecionando o mapa Particle Age para a instância dentro do slot Map.*

## Projeto 1 - IMPACTO!

10. Suba um nível até o mapa Trails, copie o mapa Yellow & Orange Noise no slot Particle Age's Color #2 e nomeie o novo mapa de **Orange & Red**. Modifique Color #1 deste mapa Noise para R 255, G 148 e B 0 e o Color #2 para R 255, G 0 e B 0.

11. De volta a parte superior, crie um mapa Mask no slot Opacity e nomeie-o de **Masked Fire Trails**. Execute uma cópia instância do Trails Particle Age para o slot Map.

12. Suba um nível até o mapa do Masked Fire Trails, agregue um mapa Gradient no slot Mask e nomeie-o de **Gradient Circular Mask**. Mude o Gradient Type para Radial. Atribua o material ao sistema de partículas Fire Trails.

    Usar um mapa Particle Age lhe permite desenhar exatamente como você gostaria, a mudança das cores durante a vida de uma partícula. Usando-a em conjunto com o gradiente circular, permitirá a você controlar a densidade, durante a duração da vida.

13. Crie a envoltura espacial Gravity configurando a Spherical Force de X = 0, Y = 0 e Z = 0. Fixe o marcador Strength em **0.01**. Nomeie-o de **Gravity Fire Trails**.

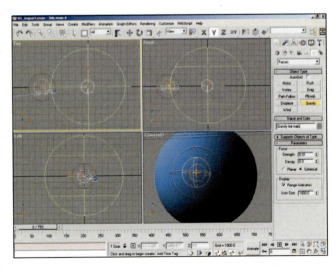

*Criando a envoltura espacial Gravity Fire Trails.*

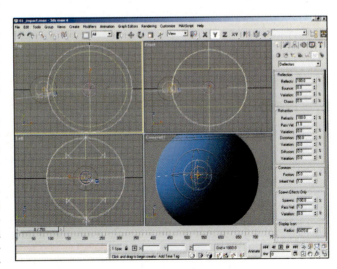

*Crie uma envoltura espacial SOmniFlect com as configurações ilustradas.*

14. Crie uma envoltura espacial SOmniFlect de X = 0, Y = 0 e Z = 0 com raio de **6470** e nomeie-o de **SOmniFlect Fire Trails**. Em Parameters, aumente o marcador Time Off para **750** e fixe o Reflection Bounce para **0** e Friction para **5**.

15. Amarre o sistema de partículas Fire Trails com as envolturas espaciais Gravity Fire Trails e SOmniFlect Fire Trails.

    A envoltura espacial Gravity puxa as partículas de volta para a esfera Earth, mas a envoltura espacial SOmniFlect evita que elas intersectem a esfera, impedindo que elas escapem através da atmosfera.

## Como criar uma pequena chuva de entulhos no impacto

Neste momento você criará uma pequena chuva com os entulhos levantados pela explosão e que estão entrando de novo na atmosfera da Terra e chocando-se com sua superfície, usando o sistema de partículas Super Spray, duas envolturas espaciais e duas esferas poliinstanciadas com diversos materiais.

Você também utilizará um efeito de impacto adicional usando o efeito Glow que ilumina ligeiramente a superfície da Terra.

1. Crie duas esferas primitivas, uma com o nome de **Small Debris Instance** com Radius de **10** e **4** segmentos e outra com o nome de **Small Debris Impact** com Radius de **40** e **6** segmentos.
2. No visor Top, crie outro sistema de partículas Super Spray com X = -7000, Y = 0 e Z = 0. Nomeie-o de **Small Debris**. Gire-o –90 pelo eixo Y, de maneira que fique direcionado para fora, longe da Terra.

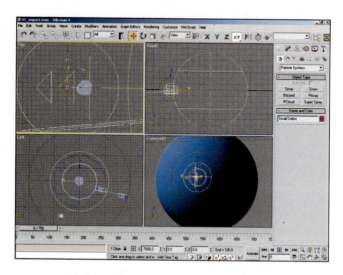

*Posicione o novo sistema de partículas na frente do sistema de partículas Fire Trails.*

# Projeto 1 - IMPACTO! | 25

3   Fixe os marcadores Off Axis Spread e Off Plane Spread, ambos a **90** graus. Modifique o marcador Percentage of Particles em **5%**.

4   Abaixo da relação Par-ticle Generation, aumente o marcador Use Rate para **300**. Fixe o marcador Particle Motion Speed em **100** e o mar-cador Variation em **50%**. Ajuste o Particle timing Emit Start e Stop em **200** e os marcadores Display Unit e Life em **1000**. Fixe os marcadores Grow For e Fade For em **0**.

5   Abaixo da relação Par-ticle Type, mude o Par-ticle Types para Instan-ced Geometry, clique no botão Pick Object em Instanced Parameters e selecione a esfera Small Debris Instance.

6   Abaixo da relação Parti-cle Spawn, marque Spawn on Colision. Indique **1000** no Lifespan Value Queue. Na seção Object Mutation Queue, clique no botão Pick e selecione a esfera do Small Debris Impact.

7   Crie um novo material Blinn e fixe a Glossiness e a Opacity em **0**. Nomeie-o de **Small Debris Instance** e atribua-o à esfera Small Debris Instance.

8   Copie o material da Explosion Fireball, renomeie a cópia **Small Debris Impact Explo-sion** e corrija seu Material ID de 1 para **2**. Atribua esta a esfera Small Debris Impact. Oculte as esferas Small Debris Instance e Small Debris Impact.

9   No sistema de partículas Small Debris, clique o botão Get Material From na seção Mat´l Mapping and Source da relação de Particle Type.

10  Copie as envolturas espaciais Gravity Fire Trails e nomeie este novo invólucro de **Gravity Small Debris**. Modifique o marcador Strength para **0.5**.

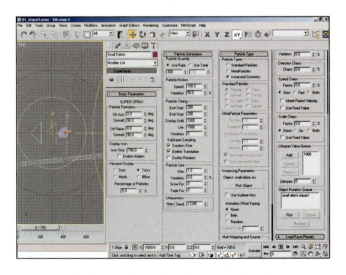

*Configure o sistema de partículas como ilustrado.*

**Observação**: Devido a maneira como funciona o Particle Spawn, as partículas podem mudar de cor com os fragmentos gerados durante o choque, se a Instanced Geometry é do tipo da partícula principal. Em conseqüência, você usará um material transparente para as partículas principais para ocultar a cena e outro material e objeto para as partículas geradas. Posteriormente, você poderá desejar enxergar as partículas iniciais sendo projetadas do local da explosão, nesse caso você pode corrigir as propriedades do material Small Debris Instance.

11  Crie uma envoltura espacial SOmniFlect de X = 0, Y = 0 e Z = 0 com Radius de **6470** e nomeie-o de **SOmniFlect Small Debris**. Em Parameters, aumente o marcador Time Off para **750**, fixe o Reflection Bounce para **0**, e Friction para **100**.

12  Amarre o sistema de partículas Small Debris ao Gravity Small Debris e ao invólucro espacial SOmniFlect Small Debris.

Usando o Particle Spawn, as partículas iniciais são puxadas para a esfera Earth e são substituídas por partículas maiores auto-iluminadas no momento de chocar com o invólucro espacial SOmniFlect Small Debris, que as segura no local devido a seu alto valor de Friction.

13  Na janela dos Rendering Effects, agregue o efeito de Lens Effects e nomeie-o de **Lens Effects Small Debris Impacts**. Agregue um Glow Element no painel direito de Lens Effects Parameters. Clique o novo Glow Element.

14  Na relação de Glow Element, modifique o marcador Size para **0.1**, Intensity para **120** e os marcadores Occlusion e Use Source Color para **100**. Desligue Glow Behind. Na guia Glow Element´s Options, desligue Lights, ligue Effects ID, e fixe o Spinner em **2**.

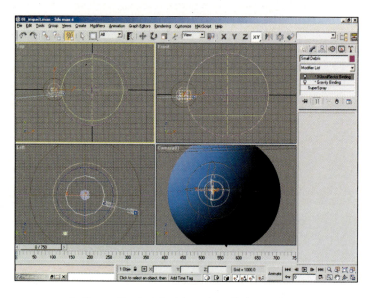

*A pilha modificadora do sistema de partículas resultante.*

## ANIMAÇÃO FINAL

Neste momento montamos a cena completa. Fica evidente o motivo de incluir um mapa UVW adicional para o mapa Earth e um mapa Cloud Layer, ainda que você tenha usado uma esfera primitiva com o Generate Mapping ligado. Você pode simplesmente girar o mapa Spherical UVW de maneira que o asteróide se choque em qualquer local do planeta sem perturbar ou modificar a localização de outros mapas UVW e de outros elementos da cena.

1. Escolha um continente que tenha uma região que tenha bastante área verde (como por ex. América, Europa ou Ásia) e faça a seleção do lugar do impacto dentro da costa para poder ver o efeito da onda do mar e a terra chamuscada de acordo com o quadro 200. Movimente a barra do tempo para o quadro 0.

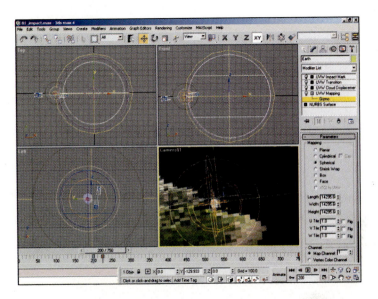

*Altere o modificador gizmo UVW de modo a produzir a rotação do mapa de textura Earth sem afetar os outros mapas que você configurou.*

**2** Dirija-se ao Video Post, acrescente um evento de câmera e um evento filtro Starfield Image (com a câmera de Scene como a escolhida, cerca de 30.000 estrelas e a configuração padrão Motion Blur) e acrescente um evento Image Output. Faça a animação.

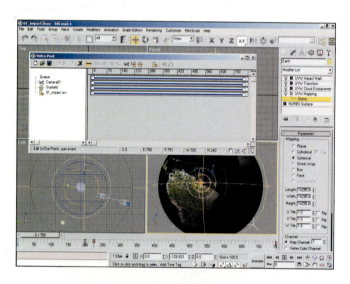

*A seqüência Video Post.*

*A animação final no quadro 500.*

## Modificações

Existem, obviamente muitos aprimoramentos que poderão ser feitos a esta cena. Poderão ser agregados elementos adicionais, tais como agrupar enormes trilhas de escombros para o objeto defletor da Terra e aumentar a gravidade da terra sobre o sistema de partícula das envolturas espaciais. Isso colocará as trilhas mais próximas da terra e no impacto, permanecerem estacionárias até desaparecer. Isto provoca um efeito agradável apesar de provocar uma sobrecarga de trabalho sobre o servidor. Você também pode agregar diversos fundos estrelados e outros fenômenos galácticos, tais como, a Via Láctea ou uma nebulosa.

Você também pode trocar o asteróide por um cometa ou um grupo múltiplo de asteróides menores, usando partículas e gerando impactos como os ilustrados neste capítulo. Você pode agregar sinais de civilização, como satélites, lixo espacial e luzes quase imperceptíveis para representar cidades no lado escuro do planeta. Existe uma porção de *plug-ins* a incorporar para realçar sua cena, principalmente Cebas Pro Optics Suite, Ultrashock, Outburst, Phoenix ou Afterburn; além de outros recursos de uso gratuito, tais como, o FreePyro.

O efeito global depende principalmente do tipo de desastre em que se baseia sua animação! Sobre este particular, me concentrei no arrasa-quarteirão *Armagedon*, mas vocês dificilmente não concordarão com o efeito global (desculpe a falta de modéstia) do impacto. Observe os outros filmes de desastre como *Impacto Profundo*, *Missão em Marte* (apesar que o impacto sobre Marte é muito breve) e *Dinossauro*, e você obterá diversas representações artísticas de quase o mesmo evento. Você pode incorporar também cortes adicionais das cenas do asteróide entrando na atmosfera e cruzando através de uma camada de nuvens (deslocando as nuvens) e outras para o mar ou o solo, antes de cortar a cena para o espaço exterior.

## ÁGUA EM MOVIMENTO

*"Five miles meandering with a mazy motion
Through wood and dale the sacred river."*

*(Cinco milhas serpenteando num sinuoso movimento através da floresta e do vale, o rio sagrado flui.)*

—T. S. Elliot. "The love song of J. Alfred Prufrock."

### COMO CRIAR UM VOLUME DE ÁGUA CORRENTE E SALPICANTE

Existem tantas maneiras de encarar o desafio de simular água como a quantidade de artistas interessados em assumir esse desafio. Considerando a ampla gama de propriedades da superfície, as massas características e as mudanças de viscosidade que sofre o volume da água, o enfoque que incorpora muitas das diversas técnicas diferentes, provavelmente alcançará o maior sucesso. Neste tutorial, você criará um discreto volume de água que flui de uma torneira, salpica contra uma barreira, gira por um funil e é coletado numa jarra. A água será criada usando uma combinação de partículas e objetos sólidos geométricos e será controlada através de invólucros espaciais, defletores e alguns engenhosos modificadores.

*Projeto 2*
# Água corrente

de Sean Bonney

## O INÍCIO

Inicie o 3ds max 4 e abra o arquivo **FlowingWater.max** da pasta do projeto, no CD-ROM anexo. Para ter uma visão antecipada do resultado final deste tutorial, examine a animação renderizada **FlowingWater.avi**.

Os objetos que estão no fundo desta cena foram fornecidos para você no CD-ROM anexo. Se procurar na barra do tempo, você perceberá que algumas das propriedades foram previamente animadas. Existem duas câmeras: a Camera01 é uma câmera estática que cobre a cena completa e a Camera02 é uma câmera móvel que acompanhará a ação nas proximidades.

Observando a cena de quaisquer destas câmeras, acompanhe o curso planejado para a água.

| Quadro | Ação |
|---|---|
| 9 | A torneira principal abre, liberando o jorro de água. |
| 13-44 | O jorro de água sai da torneira. |
| 30-57 | O jorro passa através da prateleira de vidro, batendo na sua superfície. |
| 35 | A torneira fecha. |
| 40-65 | A água é coletada pelo funil e enviada à jarra esférica. |
| 85-105 | A água é coletada na jarra. |

## COMO ESTABELECER O JORRO INICIAL DE ÁGUA

Nesta seção, você cria o sistema de partículas que gerará o jorro de água e um envoltório Gravity para direcionar o jorro.

1. Vá até o visor Top e crie um sistema de partículas Super Spray com X = -22, Y = 0 e Z = 93. Vá até o visor Camera01 e gire o recurso 140 graus no View Y-axis.

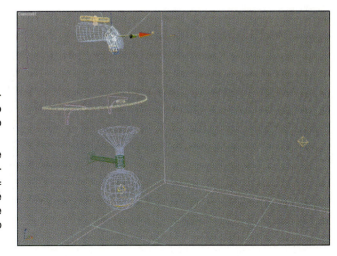

*Crie o sistema de partículas Super Spray para o jorro principal da água.*

**Observação**: O novo sistema de caixas Transform Type-In facilita o posicionamento preciso dos objetos da cena.

2. Nomeie este sistema de partículas de **SuperSpray_Stream** e ajuste os seguintes valores:

    Basic Parameters

    Particle Formation

    Off Axis Spread: **15**

    Off Plane Spread: **15**

    Viewport Display

    Percentage of Particles: **50%**

    Isso provocará a dispersão das partículas espalhando-se numa área cônica de 30graus de largura. Valores maiores de dispersão resultariam em cones ainda maiores.

**Observação**: Você desejará reduzir a percentagem de partículas expostas na medida que a complexidade nesta cena aumente de maneira a acelerar o alívio da tela.

*As caixas do Transform Type-In permitem posicionar os objetos de forma precisa e simples.*

3. Para definir a velocidade, quantidade e tamanho das partículas para aproximar-se bastante ao aspecto da água, ajuste os seguintes valores:

   Particle Generation

   Particle Quantity
   Use Rate: **10**

   Particle Motion
   Speed: **3**

   Particle Timing
   Display Until: **200**
   Life: **70**

   Particle Size
   Size: **20**
   Variation: **50%**

4. Deslize o cursor de tempo para enxergar a saída da água quando a torneira se movimenta até a posição de abrir.

5. Vá até o visor Top e crie a envoltura espacial Gravity. Fixe Strength em **0.5**.

   Adicionando o efeito de gravidade você dará à queda da água um aspecto mais natural. O posicionamento da envoltura espacial não é importante porque este invólucro não varia com a distância. Ele será universalmente aplicado no mundo espacial.

6. Use a ferramenta Bind to Space Warp para vincular o efeito da gravidade ao sistema de partículas. Vá ao visor Camera01.

   Observe como a água se curva naturalmente na direção do solo.

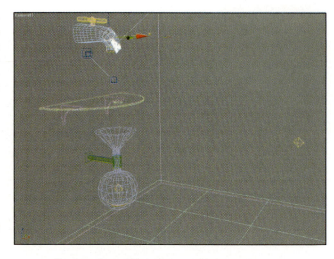

*Um jorro de partículas sai do gerador dentro da torneira.*

*A envoltura espacial Gravity neste momento envia as partículas na direção do solo, como é ilustrado no quadro 37.*

**Observação**: Para modificar a dispersão das partículas geradas, clique no botão New sob Uniqueness para gerar um novo número de partículas.

**Observação**: A configuração do Particle Timing deverá ser motivo de uma atenção especial porque freqüentemente causa confusões nos animadores. No caso dessas partículas tenderem a desaparecer prematuramente ou a sumir antes de atingir o alvo, verifique na configuração se atribuiu às partículas um adequado tempo de vida.

# COMO CONTROLAR A ÁGUA COM DEFLETORES

Em algumas ocasiões, você gostaria de criar defletores para evitar que a água atravesse pela entrada da torneira ou do objeto de vidro. Por outro lado, sobrecarregar a CPU, para mostrar as partículas desviando-se de malhas minuciosamente detalhadas, nem sempre vale a pena pela precisão alcançada. Nesse caso, ter cuidado com a direção do jorro de água obviamente evita que ele viole a geometria dos objetos "sólidos" da cena e a velocidade e o borbulhar da corrente dissimulará pequenos erros.

Para acrescentar um pequeno rodopio na água, quando ela é capturada pelo funil, você usará o invólucro espacial Motor na boca do funil.

Após o jorro ter passado pela prateleira de vidro, se aproximou da esfera do funil onde será coletada e lançada no objeto esférico. Não obstante que você possa usar o funil ou objeto esférico como defletor para realizar esta tarefa, esta não será a escolha mais eficiente. Em lugar dele você escolherá um objeto substituto.

1. Vá ao visor Top e crie um invólucro espacial Motor com X = 0, Y = 5 e Z = -645. Estabeleça os seguintes valores:

    Timing
    　　On Time: **35**
    　　Off Time: **95**
    Strength Control
    　　Basic Torque: **50**
    　　(Leave Type ajustado em **N-m**)
    Particle Effect Range
    　　Enable: **On**
    　　Range: **175**

    O tamanho do ícone Display não tem apoio no invólucro espacial para funcionar, mas para combinar a imagem, fixe o Icon Size em **100**.

2. Vá ao visor Camera01 e gire o mecanismo -20 graus no View Y-axis.

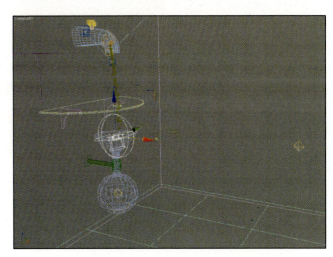

*Crie um envoltório espacial Motor para controlar o remoinho de partículas ao entrar na boca do funil.*

**Observação**: Diferente do invólucro espacial Gravity, o posicionamento do recurso Motor é fundamental no controle do efeito porque a força está centralizada no recurso.

3   Use a ferramenta Bind to Space Warp para vincular o invólucro espacial ao sistema de partículas.

Até o momento em que você tenha forçado a passagem da água no funil, será difícil perceber como ela está girando com delicadeza pelo invólucro espacial Motor.

4   Descubra o objeto Funnel/Container_Pro-xy.

Este simples objeto de malha foi modelado para que se aproxime da forma do funil/recipiente, mas com menor número de polígonos e obviamente, somente nas faces interiores. Perceba que a borda superior do funil foi prolongada para captar as partículas em movimento. Não obstante, as faces do objeto substituto estão voltadas para os pontos normais internos, de maneira a coletar as partículas na parte interna do objeto.

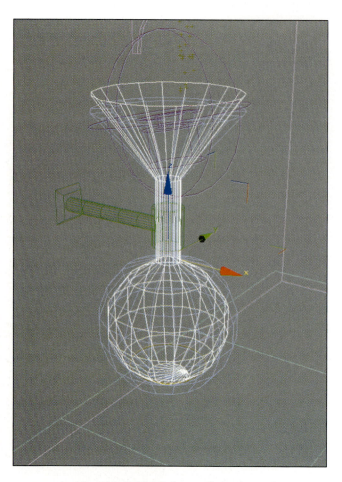

*A malha existente irá defletir as partículas de maneira mais eficiente que a versão renderizada.*

5   Vá ao visor Top e crie um envoltório espacial UDynaFlect. Nomeie-o de **UDynaFlect_Funnel**. Estabeleça os seguintes valores:

Timing

   Time Off: **200**

Particle Bounce

   Bounce: **0.15**

   Friction: **35**

O valor Time Off funciona de maneira similar aos valores especificados para o Particle Timing com o que determinamos por quanto tempo deverá funcionar o recurso do defletor na cena.

**Projeto 2 - ÁGUA EM MOVIMENTO** | **37**

Os parâmetros do Particle Bounce definem a "rigidez" da superfície. Neste caso, as partículas rejeitadas vão ricochetear na superfície com pouca quantidade (15%) de energia refletida e terão aproximadamente um terço de seu momento de energia perdido pela fricção.

6   Clique o botão Pick Object no painel Modifier e selecione o objeto Funnel/Container_Proxy.
7   Use a ferramenta Bind to Space Warp para vincular os defletores ao sistema de partículas. Vá ao visor Camera01 e perceba como a água é defletida pelo funil.

**Observação**: se você acha que algumas partículas escapam do funil, experimente editar o objeto substituto para aumentar no local onde fica o buraco. Como alternativa, você pode gerar um novo valor para as pequenas partículas da geração original de partículas. Se todos os recursos falharem, faça uma cópia do substituto e aplique um modificador Push, com um pequeno valor negativo, tal como –5 e estabeleça-o como um segundo refletor para coletar partículas em fuga.

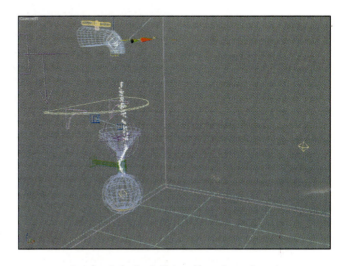

*A malha do funil substituto está sendo usada neste momento para defletir as partículas para o funil.*

## UMA PEQUENA GOTEIRA

O efeito final é agregar uma pequena goteira onde o jorro de água passa pelo buraco na prateleira de vidro.

1   Vá ao visor Top e crie um sistema de partículas Super Spray com X = 30, Y = 0 e Z = -395. Nomeie este sistema de partículas de **SuperSpray_Splash01** e estabeleça os seguintes valores:

   Basic Parameters

   Particle Formation
      Off Axis Spread: **90**
      Off Plane Spread: **90**

   Viewport Display
      Percentage of Particles: **100%**

   Esta configuração resultará numa ampla dispersão de partículas. O elevado percentual de exibição ajudará a visualizar a maneira como funciona o sistema de partículas e não deverá carregar muito para a atualização da tela, devido ao baixo número total de partículas emitidas.

**38** | 3ds max 4: efeitos mágicos

2 Fixe os seguintes valores para controlar a quantidade, velocidade e duração das gotas de água geradas.

Particle Generation

Particle Quantity

Use Rate: **1**

Particle Motion

Speed: **15**

Particle Timing

Emit Start: **30**

Emit Stop: **60**

Display Until: **200**

Life: **200**

Particle Size

Size: **20**

Variation: **25%**

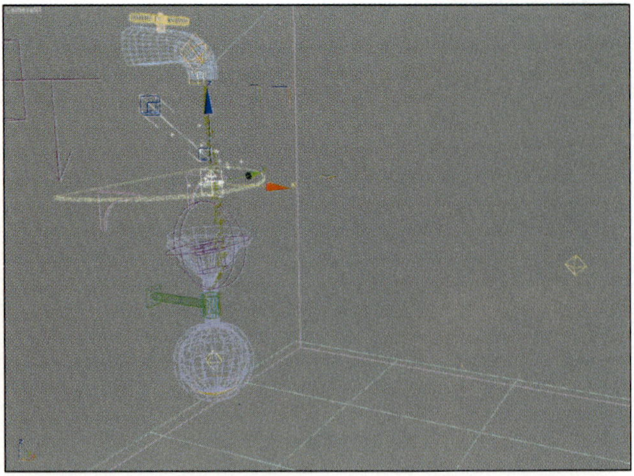

*Crie um sistema de partículas Super Spray para gerar uma pequena goteira à medida que o jorro principal passa pelo buraco na prateleira.*

Neste caso, a configuração do Particle Timing está estabelecida durante o tempo em que o borrifo de água está batendo contra a prateleira.

3 Use a ferramenta Bind to Space Warp para vincular o sistema de partículas ao invólucro espacial Gravity.

4 Vá ao visor Top e crie uma envoltura espacial UDynaFlect. Nomeie-o de **UDynaFlect_Shelf**. Fixe os seguintes valores:

Timing

Time On: **0**

Time Off: **200**

Particle Bounce

Bounce: **0.2**

Friction: **50**

Usar um defletor Object e um defletor Planar evita que as gotas atravessem a prateleira e o chão.

# Projeto 2 - ÁGUA EM MOVIMENTO

5 Clique no botão Pick Object e selecione o objeto Shelf.

6 Use a ferramenta Bind to Space Warp para vincular os defletores ao sistema de partículas SuperSpray_Splash. Ainda no visor Top, crie um envoltório espacial PDynaFlect com X = 1000, Y = 0 e Z = -1515.0. Nomeie-o de **PDynaFlect_Floor**. Estabeleça os seguintes valores:

   Timing
   
   Time Off: **200**
   
   Particle Bounce
   
   Bounce: **0.2**
   
   Friction: **50**

7 Estabeleça os seguintes valores para ter certeza que o defletor cobre totalmente a área do chão:

   Display Icon
   
   Width: **2800**
   
   Height: **2800**

8 Use a ferramenta Bind to Space Warp para vincular o defletor ao sistema de partículas SuperSpray_Splash01.

Se você deslizar o cursor de tempo (especialmente no visor Front), perceberá que a maior parte das goteiras pousam na prateleira e as outras são detidas pelo chão.

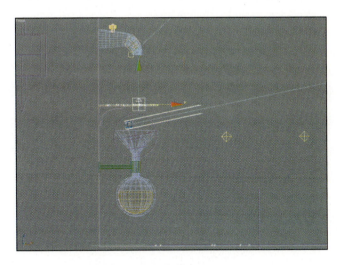

*O sistema de partículas Splash está neste momento sendo detido pela prateleira e pelo chão no quadro 200.*

## Como dar mais corpo a água

Até este momento, a água tem sido representada somente pelas partículas individuais. Para provocar uma ilusão bem-sucedida de um jorro de água corrente e borrifando, usaremos partículas múltiplas.

1. Selecione o sistema SuperSpray_Stream e vá a raiz do objeto SuperSpray na Modifier List. Fixe a Percentage of Particles exibidas em **100%**.

   Você será capaz de enxergar as partículas nos visores e obter uma visão mais completa da forma das gotas múltiplas.

   Vá ao visor Camera, próximo do quadro 30. Na relação Particle Type, estabeleça os seguintes valores:

   Particle Types
       MetaParticles: **On**

   MetaParticle Parameters
       Tension: **0.1**

3. Vá para a área Viewport Display e selecione **Mesh**.

   Observe como as partículas individuais são substituídas com uma malha de gotas simulando uma cascata de água. Para acelerar o alívio da tela, no Viewport Display marque **Ticks** e reduza a Percentage of Particles.

4. Selecione o sistema SuperSpray_Splash e vá a raiz do objeto SuperSpray na Modifier List. Marque o **MetaParticles** no Particle Type. Ajuste Tension em **0.5**.

   Isto aumentará o volume das gotas de água caindo.

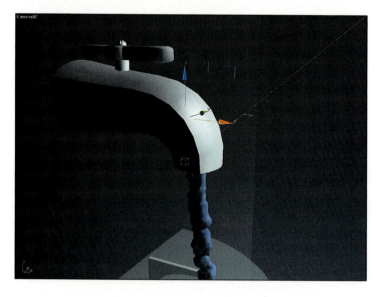

*A malha da cascata de água criada com o MetaParticles.*

## Como juntar a água

Se tudo tem saído bem, o jorro principal de água deverá passar pela prateleira e se dirigirá a jarra esférica. As partículas deverão desaparecer à medida que se aproximam do fundo da jarra. Se for necessário, ajuste o valor Life do sistema de partículas, para evitar que as partículas pulem fora da jarra.

O volume da água coletada na jarra será criado usando um objeto composto Boolean animado.

1. Vá ao visor Top e crie um objeto Box com X = 0, Y = 0 e Z = -1225. Nomeie este objeto de **Box_Boolean**. Ajuste os seguintes valores:

   Length: **400**

   Width: **400**

   Heigth: **400**

   Esta caixa será uma parte diminuída do objeto Boolean para determinar o nível da água que sobe.

2. Clique com o botão direito do mouse na caixa, vá para Properties e desmarque Renderable.

   Você poderá simplesmente esconder este objeto antes de renderizar, mas este passo adicional garante que ele não será renderizado acidentalmente.

3. Crie um objeto Sphere com X = 0, Y = 0 e Z = -1120. Nomeie-o de **Sphere_Water**. Estabeleça os seguintes valores:

   Radius: **140**

   Segments: **32**

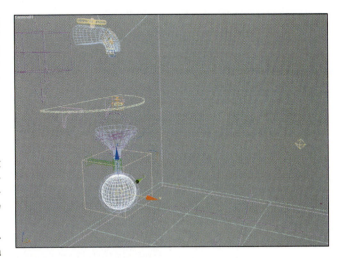

*Os objetos Box e Sphere usados para criar o objeto composto Boolean animado.*

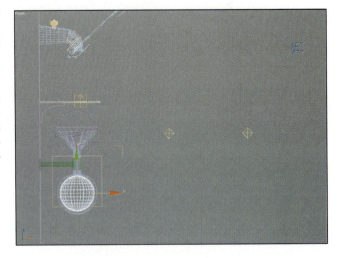

*O objeto Box_Boolean será animado para acompanhar o nível da água que sobe à medida em que o fluxo se acumula.*

4 Selecione o objeto Box_Boolean e ligue Animate. Vá ao quadro 75 e fixe a chave Position. Vá ao quadro 105 e mova a caixa 145 unidades no View Z-axis até Z = -1080. Desligue Animate.

5 Selecione a esfera e crie um objeto Boolean composto. Clique no botão Pick Operand B e selecione Box Boolean.

Deslize com o cursor de tempo para ver como o nível da água sobe à medida que o jorro das partículas entra na jarra.

6 Vá ao quadro 200 e aplique um modificador UVW. Selecione Box como o tipo de mapeamento e clique no botão Fit.

Ao fixar o recurso Mapping quando o objeto ainda está com um bom tamanho, você evita que grades UV não desejadas possam em algum momento exceder os limites do recurso.

7 Aplique um modificador Edit Mesh, vá para Face, modo Sub-Object e selecione todas as faces. Vá à relação Surface Properties e ajuste o Material ID em **1**.

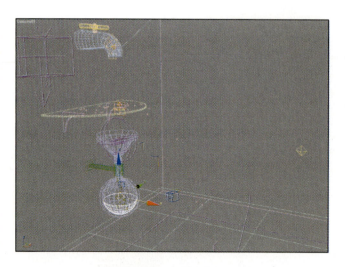

*objeto Boolean animado cria um nível de água que se eleva dentro da jarra.*

*Aplique um modificador UVW adequado ao maior tamanho que o objeto Boolean deva alcançar.*

**Observação**: As operações booleanas podem às vezes ser um pouco imprevisíveis, por isso é conveniente salvar seu arquivo ou executar um comando Hold antes de criar o objeto Boolean.

## *A "APARÊNCIA" DA ÁGUA*

Sem discussão, o aspecto mais importante ao criar água realmente convincente é o material. Apesar da água se mover caótica e velozmente, alguns movimentos e volumes pouco ortodoxos podem surgir sem serem previstos, porém, a mais perfeita corrente de água não vai parecer apropriada sem uma aparência certa.

1. Vá ao visor Camera02 no quadro 35.

   Se programar uma parada, você verá que o material padrão se parece mais com um plástico gosmento do que com água.

2. Abra o Material Editor e selecione um material que não foi utilizado. Nomeie-o de **Water**. Estabeleça os seguintes valores:

   Diffuse Color: **R 110, G 130 e B 140**

   Opacity: **75**

   Specular Highlights
   
   Specular Level: **20**
   
   Glossiness: **60**

   Este material brilhante e levemente transparente será expandido com mapas para parecer água.

*Até tendo uma boa aparência, a água não parece convincente sem usar um material apropriado.*

*Até tendo uma boa aparência, a água não parece convincente sem usar um material apropriado.*

3. Sob Extended Parameters, estabeleça os seguintes valores:

Advanced Transparency
    Falloff: **Out**
    Index of Refraction: **1.3**

Reflection Dimming
    Apply: **On**
    Dim Level: **0.25**

Os valores do Advanced Transparency determinam que o material será mais transparente na parte externa do objeto. O Reflection Dimming serve para diminuir o impacto dos mapas refletores nas áreas escuras do objeto.

4. Vá ao canal Diffuse Color e aplique um material Noise. Sob Noise Parameters, estabeleça os seguintes valores:

Noise Type: **Fractal**

Size: **5**

Noise Threshold
    High: **0.85**
    Low: **0.25**

Color #1: **R 95, G 165 e B 140**
Color #2: **R 115, G 140 e B 160**

**Observação**: É uma boa idéia dar a cada mapa/material um nome único e significativo para facilitar a movimentação através da hierarquia dos materiais. Isso é especialmente útil quando se trabalha com materiais complexos.

*O mapa Noise servirá como a cor principal para colorir o material da água.*

## Projeto 2 - ÁGUA EM MOVIMENTO | 45

5  Vá até a raiz do material Water e ajuste o Diffuse Color em **75%**.

Isso lhe permitirá misturar a cor Diffuse ajustada na etapa 2 com o canal da cor Diffuse.

6  Estabeleça a quantidade do canal Reflection em **35%**. Aplique um material Reflect/Refract ao canal Reflection.

Você usará este material para aplicar um mapa de reflexos baseados na água, nos objetos próximos da cena. Ao aplicar mapas de reflexos automáticos, o ponto central do objeto principal é utilizado para gerar os mapas. Devido ao fato de que o ponto central do sistema de partículas Super Spray_Stream está localizado dentro da torneira, e não é uma bom local para gerar os mapas Reflection, você deverá criar um conjunto de mapas de bits baseado em um objeto temporário.

7  Configure Source do mapa Reflect/Refract em **From File**. Vá ao visor Top e crie uma Sphere de X = 300, Y = 0 e Z = -200. Ajuste Radius em **20**.

8  Na seção Render Cubic Map Files do mapa Reflect/Refract, clique no botão To File. Digite **Water** na caixa File Name, configure Save as Type de **BMP** e aceite **RGB 24bit** como BMP Configuration.

*Misture a cor Diffuse com o canal Diffuse através da redução da quantidade de cor de 100%.*

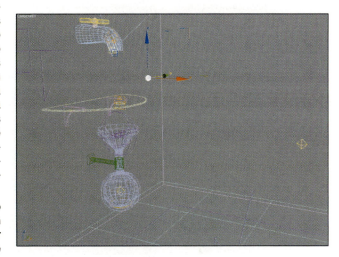

*A esfera temporária usada para criar os mapas de reflexos do material da água.*

Usar arquivos de 24 bits, em lugar dos arquivos de 8 bits, preserva mais informação sobre profundidade da cor e o resultado é uma imagem mais rica.

9. Oculte os seguintes objetos: SuperSpray_Stream, SuperSpray_Splash e Sphere_Boolean.

   Isso evitará que objetos estranhos apareçam nos mapas dos reflexos.

10. Clique no Pick Object e no botão Render Maps e escolha a esfera que você criou na etapa 8, para renderizar uma imagem de seis retângulos visualizados do ponto de vista do objeto temporário.

    O 3ds max 4 deverá neste instante dar-lhe seis mapas de bits 100x100 e atribuir a eles os slots Up, Down, Left, Right, Front e Back. Devido ao fato de que esta cena não é a de um ambiente completo e consiste apenas de duas paredes e o chão, muitos desses mapas serão da cor preta. Você pode mudar a atribuição dos slots de maneira que cada um deles tenha algum tipo de textura.

*As seis visualizações retangulares que são automaticamente transmitidas utilizando a função Render Cubic Maps.*

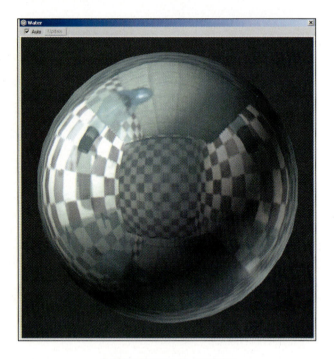

*O material terminado, como visto na janela maximizada do Material Editor.*

**Projeto 2 - ÁGUA EM MOVIMENTO** | **47**

11  Clique no slot Up e escolha **water_DN.bmp**. Clique no slot Right e selecione **water_LF.bmp**. Clique no slot Front e escolha **water_BK.bmp**. Delete a esfera.

12  Revele SuperSpray_ Stream, SuperSpray_ Splash e Sphere_Water. Atribua o material Water ao sistema de partículas SuperSpray_Stream.

O material terminado, como visto na janela maximizada do Material Editor.

13  Vá ao visor Camera02 e pare no quadro 35. Se você renderizar outra parada, verá que a água parece um pouco mais real.

14  Atribua este material também ao sistema de partículas SuperSpray_ Splash.

*O material final aplicado ao jorro de água, tal como mostrado no quadro 35.*

## MATERIAL PARA A ÁGUA QUE SOBE

O objeto Boolean animado usado para a água que sobe necessita de um nível mais elevado de materiais, de maneira a separar a superfície ondulante da massa aquosa principal.

1  Selecione um material não usado e nomeie-o de **Rising_Water**, e mude o tipo do material para **Top/Bottom**. Fixe Blend em **15**. Atribua este material ao objeto Sphere_Water.

O material Top/Bottom atribui um dos dois materiais as faces do objeto, dependendo se as faces normais estão voltadas para cima ou para baixo do horizonte.

2  Arraste o material Water para o botão Material pelo Material Bottom. Selecione **Instance**, como método de copiar. Renomeie este material como **Water#2**.

3   Arraste o material Water para o botão Material pelo material Top. Verifique que selecionou **Copy**, como método. Clique o botão Material pelo material Top e renomeie este material de **Water_Surface**.

4   No material Top, ajuste para o canal Bump o valor **150** e atribua um material Mask ao canal Bump.

5   Atribua um mapa Gra-dient ao canal Mask, com os seguintes valores:

Gradient Parameters

Color #2: **R 0, G 0 e B 0**

Color 2 Position: **0**

Gradient Type: **Radial**

Noise

    Amount: **0.2**

    Size: **2**

Neste ponto, o mapa deverá aparecer totalmente preto se você desativar o Show End Result no Material Editor.

6   Vá ao quadro 200, ligue Animate e ajuste Phase em **15**.

Você animará este mapa Gradient para que abra como uma persiana, no momento em que o jorro de água bate na superfície, adicionando um efeito de onda batendo no material da água.

7   Vá ao quadro 70 e ajuste a chave, bloqueando o valor atual de Color #2. A maneira mais correta de executar isso é abrir o Color Selector, mudar um valor RGB e então retornar aos valores R 0, G 0 e B 0.

*Atribua o material Water ao canal Bottom do material Top/Bottom.*

**8** Configure as seguintes chaves para animar a abertura da persiana:

| Quadro | Color #2 |
|---|---|
| 80 | R 200, G 200 e B 200 |
| 105 | R 85, G 85 e B 85 |
| 130 | R 0, G 0 e B 0 |

**9** Desligue Animate. Vá ao material Bump e atribua um mapa Cellular ao slot Map. Configure Source em **Explicit Mapping Channel**.

**10** Vá para a relação Cellular Parameters e arraste a segunda Division Color até a primeira, selecionando **Copy**. Sob Cell Characteristics, defina Size em **0.25**.

Você animará a Cell Color para fornecer o aspecto da água com movimento ondular.

**Observação**: A configuração de Source determina como o mapa se aplica sobre os objetos da cena. O padrão de Object XYZ aplica o mapa de acordo com a forma do objeto, em referência o ponto central da cena. Ao mudar a configuração para Explicit Mapping Channel, você aplica o mapa de acordo com quaisquer canais de UVW que foram aplicados tanto em um modificador UVW Mapping como nos parâmetros da criação do objeto.

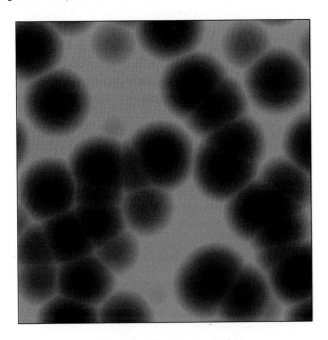

*Crie um mapa Cellular para simular a superfície da água em movimento.*

**11** Abra o Track View e expanda o objeto Sphere_Water para revelar o caminho do material Rising_Water. Continue expandindo os níveis até revelar, no momento adequado: Top: Water_Surface, Bump, Map e Cell Color. Selecione a trilha do Cell Color.

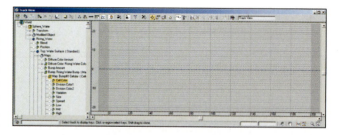

*Selecione a trilha Cell Color, que determinará a altura das ondas da água.*

**12** Atribua um controlador Noise Point3 à trilha do Cell Color. Ajuste os seguintes valores ao diálogo Properties:

X Strength: **256**
>0: **On**

Y Strength: **512**
>0: **On**

Z Strength: **512**
>0: **On**

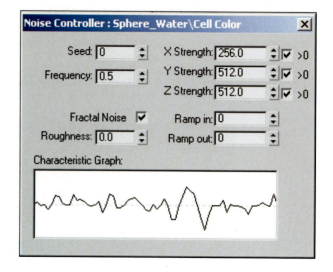

*O diálogo do Noise Controller.*

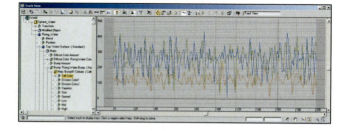

*Configure as propriedades do controlador Noise para criar um grau consistente da variação.*

**13** Expanda Cell Color e selecione a trilha do Noise Strength. Vá ao modo Edit Keys e adicione chaves nos quadros 75, 110 e 140. Configure para essas chaves os seguintes valores:

Frame 75
    X Value: **0**
    Y Value: **0**
    Z Value: **0**

Frame 110
    X Value: **1**
    Y Value: **3**
    Z Value: **3**

Frame 140
    X Value: **0**
    Y Value: **0**
    Z Value: **0**

*Adicione chaves à trilha Noise Strength para modificar a agitação das ondas na água.*

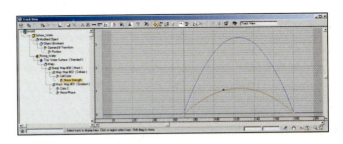

*A trilha Noise Strength mostra como aumentar a intensidade do nível da água e como acalmá-la.*

---

**Observação**: Se a trilha Noise Strength não aparece, vá para o diálogo Track View Filters e desmarque Show Animated Tracks Only.

---

**Observação**: Clique as setas da esquerda e da direita no diálogo Key Properties para avançar para a chave anterior ou a seguinte.

14  Vá para o modo Function Curves e selecione a trilha Cell Color para ver como a curva irá subir e descer à medida em que a água é agitada pelo fluxo em queda.

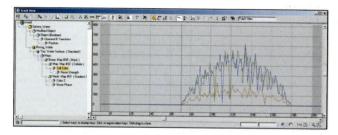

*A trilha Cell Color é definida pelo controlador Noise.*

## RENDERIZAR

O ajuste fino a adicionar antes de renderizar esta seqüência é acrescentar uma mancha em ação. A mancha adicionará um toque líquido e permitirá suavizar os limites entre MetaParticles.

1  Selecione os sistemas de partículas SuperSpray_Stream e SuperSpray_Splash e clique com o botão direito do mouse e vá ao diálogo Properties.

2  Verifique que Enabled está indicado na seção Motion Blur. Selecione o botão radio Object.

Isso ativará a mancha em movimento baseada no objeto, que provoca a ação de manchar o objeto segundo seu movimento à medida que o tempo passar. Isso funciona em contraste com a mancha em movimento baseada na imagem, que mancha totalmente a imagem, sendo assim muito mais efetiva para movimentos bruscos da câmera.

3  Abra o diálogo Render Scene, abra a relação MAX Default Scanline A-Buffer e vá ao painel Object Motion Blur. Defina os seguintes valores:

Apply: **On**

Duration (quadros): **0.5**

Samples: **5**

Duration Subdivisions: **5**

Esta configuração manchará os objetos de acordo com seus movimentos até a metade de um quadro, renderizando cinco amostras ao se misturarem.

---

**Observação**: Mantendo as configurações de Object Motion Blur Samples e Duration Subdivisions assim, significa que todas as amostras ficarão uniformemente separadas, evitando aparecer um efeito retalhado inesperado, que pode vir a surgir quando Samples é configurado em um valor menor que o Duration Subdivisions.

**Projeto 2 - ÁGUA EM MOVIMENTO** | **53**

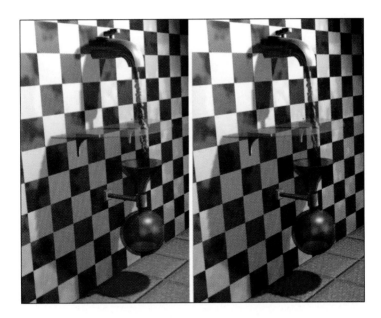

*O efeito Object Motion Blur sobre a água, mostrado-o sem a mancha (à esquerda) e com a mancha (à direita), no quadro 36.*

## MODIFICAÇÕES

Existem diversas maneiras de aperfeiçoar esta animação. Colocar na torneira, emissores adicionais de gotejamento, na boca do funil ou dentro da própria jarra. No mais, pode-se usar um sistema de partículas emitindo borbulhas no interior da jarra. A técnica de Boolean animado poderá ser usado para preencher uma variedade de recipientes e canos ou para esvaziá-los.

A água pode ser substituída quase que por quaisquer outros fluidos, mudando os materiais, especialmente os canais Opacity e Diffuse. Modificando a distribuição das partículas, o fluido poderá ser pulverizado, movimentar-se pausadamente ou fluir aos borbotões. As configurações de Friction, Bounce e Chaos dos diversos emissores, controlam como a viscosidade das gotas de água serão percebidas. Aumentar Friction dará à água uma aparência mais espessa e, incrementando o valor do Bounce, a água ganhará um aspecto de ser mais grossa, como se fosse de borracha.

# CENA SUBMARINA

## O AMBIENTE SUBMARINO

A atmosfera define o humor. Trabalharemos com câmera de animação, profundidade do campo, luz e textura para criar uma atmosfera submarina vibrante e realista. A luz solar atravessará as ondas da água e iluminará o padrão de uma teia de aranha sobre o pontiagudo do fundo do mar. À medida que a câmera se move pela passagem submarina, você verá as borbulhas surgindo das agudas pontas no solo marinho.

*"Aceito."*
—LOURDES PEGUERO
MANAHAN, MINHA ESPOSA
(5 de novembro de 2000)

*Projeto 3*
# Cena submarina

*Por Daniel Manahan*

## O INICIO

O ambiente submarino começa pela identificação e localização lógica da maioria dos objetos. Você aprenderá como configurar parâmetros, modificadores, cores, textura, atmosfera e animação e como sentir-se livre para realizar alterações durante a jornada.

---

**Observação:** Ao pressionar Shift+Q, será criada uma rápida renderização da exibição ativa. Use este recurso toda vez que você desejar observar e entender as mudanças. Nos computadores lentos, não use o Depth of Field e desabilite as bolhas mudando a especificação do Use Total para 0.

---

**Observação:** Ao pressionar F1, os novos usuários podem consultar os arquivos de ajuda contendo informação sobre como criar e mover objetos e podem conhecer a localização dos menus e dos botões relacionados no tutorial.

**Projeto 3** - CENA SUBMARINA | 57

Existem diversos arquivos úteis no CD-ROM anexo. Você necessitará do arquivo Underwater_Environment_Start.max para iniciar o projeto. Você encontrará também o arquivo Underwater_Environment_Finished.max que você poderá usar ao comparar quaisquer parâmetros que você tenha perdido. Finalmente, você pode executar o Underwater_ Environment 0_300.avi, para ver a renderização final. Também incluída no CD-ROM há uma seção adicional que contém instruções mais avançadas para deletar e modelar um novo piso.

Dê atenção para as explanações, observações, advertências e sugestões para variações criativas.

## Como configurar o campo de profundidade da câmera

O oceano tem uma atmosfera espessa. Os detalhes dos objetos se desbotam sobre os elementos do fundo e somente os objetos próximos a você serão claros.

1 Abra o arquivo **Underwater_Environment_Start.max**, no CD-ROM anexo.

2 Vá ao visor Camera, pressione "H" para selecionar pelo nome, selecione Camera da lista e clique Select para sair.

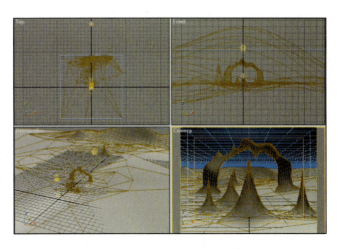

*Este é o Underwater_Environment_Start.max, quando ele abre.*

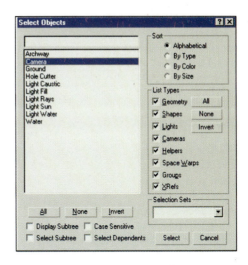

*A partir deste instante, você usará o atalho "H" para selecionar os objetos pelo nome. Selecionar o objeto errado é o erro mais freqüente entre os novos usuários.*

3. Do painel Modify dentro da relação Camera Parameters, configure Lens para **35mm**.

   Configurando Lens com um número baixo aumenta o campo de visão e permite que você enxergue o ambiente de forma distorcida como é vista através de uma lente objetiva olho-de-peixe. O recurso Lens pode ser animado para um efeito especial.

4. No Environment Ranges, fixe o Near Range em **0´** e o Far Range em **1300´**.

   Os valores baixos de Far produzem uma névoa mais espessa. Você poderá ver isto quando acrescentar a névoa ao efeito Environment.

5. No Clipping Planes, marque Clip Manually, ajuste Near Clip em **0´** e o Far Clip em **1300´**.

   A distância de Near Clip provocará o desaparecimento dos objetos do primeiro plano, quando eles se encontrarem nesta faixa. Configurando-o em 0, você evita que porções do terreno fiquem invisíveis se a câmera passar muito próxima.

6. Sob Multi-Pass Effect, marque Enable for Depth of Field e ajuste a Target Distance em **250**.

7. Na relação do Depth of Field Parameters, sob Sampling, ajuste o Total Passes em **5**.

*Configure os modificadores Camera.*

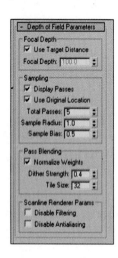

*A quantidade de passes deverá ser multiplicada pelo tempo que toma cada teste. O valor de 5 pode demorar cinco vezes o tempo de execução, mas vale a pena criar essa importante ilusão de água escura.*

A Target Distance pode ser animada para criar a ilusão que você está focando as lentes da câmera. Depois que o terreno foi modelado, use o botão Preview para ajudar a decidir a que distância você quer estabelecer o foco.

**Advertência**: Nos computadores lentos, pule a etapa 6. Nos computadores velozes, desabilite Depth of Field ao testar os resultados.

## COMO ANIMAR GRANDES ONDAS

Você usará ruído para animar as grandes ondas. O Noise é um modificador que deformará e animará a água, parecendo ter grandes ondas rolantes. Você irá estabelecer o tamanho, a altura da qual elas vão despencar e a velocidade real que alcançaram sobre a superfície do oceano.

1. Vá ao visor Camera e pressione "H" para selecionar o nome e escolha Water.

**Advertência**: Com freqüência, clicamos em um atalho no teclado imediatamente após ter clicado um parâmetro. Os atalhos no teclado não funcionam se houver um cursor piscando em uma caixa de valor. Pressione Escantes de clicar um atalho no teclado.

2. Clique na Modifier List e, na relação Parametric Modifiers, escolha Noise. Dentro da relação Noise Parameters configure Scale para **1000** e Strength em **X = 90´, Y = 90´** e **Z = 15´**. Marque Animate Noise e ajuste Frequency em **0.075**.

3. Clique o botão Play e, do visor Camera, observe o movimento das ondas grandes e lentas. Ajuste a Frequency para mudar a velocidade.

Clique na Modifiers List e desça até encontrar a seção Parametric Modifiers.

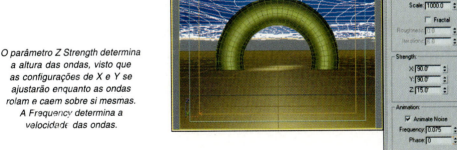

*O parâmetro Z Strength determina a altura das ondas, visto que as configurações de X e Y se ajustarão enquanto as ondas rolam e caem sobre si mesmas. A Frequency determina a velocidade das ondas.*

## Como animar as bolhas

As bolhas necessitam surgir do fundo do mar e interagir entre si enquanto procuram o caminho para a superfície usando a força de uma corrente ascendente. Comece criando a envoltura espacial Wind e uma série de partículas. Então escolha os polígonos das arestas no fundo, para serem os emissores que enviaram as bolhas saindo do terreno em direção à superfície. Finalmente, use o recurso Motion Blur para suavizar as bolhas à medida que elas viajam.

1. No painel Create, clique o botão Space Warps e dentro da relação Object Type, clique no botão Wind.

2. No visor Camera, clique e arraste o envoltório espacial Wind e nomeie-o como **Wind**. Ative a ferramenta Move e coloque o Wind em frente ao arco.

   A seta do Wind deverá sinalizar a direção do visor Camera. Essa será a direção da força do Wind. A posição e o tamanho do ícone não interessam.

3. No painel Create, clique o botão Geometry e mude a lista para Particle Systems.

4. Na relação Object Type, clique PArray. No visor Camera, arraste um PArray em frente ao arco e nomeie-o de **Bubbles**. Ative a ferramenta Move e coloque o Bubbles em frente ao arco.

*Isto fará com que as bolhas levantem.*

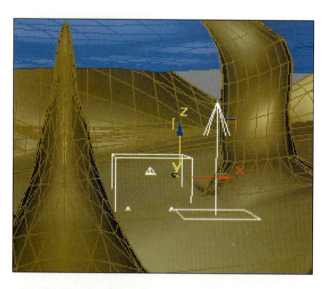

*Um cubo exibe a posição de Bubbles PArray. Considerando que você estará selecionando polígonos do fundo para emitir as bolhas, não interessa a localização nem o tamanho do ícone Bubbles PArray.*

**Projeto 3 - CENA SUBMARINA** | **61**

**5** Ative a ferramenta Select Object, selecione o terreno, vá ao painel Modify e edite o Sub-objects Polygon. Mantenha pressionado Ctrl e selecione os polígonos múltiplos nos extremos de algumas pontas.

**6** Saia do Sub-objects, selecione as bolhas, clique com o botão direito do mouse e selecione Properties. Sob Motion Blur, selecione Image e ajuste Multiplier em **2**.

*Não selecione polígonos no fundo do cenário. Você pode manter pressionado Alt para desmarcar polígonos, se escolheu um número excessivo. Trate de trabalhar com diversos visores para obter somente os extremos das finas arestas.*

## Escolha do objeto emissor

Neste momento você especificará que objeto na cena emitirá as bolhas e limitará o efeito para que elas sejam emitidas somente dos polígonos selecionados.

*Valores altos em Multiplier provocarão grandes estragos nas bolhas resultantes.*

**1** Na relação Basic Parameters, clique o botão Pick Object, pressione "H" e escolha Ground. Sob Particle Formation, marque Use Selected Sub-Objects.

Você não vai enxergar muita coisa até que a maioria dos parâmetros estejam configurados. As bolhas surgirão das agulhas no solo, naqueles polígonos que você selecionou.

**2** Sob Viewport Display escolha Mesh.

*A relação Basic Parameters da Particle Array.*

Selecionar Mesh modificará as bolhas expostas como pontos brancos para bolhas esféricas. A quantidade Percentage of Particles que aparece no visor Camera, corresponde ao percentual que será aplicado.

**Observação**: Somente a Percentage of Particles especificada será visível no visor Camera apesar de todas as bolhas que serão geradas. Entretanto, se quer gerar uma visão prévia de bolhas, você precisa aumentar a porcentagem temporariamente para 100 %, para conseguir enxergar o efeito completo.

## COMO DEFINIR A SINCRONIZAÇÃO E O TAMANHO DAS BOLHAS

Você necessita de uma quantidade grande de bolhas que serão expulsas lentamente e simultaneamente flutuarão, separando-se e criando colisões realistas.

1. Na relação Particle Generation, sob Quantity, escolha Use Total e fixe-o em **700**.

   Serão 700 bolhas que serão usadas, do momento que o emissor começa até que termine.

2. Sob Particle Motion, fixe Speed em **0.01´** e Variation em **50%**.

   Para criar aleatoriedade, embaixo dos diversos parâmetros aparece a quantidade de Variation. Use Variation para fazer cada bolha variar de acordo com a quantidade do percentual especificado.

3. Sob Particle Timing, ajuste Emit Start em **-300** e o Emit Stop em **300**.

   As bolhas estiveram em movimento durante 300 quadros antes que a cena programada comece no quadro 0. A metade das 700 borbulhas subiu até chegar ao quadro 0. Nas etapas seguintes, você configurará Life das bolhas para **600** quadros, de maneira que a bolha que foi emitida no quadro -300, ainda estará viva no quadro 300.

4. Para sincronizar a ação, ajuste o Display Until em **300** e o Life em **600**. Sob Particle Size configure Size em **2´**, Variation de **150%**, Grow For em **5** e Fade For em **0**.

   As bolhas demoram 5 quadros para crescer aproximadamente 61 centímetros. Você não tem que se preocupar em saber quanto tempo demoram para desaparecer porque suas vidas foram estabelecidas até o quadro 600, assim desaparecerão após o término da cena renderizada.

*A relação Particle Generation.*

**Observação**: Em computadores lentos. você pode desabilitar as bolhas configurando Use Total para **0**.

Projeto 3 - CENA SUBMARINA | 63

# COMO ANIMAR A INTERAÇÃO DAS BOLHAS E O MOVIMENTO VERTICAL

As bolhas não devem ter a aparência rígida de bolas de pingue-pongue, então você deve usar MetaParticles para definir a geometria das bolhas fundindo-se enquanto sobem.

1. Na relação Particle Types, selecione MetaParticles. Sob MetaParticle Parameters, ajuste Tension em **1.5**.

    Ao definir uma tensão maior, as bolhas ondulantes ficam menos fluidas para fundir-se entre si e conservarão melhor sua forma esférica. Dependendo da distância existente entre suas bolhas, você pode necessitar ajustar este valor. Você pode mudar esse valor sem afetar significativamente os tempos renderizados.

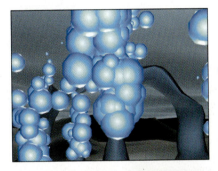

Se Particle Types está fixado em Standard Particles, eles tendem a não se misturar. Use esse recurso somente se MetaParticles toma demasiado tempo em calcular em um computador lento.

**Advertência**: Se você alterar a configuração das bolhas, poderá ser necessário realizar ajustes no Evaluation Coarseness para manter a forma que você deseja. A Evaluation Coarseness especifica a precisão das bolhas. Se a rudeza do movimento das bolhas está fixada num valor muito baixo, os tempos para renovação da tela e os tempos programados aumentarão.

Com Tension ajustada em 0.5, as bolhas se misturam muito e não criam muitos contornos.

**Advertência**: Até mesmo nos computadores velozes, execute somente mudanças moderadas em quaisquer dos parâmetros das bolhas, de maneira que o tempo de execução da renderização e o tempo de renovação da tela não diminua sua produção.

Com a Tension fixada acima de 1.5, as bolhas poderão manter melhor seu arredondamento Seus testes de renderização poderão variar.

2. Selecione o objeto Wind. Na relação Parameters, sob Force marque a Strength em **0.003** e sob Wind fixe Turbulence em **0.01**. Selecione o objeto Bubbles e, na barra de ferramentas, ative a ferramenta Bind to Space Warp.

3. Pressione "H" para vincular por nome e escolha Wind. Clique com o botão direito do mouse para ativar a ferramenta Move.

*A ferramenta Bind to Space Warp vinculará um objeto com os limites da envoltura espacial. As bolhas serão empurradas para cima pelo vento.*

**Observação**: Uma vez que as bolhas estão ligadas ao vento, toda mudança em qualquer objeto demorará mais tempo para ser atualizada na tela. Verifique que você ainda não se encontra dentro da ferramenta Bind to Space Warp. Caso contrário,, selecionar os objetos pelo nome vinculará os objetos pelo nome.

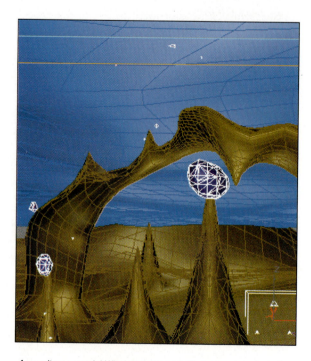

*A envoltura espacial Wind empurra as bolhas para cima. As bolhas estão vinculadas aos parâmetros do vento e elas flutuarão lentamente para o alto com a menor turbulência. A velocidade das bolhas junto com a força do vento afetarão a rapidez com que as bolhas ascenderão.*

**Observação**: Ao invés de usar o formato popular RGB, para manter uma gama consistente de cores azuis, especifique a cor azul com as características de Hue, Saturation e Value. Toda vez que usar a cor azul, ela sempre terá o Hue com o valor de 150, com uma variedade de Saturations e Values. Variations com o matiz com valor baixo entre 120 e 150 produzirá um matiz mais esverdeado e dará uma aparência cálida à cor. Não interessa se o matiz da cor usada seja o azul, é suficiente tomar cuidado ao empregar o matiz de maneira consistente entre todos os matizes de azul.

## *A* TEXTURA DA ÁGUA BRILHANTE

A água deve ter o raio de luz solar atravessando-a. Posteriormente, quando a câmera animar a cena, a luz brilhante sobre a superfície da água acompanhará os movimentos da água.

1. Selecione o objeto Water. Pressione "M" para abrir o Material Editor, clique com o botão direito do mouse em qualquer slot do material e marque 3x2 Sample Windows.

    No Material Editor, seis slots podem ser editados e atribuídos aos objetos na cena arrastando e leberando-os.

2. Ative um slot do material disponível e nomeie-o de **Water**. Arraste e libere o slot do material Water para o objeto Water no visor Camera.

    Quatro triângulos de canto aparecem no slot do material, avisando a você que foram atribuídos. O objeto Water refletirá algumas mudanças para o material Water.

3. Na relação Blinn Basic Parameters, para Self-Illumination marque Color.

    Aparecerá uma amostra da cor preta e você pode clicar nela para mudar as especificações Hue, Saturation e Value.

4. Clique na amostra de cor e defina os seguintes valores:

    Self-Illumination
    Hue: **150**
    Sat: **255**
    Value: **100**

    Diffuse
    Hue: **150**
    Sat: **200**
    Value: **255**

    Specular
    Hue: **150**
    Sat: **20**
    Value: **255**

    Specular Highlights
    Specular Level: **200**
    Glossiness: **30**

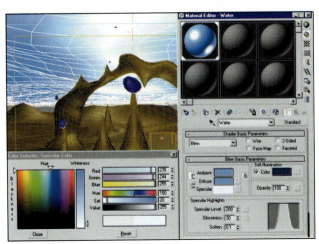

*Blinn Basic Parameters.*

Todas as cores empregam um Matiz azul de 150. Iluminar a cor Self-Illumination evitará que surja qualquer área preta, nas sombras das ondas da água. A cor Diffuse é a cor azul básica da água e a cor Specular é um toque azul brilhante batendo as ondas sobre a superfície da água. O Specular Level controla o brilho e o Glossiness controla a intensidade do foco. Observe o gráfico e veja como você deseja que apareça o brilho sobre as ondulações da água.

5   Na relação Maps fixe o valor de Bump em **40** e clique em seu botão None. Escolha Noise na lista e nomeie-o de **Ripples**.

Noise é um tipo de mapa que produz um padrão fractal caótico. As áreas iluminadas e escuras deste padrão, engrossarão a textura da água, e os focos de luz animarão o balanço das ondas. Noise animará ondulações menores das ondas maiores animadas na superfície da água.

6   Na relação de Noise Parameters, sob Noise Type selecione Fractal e defina o Size em **80**. Pressione a tecla End para ir ao quadro 300 e pressione "N" para ligar o botão Animate. Fixe a Phase em **300**, pressione "N" para sair do modo de animação e pressione Home para ir ao quadro 0.

Um Size de 80 provoca ondulações maiores. Você precisa animar o número de Phase para que as ondulações façam espuma.

**Advertência**: Quando Animate está ligado, as bordas do Material e do visor Camera ficam vermelhas e qualquer mudança criará uma faixa de animação que irá do quadro 0 até o quadro 300. Somente anime Phase das ondulações e desligue o botão Animate quando terminar.

**Observação**: Abrindo o Material/Map Navigator, você pode navegar rapidamente dos níveis do material. Faça isso, se deseja voltar e editar o Blinn Basic Parameters ou a relação de Maps.

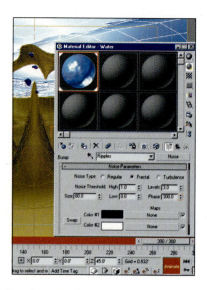

*O Material/Map Browser mostrará uma lista dos tipos de mapas disponíveis.*

*Quando muda o Phase do ruído no mapa Bump, as ondulações parecerão ferver e os destaques das texturas começarão a tremular sobre a água do quadro 0 até o 300.*

# A TEXTURA DO SOLO ROCHOSO

O terreno deverá ter uma textura rochosa e cheia de musgo, que seja mais clara e detalhada no primeiro plano e que se desbote para a cor azul na parte do fundo. Se já abriu os olhos debaixo da água, você percebeu que os objetos submarinos não são visíveis quando estão distantes.

1. Escolha o objeto Ground e mantenha aberto o Material Editor. Ative um slot de material diferente e nomeie-o de **Ground**. Arraste e solte o material Ground sobre o objeto Ground. Clique Color para Diffuse e fixe Hue em **150**, Sat em **255** e Value em **255**.

2. Ajuste o Specular Level em **50** e o Glossiness em **50**.

3. Na relação de Maps, fixe o Diffuse Amount em **90** e clique no botão None. Escolha Falloff e nomeie este mapa de **Distance Blend**.

    Ao definir o Diffusse Amount em 90%, somente 10% da cor Diffuse se misturará com 80% do mapa Distance Blend Falloff. O mapa Falloff nos permitirá fundir os dois novos mapas.

4. Na relação Falloff Parameters, mude o Falloff Type para **Distance Blend** e o Falloff Direction para **Viewing Direction (Camera Z-Axis)**.

    A distância da câmera determinará quanto misturar dos dois slots Map. Os valores de Near e Far Distance definirão como a mistura começará e terminará.

5. Sob Mode Specific Parameters, fixe Near Distance em **50´** e Far Distance em **200´**. Sob Far:Near, clique a cor superior e ajuste Hue em **150**, Sat em **255** e Value em **255**.

**Observação**: A cor Diffuse azul de Ground posteriormente será fundida com outro conjunto de mapas que usam cores vermelho cálido, amarelo e verde.

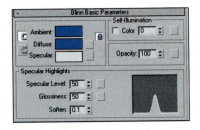

*O terreno não necessita ser tão brilhante como a água.*

*Este azul é a cor Far e é a mesma como o azul feito na cor Diffuse.*

6. Clique no botão None na base das cores. Marque Cellular e nomeie-o de **Mossy Rocks**.

   Estas serão as texturas Near para as rochas e o musgo da parte frontal, que serão fundidas com a cor Diffuse.

7. Na relação de Cellular Parameters, fixe os seguintes valores:

   Cell Color
   Hue: **35**
   Sat: **35**
   Value: **255**

   Top Division Color
   Hue: **10**
   Sat: **130**
   Value: **200**

   Bottom Division Color
   Hue: **80**
   Sat: **200**
   Value: **130**

   Para Mossy Rocks, três cores mornas - amarelo, marrom e verde – se misturam com o azul frio da cor Diffuse.

8. Sob Cell Characteristics, selecione Chips e marque Fractal. Fixe Size em **30**, Spread em **0.8** e Interations em **5**.

   O valor do Spread determina a distância entre as fatias.

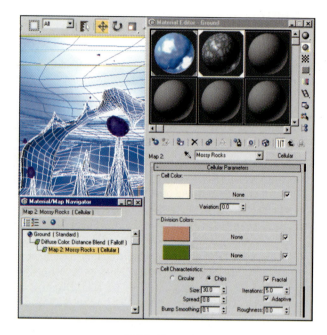

*Cellular Parameters.*

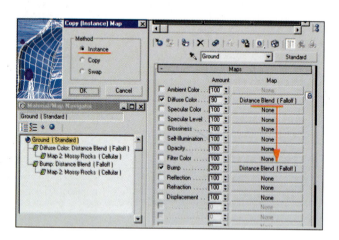

*Instance usa o mesmo mapa para Diffuse e Bump. Isso mantém os dois elementos consistentes, de maneira que mudanças realizadas em Distance Blend no mapa Diffuse modificarão também o Distance Blend no mapa Bump.*

9  Use o Material/Map Navigator para voltar ao material Ground. Na relação de Maps, arraste e solte o mapa da Distance Blend de Diffuse para o slot do None de Bump e selecione Instance da janela pop-up. Fixe o valor de Bump Amount em **200**.

Números altos para Bump Amount fazem as rochas ficarem mais profundas.

## Atribua textura
## à transparência das bolhas

As bordas do perímetro das bolhas devem ser opacas e os centros devem ser transparentes.

1  Selecione o objeto Bubbles e deixe o Material Editor aberto. Ative um material diferente no slot e nomeie-o de **Bubbles**. Arraste e solte o material Bubbles no objeto Bubbles.

2  Ajuste o seguinte:

Diffuse Color
   Hue: **150**
   Sat: **100**
   Value: **255**

Self-Illumination Color
   Hue: **150**
   Sat: **255**
   Value: **150**

Specular Color
   Hue: **150**
   Sat: **30**
   Value: **255**

Specular Level: **250**
Glossiness: **20**

3  Na relação de Extended Parameters, sob Advanced Transparency, selecione In sob Falloff e fixe o valor Amt em **100**.

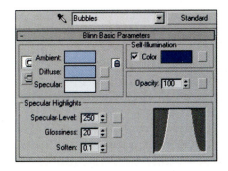

*As bolhas não devem ter nenhuma área preta nas suas sombras.*

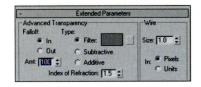

*No local em que a superfície das bolhas é paralela à câmera, o material ficará transparente. Isso fará com que o interior das bolhas fique transparente.*

---

**Observação:** Você pode clicar também o Assign Material no botão Selection se o ícone Bubbles ficar muito difícil de obter.

## Animação simulada da iluminação de um padrão de teia de aranha

Os raios de luz solar atravessam a água e refratam a luz de maneira a iluminar o traçado de uma teia de aranha no terreno.

1. Selecione por Name, escolha o objeto Light Caustic e mantenha aberto o Material Editor. No painel Modify, dentro da relação de General Parameters, clique a cor e fixe Hue em **150**, Sat em **100** e Value em **255**.

    Isto define a cor da luz emitida.

2. Selecione Exclude e no Scene Objects, clique duas vezes Water. Marque Cast Shadows e ajuste Multiplier em **3**.

3. Na relação Directional Parameters, fixe o Hotspot em **1000'**.

4. Clique o botão None do mapa Projector e atribua-o a Cellular. Para editar o mapa Cellular, deve ser arrastado até o Material Editor em algum slot disponível.

5. Arraste e solte o slot Projector Map (Cellular) em algum slot de material disponível e, da janela pop-up, escolha Instance. Nomeie este mapa de Caustic, clique a Cell Color, configurando Hue em **150**, Sat em **255** e Value em **10**.

    Com um Value tão baixo de 10, a cor azul escura gerada não iluminará muito o terreno.

**Observação:** O Hotspot deverá ser suficientemente grande para cobrir toda a área do terreno. O Hotspot determina o raio da luz e o Falloff o ajustará automaticamente para ser um pouco maior.

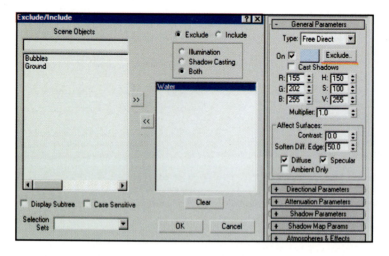

O objeto Water será enviado à lista da direita e não ascenderá nem criará sombras originadas na luz. O Multiplier intensificará a cor dos brilhos luminosos. Os objetos que bloqueiam a passagem da luz projetarão sombras sobre o terreno.

**Projeto 3 - CENA SUBMARINA** | **71**

6. Clique na Division Color superior e fixe Hue em **150**, Sat em **255** e Value em **255**. Clique Division Color inferior e fixe Hue em **150**, Sat em **50** e Value em **255**.

Com esse valor alto em Saturation da Division Color superior, a cor azul gerada deverá ser vibrante e iluminar uma grande parte da cena. Ao estabelecer um Value alto e um Saturation baixo na Division Color inferior, criará uma cor brilhante que iluminará o modelo da teia de aranha.

7. Sob Cell Characteristics, selecione Chips e marque Fractal. Fixe Size em **150**, Spread em **0.3** e Iterations em **5**.

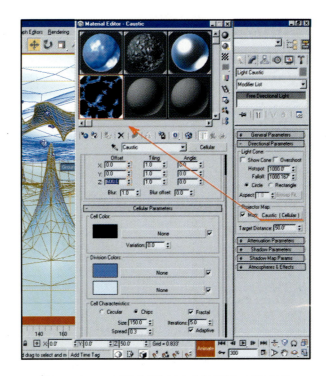

*Valores altos para Offset Z fará o padrão agitar rapidamente.*

Com o Spread configurado em um valor baixo, o padrão será muito fino.

8. Vá para o quadro 300 e ligue Animate.

   Para que o padrão de teia de aranha se mova e mude de forma, o valor de deslocamento de Z será animado do quadro 0 para o quadro 300.

9. Na relação Coordinates, configure Offset para Z em **600** e desligue Animate.

## O AJUSTE DA LUZ PARA REFLETIR FORA DA SUPERFÍCIE DA ÁGUA

Ao observar, você descobre que pode ver o sol através das águas ondulantes. Os raios solares atravessam e iluminam o oceano como se fossem morros desbotando na distância. O objeto luz é localizado embaixo da água e do terreno. A luz se refletirá para cima, enviando seu reflexo para fora da brilhante superfície aquosa.

1. Selecione o objeto Light Water, clique na sua cor e configure Hue em **150**, Sat em **50** e Value em **255**. Defina o Multiplier em **1.5**.

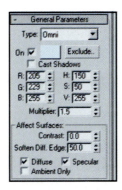

*A luz aparecerá como se estivesse vindo do sol e acima da água.*

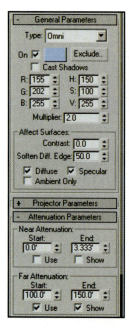

2 Selecione o objeto Light Fill, clique na sua cor e configure Hue em **150**, Sat em **100** e Value em **255**. Defina o Multiplier em **2**.

3 Na relação Attenuation Parameters, sob Far Attenuation, defina Start em **100´** e End em **150´**. Marque Use e Show.

*Attenuation evita que a luz ilumine a água e o fundo da cena.*

## Acrescente névoa para simular a transparência das águas profundas

As configurações de Camera no Environment Ranges, afetam a transparência da névoa. Fixar números maiores aumentará a visibilidade, infelizmente, descobrirá a borda da linha do horizonte da água.

1 Do menu Rendering, escolha Environment. Na relação de Atmosphere, clique o botão Add e escolha Fog.

2 Sob a relação Fog Parameters, sob Fog, clique a cor e fixe Hue em **150**, Sat em **255** e Value em **180**. Sob Standard, marque Exponential.

A imagem gerada será invadida por uma profunda névoa azul.

*Selecionar Exponential fará com que os objetos que se encontram na distância, percam a nitidez dos seus detalhes, à medida que eles se desbotam na névoa azul. Isso também aumentará o tamanho da seqüência e assim ajudará a evitar a ligação com a névoa.*

Projeto 3 - CENA SUBMARINA | 73

## ADICIONE RAIOS DE LUZ ATRAVESSANDO A ÁGUA

A luz deverá aparecer para iluminar a atmosfera do oceano com uma névoa brilhante.

1. Selecione o objeto Light Rays, clique na sua cor e fixe Hue em **150**, Sat em **50** e Value em **255**. Marque Cast Shadows e fixe Multiplier em **1.5**.
2. Na relação Directional Parameters, ajuste Hotspot em **0.1´** e Falloff em **40´**.
   A dimensão do Falloff determinará a largura do raio luminoso. Você pode ajustá-lo entre 10´ a 50´.

*Configure os parâmetros Light Rays.*

3. Na relação Attenuation Parameters, sob Far Attenuation, configure Start em **100´**, End em **150** e marque Use e Show.
   Far Attenuation diminuirá a intensidade da luz antes que ela bata no chão. Dessa maneira, o seu efeito não cobrirá o do Light Caustics.
4. Na relação Atmospheres & Effects, clique no botão Add e escolha Volume Light. Volume Light será adicionado à relação. Dentro desta lista, selecione Volume Light e clique no botão Setup.
   Aparece o Environment Editor, e Volume Light que já estava posicionado abaixo do Fog com o objeto Light Rays já atribuído ao objeto. Luzes adicionais podem ser atribuídas a este efeito posteriormente, se for necessário.

*Configure os parâmetros Attenuation.*

5   Sob Volume, configure Fog Color Hue em **150**, o Sat em **50** e o Value em **255**. Ajuste Density em **0.4** e marque Expo-nential.

É similar ao recurso do emissor de cor da luz.

6   Sob Noise, marque Noise On, configure o Amount em **1** e selecione Fractal.

Adicionar ruído à luz provocará fragmentação luminosa, como se existissem partículas luminosas no oceano.

7   Configure Uniformity em **1**, Levels em **2** e Size em **30**.

Uniformity com valor baixo deixará a aparência da luz mais intensa em contraste e mais poeirenta. Levels altos demoram mais para renderizar. Size com valor baixo produz partículas menores.

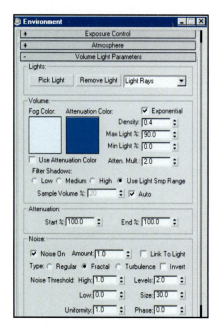

*A luz irá renderizar uma névoa azul clara.*

**Observação**: Um método alternativo é utilizar um mapa Projector para criar relâmpagos na projeção, embora isso aumente consideravelmente a renderização. Uma maneira mais rápida é criar mais luzes e adicioná-las a este efeito.

## Vincule camera, light rays e light water ao light fill

Quando o objeto Light Fill se movimenta, controla as posições da câmera e os objetos Light Water e Light Rays. A câmera precisa girar livremente sem a rotação de Light Rays. Assim, Light Rays será vinculado a Light Fill, ao invés da câmera. O Z-axis para Light Rays não estará vinculado aos movimentos de Light Fill, de maneira que quando Light Fill entra em movimento, para cima ou para baixo, o objeto Light Rays permanecerá acima da superfície da água, local em que seu efeito sempre deverá ter início.

1. Selecione os objetos Camera, Light Rays e Light Water simultaneamente. Da barra de ferramentas, ative a ferramenta Select and Link, pressione "H" para Select Parent by Name e escolha o objeto Light Fill como pai.

*Quando executar Select by Name, pressione Ctrl para clicar um por um e selecionar vários objetos ao mesmo tempo.*

*A ferramenta Select and Link. Quando o objeto Light Fill muda sua posição, os objetos vinculados o acompanharão.*

*Pressione "H" para selecionar o objeto Light Fill como o pai.*

2   Ative a ferramenta Move e selecione o objeto Light Rays. No painel Hierarchy, clique o botão Link Info. Dentro da relação Inherit para Move, somente desmarque Z, deixando marcados X e Y.

# Como animar a paisagem

Ao animar o objeto Light Fill para começar e parar lentamente, as luzes vinculadas e a câmera irão acompanhar.

1   Selecione o objeto Light Fill e ligue Animate. Ative a ferramenta Move, vá para o quadro 150 e fixe a posição do Absolute World para X = **-20´**, Y = **20´** e Z = **20´**.

A câmera receberá as coordenadas de X, Y e Z do objeto Light Fill, mas o Light Rays somente receberá as coordenadas X e Y. Isso evita que o objeto Light Rays afunde no eixo Z e mantém o início de seu efeito acima da água.

**Observação**: Pressione F1 para procurar em Help com a palavra-chave "Tangent". Sob o tópico Bézier Controllers, você encontrará uma descrição detalhada de todos os tipos de Tangent.

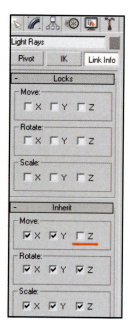

*Quando o objeto Light Rays acompanhar a animação do objeto Light Fill, permanecerão nele somente os movimentos de X e Y, não os de Z. Isso permitirá que ele fique acima da água, inclusive quando Light Fill se deslocar para cima e para baixo no Z.*

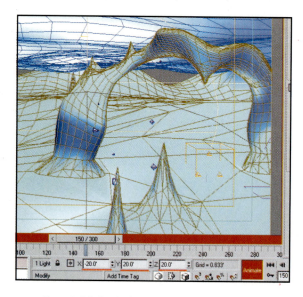

*Na parte inferior do visor existe um Transform Type-in para Absolute World entrar com as coordenadas para X, Y e Z.*

**Projeto 3 - CENA SUBMARINA** | **77**

**2** Vá para o quadro 300 e fixe X = **0´**, Y = **100´** e Z = **10´**.
A câmera submergirá através do arco e os raios ficarão acima da água.

**3** Desligue Animate e da Track Bar (abaixo da barra do tempo) no quadro 0, clique com o botão direito do mouse na primeira chave e escolha o Light Fill:Position. Dentro da janela pop-up, em Out, clique no ícone pull-down para definir Tangent para Slow.

**4** Na Track Bar, no quadro 300, clique o botão direito do mouse na terceira chave e escolha Light Fill:Position. Dentro da janela pop-up, em In, ajuste o ícone Tangent em Slow.

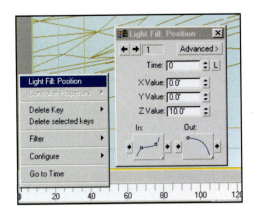

*A câmera começará a se movimentar lentamente no quadro 0.*

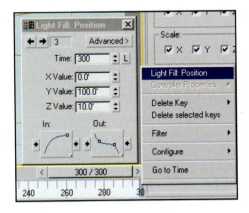

*A câmera começará a parar lentamente no quadro 300.*

**Observação**: Se o marcador de quadros da barra do tempo azul cobrir as chaves vermelhas, você ainda pode clicar com o botão direito do mouse para chamar o menu.

## Como renderizar a cena

O visor Camera renderizará a cena. Se os tempos de renderização são muito grandes, considere a possibilidade de alterar alguns dos parâmetros relacionados no texto como alternativa.

1. Verifique se o visor Camera está ativo. Pressione F10 para renderizar a cena. Dentro do Render Scene Editor, sob Time Output, selecione Active Time Segment: 0 to 300.
2. Sob Output Size, clique o botão 320x240. Sob Render Output, clique o botão Files. Salve-o como arquivo AVI no local que você determinar.
3. Na janela pop-up Video Compression, escolha Intel Indeo® Video 3.2 e configure o Compression Quality em **100%**. Clique no botão Render.

    Quando a renderização estiver completa ou cancelada, vá ao Ram Player no menu Rendering e abra para examinar o arquivo renderizado no Channel A.

**Observação**: Se você mora na região do Sul da Califórnia e está interessado em juntar-se à minha equipe de artistas, envie um e-mail a **3dman@charter.net** para obter uma relação das escolas onde eu ensino 3ds max 4 e os plug-ins.

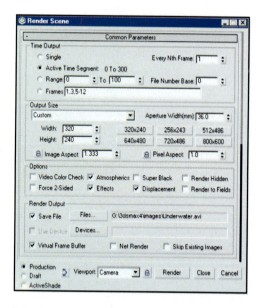

*Os tempos de renderização variam e pode demorar algumas horas para completar o processo. Por cada quadro, cinco passes do Depth of Field formarão a imagem final. Você pode desabilitar isso com Bubble Amount para acelerar a renderização.*

## MODIFICAÇÕES

Espero que você tenha explorado e executado variações nos parâmetros. Cada vez que revisar este exercício, você executará melhor o ajuste da câmera, trabalhando com uma paleta de cores mais consistente, animando texturas e borbulhas e aprimorando os ambientes. Existe uma cópia do projeto finalizado sob o nome de Underwater_Environment_Finished.max no CD-ROM anexo.

Demostre sua criatividade e desenhe um ambiente submarino original. Aqui apresentamos algumas possibilidades:

▶ Crie e modele um terreno em detalhes para ser descoberto pela câmera.

▶ Crie e anime uma criatura do mar interessante e faça com que a câmera a acompanhe através da cena.

▶ Renderize diferentes visões e monte a cena juntando os clipes com o Video Post.

▶ Anime a câmera modificando o seu foco com o Depth of Field.

▶ Faça com que as bolhas explodam surgindo de uma criatura mediante a fixação dos tempos de início e fim.

▶ Mude o matiz usado para a cor azul durante a cena.

## PLUG-INS

Para realçar o realismo da cena, relacionamos aqui diversos plug-ins que fornecerão os recursos para explorar as possibilidades.

Plug-ins gratuitos:

▶ Electric dos Estúdios Blur (**www.blur.com**). Um mapa de procedimentos Electric para efeitos luminosos.

▶ Dirt dos Estúdios Blur. Um mapa de procedimentos Dirt para textura de terrenos.

Plug-ins comerciais (preços sujeitos a modificações):

▶ FinalRender Stage-0 (US$ 495) da Trinity 3D (**www.Trinity3D.com**). Usa iluminação global e raios com traços reais para aprimorar a iluminação de ambientes submarinos.

▶ QuickDirt (US$ 245) da Digimation (**www.digimation.com**). Desenha objetos antigos de forma real como lixo, corrosão, barro e outras substâncias depositadas nos objetos.

▶ Shag: Hair (US$ 495) da Digimation. Um efeito ambiental que dá enorme controle sobre a forma e a animação de grama submarina.

▶ Stitch (US$ 695) da Digimation. Um recurso modificador que simula o movimento das folhas das algas marinhas balançando na água.

▶ Splash!Max (US$ 195) da Digimation. Simula a dinâmica necessária quando um golfinho submerge na água.

▶ The Essential Textures (US$ 195) da Digimation. Procedimentos de texturas para criar coral, areia e rocha mais interessantes.

▶ Tree Druid (US$ 125) da Digimation. Cria animações de folhagem, árvores e grama.

▶ Digital Nature Tools (US$ 495) da Digimation. Cria céus realistas que podem ser vistos se a câmera sobe acima da água.

▶ reactor (US$ 1000) da discreet (**www2.discreet.com**) Um simulador dinâmico que anima choques realistas com a água, corpos sólidos e moles, corda e roupas.

## EFEITOS DE ILUMINAÇÃO

### ILUMINAÇÃO DE UMA CENA COMPLEXA

Foi dito que uma boa iluminação não salva um mau modelo, mas uma iluminação pobre pode arruiná-lo. A luz, tratando-se de um recurso artístico natural da mídia, é o fator que define a arte da computação gráfica. Os seres humanos são especialistas em analisar a luz; e as interpretações das obras artísticas de computação gráfica dependem, em grande parte da maneira como se descreve a luz. Quando se ilumina uma cena é importante mostrar tanto os efeitos diretos e indiretos da fonte luminosa como o ambiente ou a iluminação refletida. É útil considerar também que os efeitos específicos da computação gráfica, tais como luzes volumétricas, podem fornecer ao observador dicas sobre a composição cênica.

"*The long light shakes across the lakes,
And the wild cataract leaps in glory.*"
*(A luz de longo alcance se estremece através dos lagos e a catarata selvagem jorra cheia de glória.)*
—Alfred, Lord Tennyson.
The splendor falls on castle walls.

*Projeto 4*
# Efeitos de iluminação

*Por Sean Bonney*

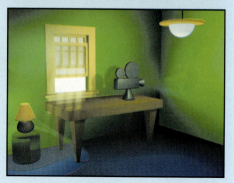

## Como funcionam

Neste tutorial você iluminará uma cena interior com diversas luzes artificiais e com uma fonte de luz natural. As fontes de luzes diretas, também chamadas de "luzes-chave", serão criadas em conjunto com as fontes de luzes indiretas, ou "massa luminosa". Serão usadas luzes projetadas, com a função óbvia de projetar uma imagem e criar a ilusão de gerar sombras.

Projeto 4 - EFEITOS DE ILUMINAÇÃO | 83

## Início dos trabalhos

Execute o 3ds max 4 e abra o arquivo **Lighting.max** na pasta deste projeto do CD-ROM anexo. Esse arquivo contém uma simples cena interior que inclui alguns móveis, dois lustres, um projetor de filmes e uma janela aberta. Veja a cena do visor Camerapara se acostumar com a estrutura da cena com a qual você estará trabalhando.

## Ajuste geral da iluminação

Ao criar uma estrutura básica da iluminação, consideramos primeiro as diversas fontes luminosas. Após isso adicionamos as massas luminosas, tendo cuidado em não desequilibrar a cena criando pontos "quentes" demais. É importante também considerar a intensidade, a definição e a cor das sombras projetadas.

1. Renderize uma cena parada no visor Camera.

    A imagem será da cor preta porque duas paredes nesta cena estão obscurecendo a câmera.

2. Vá ao visor Top e selecione os objetos Wall03 e Wall04, vá para a caixa de diálogo Properties e desmarque Visible to Camera na área Rendering Control.

    Isso evitará que as duas paredes mais próximas da câmera apareçam durante o tempo de renderização.

Esta é a cena interior que você estará iluminando neste tutorial.

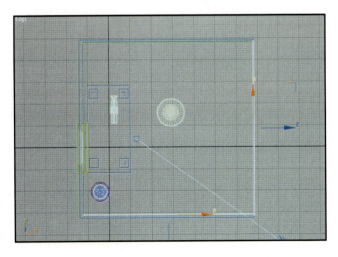

Essas duas paredes precisam ficar invisíveis para a câmera para que não obscureçam a renderização.

Uma maneira de começar a organização da iluminação é converter a iluminação default em luzes editáveis. O primeiro passo é ativar a iluminação default na caixa de diálogo Viewport Configuration.

3  Com o botão direito do mouse, clique em qualquer rótulo e escolha Configure. Na guia Rendering Method, marque a caixa Default Lighting e escolha o ajuste 2 Lights, se ainda não estiver ativado. Feche essa caixa de diálogo. Renderize uma imagem a partir do visor Camera.

Sem luz nenhuma nesta cena, a luz é fornecida pela solução de iluminação default, que simula os efeitos das duas luzes omni.

4  Vá ao menu Views e escolha Add Default Lights to Scene. Estabeleça os seguintes valores:

Add Default Key Light: **On**
Add Default Fill Light: **On**
Distance Scaling: **0.75**

Isso criará duas omnis, denominadas Default-KeyLight e Default-FillLight. O ajuste de Distance Scaling determina quão longe os omnis serão colocados de sua origem, comparado a sua localização virtual antes de serem adicionados à cena como luzes editáveis.

Em uma cena sem iluminação, a luz padrão cria uma iluminação suave.

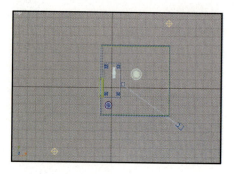

Adicione as luzes padrão à cena como luzes editáveis, para iniciar a configuração da iluminação.

Ao adicionar as luzes virtuais padrão à cena se cria uma iluminação similar.

**Observação**: Se você renderizar outra parada, verá níveis similares de iluminação, mas evidentemente, a iluminação real foi modificada neste momento em que as luzes estão na posição relativa, ocultando alguns objetos.

5   Vá ao visor Front e amplie para revelar a massa luminosa default posicionada debaixo do plano do solo. Selecione esta luz e mova-a para X = 150, Y = -250 e Z = -130.

O uso principal destas luzes será encher o cômodo com uma iluminação originada na principal fonte luminosa, o lustre superior.

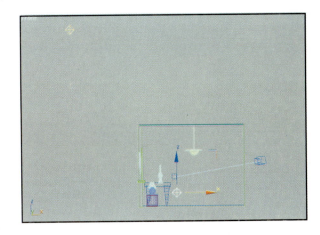

*Mova a massa luminosa recentemente criada para uma posição próxima ao chão.*

**Observação**: Uma boa tática para posicionar a massa luminosa é posicioná-la através do plano da câmera da luz-chave, assim, iluminará as áreas laterais dos objetos que não são diretamente banhados pela luz, simulando a luz ambiental refletida dentro da cena.

*Ajuste a massa luminosa para gerar uma iluminação sutil em contraste com o lustre do teto.*

6   Fixe os seguintes valores de maneira que essa luz dê uma iluminação suave:
    Color: **R 210, G 220, B 150**
    Multiplier: **0.35**
    Affect Surfaces
    Specular: **Off**

**Observação:** Desligar os refletores especulares evita que a massa luminosa crie pontos focais de luz que estraguem a ilusão de iluminação ambiental indireta, em contraste com uma fonte direta de luz.

7. Selecione DefaultKey-Light e mova-o para uma posição diretamente embaixo do lustre do teto, com X = 285, Y = 155 e Z = 125. Ajuste os seguintes valores para criar uma fonte de luz intensa e brilhante:

   Color: **R 255, G 240, B 180**

   Multiplier: **1.25**

8. Vá para Attenuation Parameters e configure os seguintes valores para fazer que esta luz diminua com a distância de forma que todas as áreas não sejam iluminadas da mesma maneira:

   Far Attenuation

   Start: **300**

   End: **590**

   Use: **On**

   Como fonte principal de iluminação na cena, esta luz-chave provocará sombras.

9. Ligue Cast Shadows na relação de luzes de General Parameters e fixe os seguintes valores na relação de Shadow Parameters:

   Object Shadows: **On**

   Type: **Shadow Map**

   Color: **R 125, G 135, B 60**

   Density: **0.7**

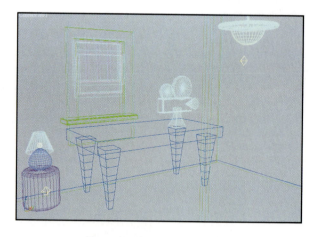

*Mova a luz-chave para sua posição correta embaixo do lustre principal.*

*O lustre do teto fornecerá a maior quantidade de iluminação direta desta cena.*

## Projeto 4 - EFEITOS DE ILUMINAÇÃO | 87

**Observação**: Definir a cor das sombras em um ambiente colorido e reduzir a densidade pode evitar que as sombras fiquem demasiadamente escuras nas cenas em que se espera que exista uma grande quantidade de luz refletida, como é o caso de uma cena interior. Inclusive, é possível afetar o equilíbrio das cores, o conteúdo emocional e o estilo visual com a introdução de sombras de cores audaciosas. A segunda fonte de luz interna é o pequeno lustre localizado no lado esquerdo do quadro da câmera.

10. Duplique a DefaultKeyLight usando Copy como método. Nomeie a cópia de **LampKeyLight** e mova-a para X = -40, Y = -210 e Z = -70 para posicioná-la dentro do abajur. Defina Color da luz em **R 180, G 250, B 245** para dar um tom único. Reduza o Multiplier para **1.0**.

    Esta luz não gera sombras tão longe como faz a poderosa luz de teto.

11. Para atenuar a luz de uma maneira mais rigorosa, fixe os seguintes valores na relação Attenuation Parameters:

    Far Attenuation
    Start: **200**
    End: **500**

*Clone a luz-chave e mova-a para dentro do abajur, criando uma fonte direta para a iluminação do lustre pequeno.*

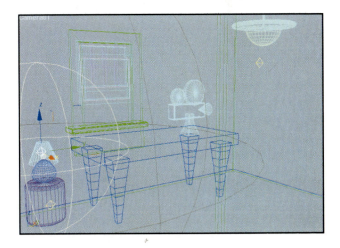

*Reduza a atenuação da luz do lustre para restringi-la ao canto do cômodo.*

**Observação**: A atenuação luminosa pode ser ajustada estabelecendo-se uma escala para a luz do objeto. De fato, escalar a intensidade luminosa de maneira não uniforme é a única maneira de criar um raio de atenuação não esférico. A iluminação da lâmpada ficará mais realista se os cones luminosos visíveis forem projetados desde as sombras. Isso será criado com o efeito Volume Light. No 3D Studio MAX 3 os efeitos ambientais podem ser adicionados às luzes dopainel Modify.

*Neste momento a lâmpada ilumina seu próprio canto do cômodo, projetando uma bela sombra do abajur.*

12. Vá à relação Atmospheres & Effects, clique o botão Add, selecione o efeito Volume Light e clique OK. Selecione o efeito recentemente adicionado da lista Atmospheres & Effects e clique Setup para editar este efeito no diálogo Environment.

13. Na relação Atmosphere, renomeie este efeito de **Volume Light: Lamp**. Para adicionar cores ambientais a este efeito, fixe os seguintes valores na área Volume:

    Attenuation Color: **R 0, G 125, B 75**

    Use Attenuation Color: **On**

    Density: **1**

14. Para restringir o Volume Light para que esta não exceda os limites, especifique End% em **75** na área Attenuation.

**Projeto 4 - EFEITOS DE ILUMINAÇÃO** | **89**

Quando terminar a montagem da cena, use adequadamente o recurso de atenuação que é muito útil para criar um ambiente equilibrado. Sem atenuação as luzes da computação gráfica podem projetar facilmente muita luz distante, devido a seu modelo de iluminação perfeito. Compare-o a uma cópia real, que dispersa a luz rapidamente, resultando em um impacto visual exponencialmente reduzido com a distância.

**Observação**: A configuração de Attenuation é útil quando você não deseja que o efeito de ambiente domine o projeto de iluminação. Ao reduzir o valor de End%, por exemplo, o volume do efeito se desbotará antes que ele atinja as áreas iluminadas mais distantes.

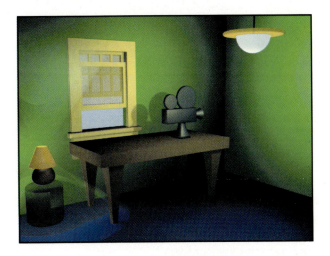

*O efeito Volume Light desenha com clareza os cones de luz gerados pela lâmpada.*

**Observação**: Attenuation Color determina o matiz do efeito atmosférico na medida que se aproxima do limite de atenuação luminosa selecionado (seja Start ou End). Em contraste, o Fog Color define a cor do tema principal do efeito.

## Projetor luminoso

O projetor nesta cena pode ser considerado como a fonte do efeito especial luminoso. Ainda que ele dê origem a iluminação geral, sua função será a de projetar uma imagem.

1. Vá ao visor Front e crie um Free Spotlight com X = 27, Y = 235 e Z = 3. Nomeie esta luz de **Fspot Projetor**. Observe que a configuração padrão desta luz foi estabelecida nos mesmos valores da última luz corrigida.

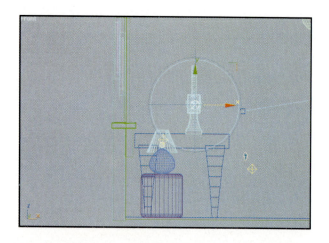

*Crie um Free Spotlight que sirva como fonte primária de luz para o projetor.*

2. Vá para a relação Spotlight Parameters e defina o tipo do cone de luz como **Rectangle** para executar uma projeção mais apropriada.

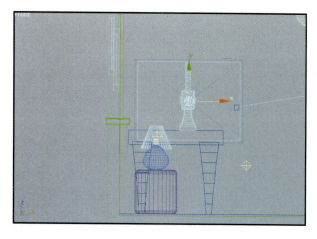

*O tipo de cone retangular luminoso é a forma mais apropriada para a maior parte das imagens projetadas.*

## Projeto 4 - EFEITOS DE ILUMINAÇÃO | 91

**Observação**: A imagem a ser projetada pode ser encontrada no CD-ROM anexo. Wormy Waving.avi é uma animação de 100 quadros com resolução de 320x200. Ela descreve um personagem alienígena de cor verde que acena alegremente. Esta animação foi originalmente publicada no CD anexo ao livro da New Riders, *Inside Max R3 Professional Animation* e foi criada por um animador muito esperto.

3  Para atribuir este mapa, primeiro clique o botão Projector Map e escolha Bitmap do Material/MAP Browser. No diálogo Select Bitmap Image, navegue para a pasta do projeto, no CD-ROM em anexo e selecione **Wormy Waving.avi**.

**Observação**: As imagens projetadas podem retardar bastante o tempo da renderização, especialmente se são animações de grande porte. É aconselhável copiar o AVI para seu disco rígido para minimizar o tempo de acesso.

4  Arraste o mapa do painel Modify até um slot disponível no Material Editor como uma Instance e renomeie-a de **Wormy Waving**.

Esta animação tem um fundo bastante escuro, e pouco recomendável para fazer uma projeção clara.

*Um AVI previamente renderizado deste curioso personagem acenando servirá como filme virtual a ser projetado.*

5   Vá para a relação Output e fixe Output Amount em **1.25** para iluminá-lo um pouco.

**Observação**: Ajustar o Output Amount desta maneira normalmente não aumenta muito o tempo de renderização, mas se você está trabalhando com imagens grandes, será conveniente realizar o ajuste antes de baixar no max, por exemplo, no Photoshop (para imagena estáticas) ou no AfterEffects (para animações).

*Aumente o Output Amount deste mapa levemente para ficar brilhante e deixar o projeto mais claro.*

Projeto 4 - EFEITOS DE ILUMINAÇÃO | 93

6   Clique o botão Bitmap Fit para melhorar a forma da luz projetada no formato da imagem. Selecione o mapa **Wormy Waving.avi** do navegador (Browser from: Mtl Editor). O valor Aspect deverá mudar para **1.333**, as proporções da imagem.

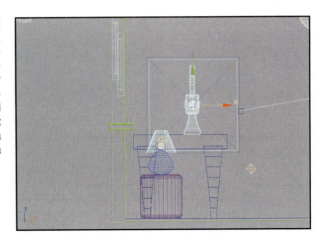

*Defina a razão de proporção do cone de luz a fim de atender as proporções da imagem projetada.*

**Observação**: Todo aquele que tiver assistido a um filme que inclui um projetor de filme nele, sabe que esses projetores produzem um sólido cone de luz através de atmosferas nebulosas.

7   Adicione um efeito Volume Light no raio luminoso do projetor como você fez no LampKeyLight. Nomeie este efeito de **Volume Light: Projector** e fixe os seguintes valores para criar um bonito e nebuloso cone de luz:

Volume
    Density: **7**
    Max Light%: **80**
Attenuation
    End%: **90**

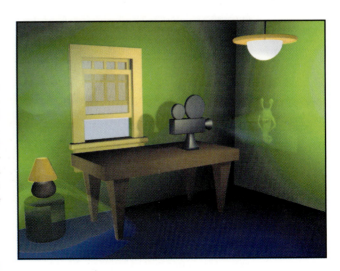

*Um efeito Volume hight será usado para criar o conhecido cone de luz.*

**Observação**: Os efeitos Volume Light atribuídos às luzes que projetam imagens automaticamente, refletem a intensidade da luz e da cor, à medida que a imagem muda. Ou seja, a porção do volume de luz que se projeta numa imagem de matiz azulado será devolvida como nevoeiro azul. A parede que recebe a imagem projetada aparece um pouco estranha porque não é iluminada por nenhuma luz difusa ou vazamento de luz vinda do projetor.

8. Duplique DefaultFillLight usando Copy como método. Nomeie a cópia de **ProjectorFill** e mova-a para X = 30, Y = 440 e Z = 0.

9. Estabeleça os seguintes valores para o ProjectorFill gerar um brilho suave ao redor da imagem projetada:

    General Parameters

    Color: **R 225, G 245, B 185**

    Multiplier: **0.5**

    Attenuation Parameters

    Near Attenuation

    Start: **25**

    End: **100**

    Use: **On**

    Far Attenuation

    Start: **100**

    End: **200**

    Use: **On**

Usar luzes para projetar imagens ou animações no max é bastante direto, graças a opção Projector Map. A luz ambiental gerada por uma fonte luminosa dessa natureza e a sugestão do cone gerador de luz, são dicas úteis para a fonte da projeção.

*Crie outra luz para definir a iluminação do projetor.*

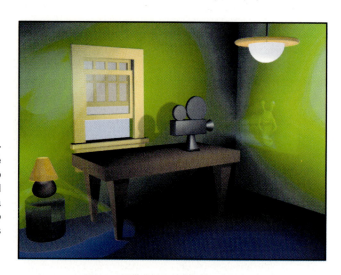

*Adicione a massa luminosa próxima do projetor para gerar uma pequena quantidade d luz ambiental.*

**Observação**: Os recursos de atenuação são muito úteis para controlar a extensão e a intensidade das luzes. Use as configurações de Near Attenuation para determinar quão distantes da origem a luz começará a aumentar rumo a sua configuração Multiplier. Igualmente, use a configuração Far para controlar a que distância a intensidade luminosa se reduz até zero.

Projeto 4 - EFEITOS DE ILUMINAÇÃO | 95

## LUZ SOLAR

A última fonte luminosa que resta para ser criada é a luz natural recebida por uma janela aberta. Em geral, as luzes diretas são utilizadas para esta função porque parecem ter origem numa distância infinita, causando sombras paralelas. Neste caso, a luz será gerada através de uma estreita abertura não sendo obrigatório o uso de luzes diretas.

Devido ao fato de que existem diversas luzes nesta cena e muitos efeitos ambientais, será fácil pesquisar a aparição de uma luz nova, simplesmente desligando todas as luzes anteriores. A melhor maneira de realizar isto é usando o utilitário Light Lister.

1. Vá ao item de menu Tools e selecione Light Lister. Haverá uma pequena demora que é o tempo em que o Lister coleta as informações sobre todas as luzes da cena. Para desativar todas as luzes, limpe as caixas na coluna On próxima a cada luz relacionada. Minimize o utilitário Light Lister. Você pode desejar desligar algumas luzes para acelerar os testes renderizados. Para prosseguir com o tutorial, marque On em cada luz.

2. Vá ao visor Top e crie uma luz direta Target com X = -1000, Y = 550 e Z = 650. Nomeie esta luz de **FDirect Sun**. Fixe o alvo com X = 130, Y = -100 e Z = -200.

   Isto sinalizará a luz para dentro do cômodo através da janela aberta.

3. Ajuste os seguintes valores para criar uma luz morna e leve:

   General Parameters
   Cast Shadow: **On**
   Color: **R 250, G 245, B 215**
   Multiplier: **2.0**

   Directional Parameters
   Hotspot: **300**
   Falloff: **400**
   Light Cone Type: **Rectangle**

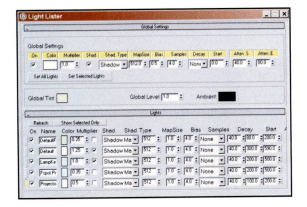

*O utilitário Light Lister reúne os controles da maioria das configurações de luz em um único diálogo.*

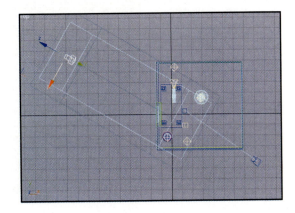

*Crie uma luz direta Target para fornecer uma fonte de luz solar.*

Para fazer com que a luz solar invada ao redor da janela e provoque sombras dimensionais, o Shadow Type deve ser Shadow Map, ao contrário de Raytraced.

4  Vá para a relação Shadow Parameters e fixe os seguintes valores:

Object Shadows Type: **Shadow Map**
Color: **R 100, G 90, B 0**

Observe que o material de vidro da janela não está colocado em forma dupla, permitindo que a luz solar passe através dos vidros.

5  Vá para a relação Shadow Map Parameters e marque Absolute Map Bias.

**Observação**: Map Bias determina a proximidade com que as sombras surgem dos objetos. Quanto maior é a propensão, maior é a separação entre a sombra e os objetos. Absolute Map Bias não permite nenhuma separação, criando as sombras mais precisas possíveis dentro dos outros parâmetros de Shadow Map.

6  Vá ao diálogo de Attenuation Parameters e ajuste os seguintes valores:

Start: **1300**
End: **1800**
Use: **On**

Isto permite que a luz diminua à medida que se aproxima do piso.

**Observação:** Shadow Maps são necessários quando se usa luzes diretas para gerar efeitos Volume Lighting porque sombras Raytraced nem sempre funcionam corretamente nesta combinação.

*A luz direta gera um resplendor cálido e ensolarado, através da janela, originando sombras características na mesa e no piso.*

7. Adicione um efeito Volume Light a esta luz, renomeie o efeito como **Volume Light: Sunlight** e no diálogo Environment ajuste os seguintes valores:

    Attenuation Color: **R 190, G 200, B 0**

    Use Attenuation Color: **On**

    Density: **2**

8. Fixe Global Tint com **R 210, G 215, B 130** para colorir todas as luzes na cena.

*Use Attenuation e Volume Light para unir uma quantidade discreta de raios solares à luz natural.*

A luz solar tem diversas propriedades que são fáceis de observar na realidade. A mais importante é que se origina realmente de uma distância praticamente infinita, assim todos os objetos na cena que são banhados pela luz do sol, a recebem do mesmo ângulo. Além disso, assimila as cores da atmosfera e do plano de fundo. Com freqüência, isso se descreve com uma cálida cor amarela, mas se é invernal, ela adota uma totalidade dominante de cor azul de baixa saturação.

**Observação**: O utilitário Light Lister é capaz de configurar um grande número de valores para as luzes da cena e também de afetá-las globalmente.

**Observação**: Global Tint é muito útil para ajustar as luzes da cena porque permite que você adicione cor às luzes sem modificar as especificações das luzes individuais. Esta função ajuda a unificar a aparência da cena.

## COMO ANIMAR AS LUZES

As luzes nesta cena não precisam de animações elaboradas. O projetor é o exemplo mais óbvio de uma fonte animada de luz, necessitando apenas uma oscilação da intensidade para se aproximar da aparência esperada. Para a luz natural você adicionará o efeito de manchas coloridas causadas pela luz solar através das folhas, utilizando o mapa Projection mais uma vez.

1. Selecione a luz do Fspot Projector. Antes de adicionar ruído ao brilho da luz, configure Multiplier para **0.35**.
2. Ligue o botão Animate, vá para o quadro 100 e configure Multiplier para **0.3**. Desligue o botão Animate.

3  Clique com o botão direito do mouse na luz, escolha Track View Selected e expanda as trilhas.

4  Empregue o controlador Float List nas luzes da trilha do Multiplier para criar um slot para os controladores adicionais.

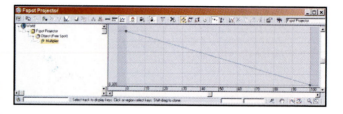

*Examine a luz do projetor na Track View para ver sua base na trilha Multiplier, mostrada aqui no modo Function Curve.*

**Observação**: Você precisa ter certeza de que Show Only: Animated Tracks no diálogo Track View Filter está desmarcado, porque nenhuma animação será configurada para a trilha disponível.

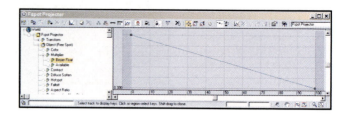

*Use o controlador Float List para adicionar uma trilha disponível na trilha do Multiplier.*

5  Empregue o controlador Noise Float na nova trilha disponível. No diálogo Noise Controller estabeleça os seguintes valores:

   Strength: **0.5**
   Frequency: **0.2**

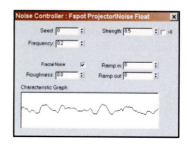

*Adicione um controlador Noise Float para misturar algumas oscilações ao acaso no brilho da luz do projetor.*

## Projeto 4 - EFEITOS DE ILUMINAÇÃO | 99

6   Selecione a trilha Multiplier e vá para o modo Function Curves para ver como o brilho de luz oscilará durante o período. Feche a Track View.

7   Selecione a luz do FDirect Sun e vá para a relação Directional Parameters.

O mapa Noise será empregado como projeção para modular o brilho da luz que se está gerando.

8   Clique o botão Projector Map e empregue o mapa Noise. Arraste o mapa para um slot livre no Material Editor, escolhendo Instance como método. Nomeie este novo mapa de **Leaves Shadow** e estabeleça os seguintes valores para criar um padrão de manchas luminosas:

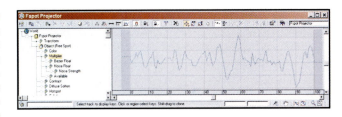

*A trilha misturada que irá determinar o valor Multiplier da luz.*

Coordinates
   Source: **Explicit Map Channel**

Noise Parameters
   Size: **0.05**
   Noise Threshold
      High: **0.8**
      Low: **0.15**
      Color #1: **R 100, G 100, B 100**

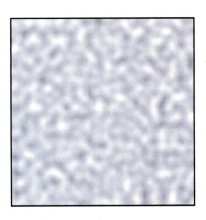

*Crie um mapa Noise para fornecer um padrão de sombra manchada na luz solar.*

9   Ligue o botão Animate, vá para o quadro 25 e ajuste os seguintes valores:

Coordinates
   Offset
      U: **0.2**
      V: **0.5**

Isso provocará um balanço no material durante o período, como se as folhas estivessem sendo sopradas pelo vento.

# 100 | 3ds max 4: efeitos mágicos

**Observação**: Usando um mapa Projection para criar uma camada de sombras artificiais é igual a função de um "cookie" nos processos que nada tem a ver com a computação gráfica; no qual uma forma abstrata cortada de uma placa de compensado é utilizada para dar a impressão de folhas ou objetos similares projetando sombras sobre uma cena.

**Observação**: Use Explicit Map Channel como fonte quando você desejar aplicar um mapa de acordo com um canal de mapas, em contraste com a utilização do espaço World ou Object.

10 Vá para o quadro 50 e ajuste os seguintes valores:

Coordinates
Offset
U: **0.0**
V: **0.3**

11 Vá para o quadro 100 e ajuste Phase em **1.0**. Desligue o botão Animate. Para executar o ciclo do *panning* (visualização horizontal ou vertical) do mapa, abra a Track View, selecione Coordinates, a trilha Offset e configure o tipo Parameter Curve Out-of Range como Loop.

Virtualmente todo parâmetro para as luzes e seus mapas e atmosferas associados podem ser animados. Na seção anterior você mexeu somente com algumas cenas, mas seria conveniente aumentar a complexidade do trabalho de animação, por exemplo, exibindo em tempo acelerado através da diminuição da intensidade luminosa e as mudanças de cor na luz natural.

## MODIFICAÇÕES

A prática geral de equilibrar a iluminação de uma cena através do uso de tonalidades e massas de luz pode ser explorada tanto quanto se deseja. Muitos níveis de reflexão e efeitos de quase iluminação podem ser renderizados através da cuidadosa colocação de massas luminosas sutis. Considere a possibilidade de usar luzes coloridas de baixa intensidade para mostrar o reflexo de uma superfície acima da outra. Por exemplo, um reflexo de cor azul surgindo do piso nesta cena, sobre as paredes baixas.

Para realizar com precisão cenas iluminadas em exteriores, o max inclui um sistema de luz solar próprio. Você o encontrará na guia Systems do painel Create, este sistema permite que você especifique o dia, latitude e longitude e muitos outros fatores para gerar ângulos precisos de iluminação solar. Para tarefas de paisagismo ou trabalhos arquitetônicos, essa precisão é essencial. Além do mais, prestando atenção às características da intensidade luminosa e a cor apropriada aos momentos específicos do dia, é possível aprimorar o conteúdo emocional de uma cena.

O utilitário Light Lister é capaz de modificar uma grande quantidade de especificações de iluminação cênica. Por exemplo, todas ou algumas luzes podem ser configuradas para usar cores específicas ou tipos de sombra.

O recurso Global Tinting do utilitário Light Lister e os efeitos ambientais Exposure Control permitem realizar correções mais radicais de toda a iluminação. Estas funções são de grande utilidade porque não afetam as luzes individuais, permitindo que você realize um conjunto de mudanças programadas, da mesma forma que os conjuntos de modificadores Modifier List.

# O BALANÇO DA CORDA

*"Isso é porque eu sou um panda, não é?"*
—Petey, o panda importunador sexual, South Park

## A DINÂMICA DOS MOVIMENTOS FLUÍDOS

A dinâmica dos movimentos fluídos, como um lenço balançando suavemente ao vento ou a água deslizando por baixo de uma ponte, adiciona um toque de realismo a qualquer cena. Este sentido de realismo adicional permite que o cérebro faça uma pausa ou simplesmente compartilhe de uma experiência visual rica, ao invés de ficar preocupado por alguma coisa que "parece estar totalmente bem". Neste projeto você usará um novo recurso para os movimentos fluídos, encontrado no modificador Flex para simular o balanço de uma corda. Flex também será incorporado a um efeito que simula dinamicamente as ondulações da água que oscilarão ao colidir com um corpo flexível.

*Projeto 5*
# O balanço da corda

*Por Randy M. Kreitzman*

## Como funciona

O projeto usa de forma intensa o modificador Flex. A corda emprega as novas molas do corpo flexível do Flex para manter sua forma na medida que é afetada pela gravidade naturalmente. O urso panda é um mecanismo IK sem pele que usa o recurso independente da história IK (HI). Cada uma das extremidades do panda está fixada a um ponto diferente da corda via Path Constraints. À medida que panda toca a água, partículas são emitidas pela superfície da água, escolhendo um padrão, na medida que elas fogem do centro num movimento radial. Esta seleção de padrão é deformada pelo modificador Push e daí é enviada para outro modificador Flex, para provocar o segundo movimento que cria as ondas e as ondulações. O resultado final é um efeito que parece muito natural e que é gerado 100% pelo procedimento.

# O INÍCIO

Para começar, execute o programa 3ds max 4 e carregue a cena nomeada **rope01.max**, do CD-ROM em anexo. Esta cena contém todos os elementos de que você necessitará para completar o projeto (apesar de que diversos componentes ainda necessitam ser configurados para ter todos os elementos funcionando adequadamente). Para acelerar a interatividade através do projeto, será conveniente ocultar o maior número de elementos e mostrar somente os componentes mais pertinentes da cena. Assim, esconda o grupo Terrain e o panda, para começar.

*O panda está pronto para começar.*

# COMO DOBRAR A CORDA

O objeto corda é realmente uma curva de pontos NURBS desenvolvida sobre cinco pontos de controle. Nesta seção, você usará o recurso Flex para montar uma série de molas flexíveis em cada ponto de controle. Você especificará um ponto de ancoragem para a corda e aplicará a gravidade.

1. Selecione o objeto Rope. Do menu Modifiers, selecione Flex do grupo Animation Modifiers. Clique no ícone Plus próximo a Flex, para exibir os níveis de sub-objetos. Selecione o item Weights & Springs.

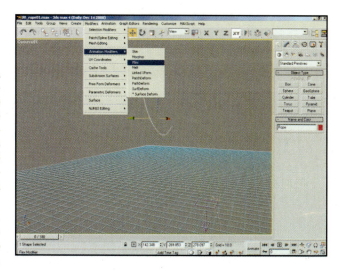

*Aplique o Flex do menu Modifiers.*

**2** Na relação Parameters, desligue a opção Use Chase Springs e a opção Use Weights e ajuste Samples em **3**.

**Observação**: Você pode ver as molas entre os pontos de controle, ligando a opção Show Springs na relação Advanced Springs. Entretanto, as molas serão exibidas durante o tempo que você se encontrar em algum dos níveis dos sub-objetos.

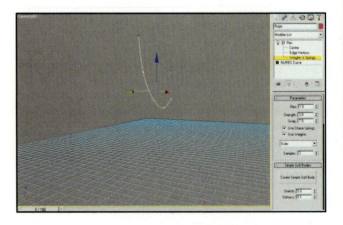

*Os vértices coloridos indicam o valor do peso do Flex.*

**3** Na relação Simple Soft Bodies, clique o botão grande Create Simple Soft Body.

**4** Na relação Forces and Deflectors, clique no botão Forces Add e selecione a envoltura espacial da gravidade na cena. Arraste o cursor da barra de tempo avançando e retrocedendo, para assistir a animação.

A corda está dobrada, mas o objeto completo cai no lago. Você necessita definir o extremo superior da corda como ponto de fixação.

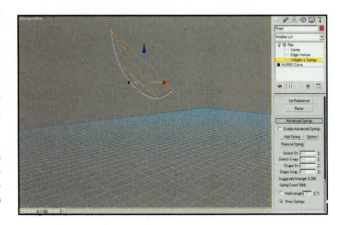

*Flex com Show Springs ligado.*

**5** No visor Stack, selecione o nível de sub-objeto Edge Vertices. Selecione o ponto de controle no extremo da corda para configurá-lo como ponta. Clique no item Flex para sair do modo Sub-Object e rode a animação para ver a nova cena em ação.

Os únicos parâmetros que você necessita ajustar são Stretch e Stiffness, na relação Simple Soft Bodies. Cada um destes parâmetros controla um elemento diferente do comportamento da mola flexível. Stretch indica a distância máxima entre dois pontos. Stiffness controla a rigidez de cada ponto de controle com relação ao seguinte.

6   Na relação Simple Soft Bodies, ajuste os parâmetros Stretch e Stiffness, durante o tempo em que animação está rodando, para ter uma noção da função de cada controle. Recomendamos estas configurações, sem ser o seu emprego obrigatório: Stretch = **10.0** e Stiffness = **0.0**.

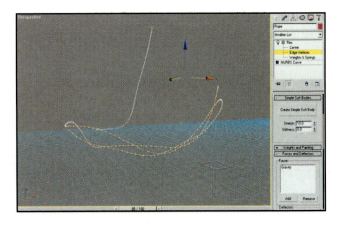

*A corda, neste momento está ancorada pelo vértice extremo superior, oscilando livremente.*

## COMO INCORPORAR O PANDA

Agora que o movimento básico da corda já foi bloqueado, é a hora de incorporar o panda balançando na cena. O panda já está sem a pele pelo IK, para esta cena. Cada extremidade utiliza a solução de (metas independentes) IK HI, do novo 3ds max 4. Este novo sistema IK usa metas independentes de objetos para manipular a corrente IK na posição. Você usará o novo Path Constraint para fixar os pés, as mãos e o setor central do panda na corda. Quando a corda balançar, também o panda o fará.

1   No painel Display, pressione o botão Unhide by Name para chamar o diálogo Unhide Objects e revelar os três objetos auxiliares Point. Selecione o auxiliar de cada Point, um de cada vez, e examine as propriedades de seu controlador, no painel Motion.

*Use o diálogo Unhide Objects para revelar múltiplos objetos.*

O auxiliar de cada Point está ligado ao objeto corda mediante um Path Constraint. Os Point01 e Point02 serão os pontos de fixação para as mãos e pés do panda (respectivamente) e o Point03 fixará a seção intermediária do personagem. Point03 usa também um limitador de rotação LookAt para manter sua orientação quando a corda balançar para frente e para trás.

O LookAt Constraint é neste momento um controlador de rotação dedicado, com diversas opções novas para controlar explicitamente a direção do vetor polar e impedir a rotação. O eixo X de Point03 está limitado a olhar para o Point02, enquanto o vetor polar do Eixo Y, trata de manter o alinhamento com o eixo Y do mundo. Isto garante que o Point03 (e em conseqüência a seção média do panda) não rodará, quando se movimentar para frente e para trás, através da seção íngreme vertical da corda, durante o processo da animação.

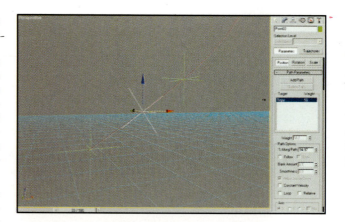

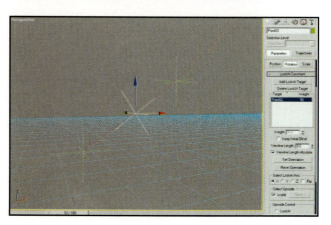

*Examine os parâmetros Path e LookAt Constraint.*

**Observação**: Os limitadores são um novo tipo de controladores que se referem explicitamente a outros objetos na cena. Tanto o limitador Path como o LookAt Constraints foram totalmente aprimorados para o 3ds max 4. Cada limitador oferece a capacidade de referenciar múltiplas metas avaliadas. Os limitadores podem ser atribuídos do menu Animation/Constraints ou do painel Motion.

**Projeto 5** - O BALANÇO DA CORDA | **107**

2. Arraste o cursor da barra do tempo, para frente e para trás e examine como cada auxiliar Point está limitado à corda através de todo movimento.

3. No painel Display, pressione o botão Hide by Name para chamar o diálogo Hide Objects e revele cada um dos objetos Bones e as quatro correntes IK.

4. Vá para o quadro 0 e use a ferramenta Select and Link para unir o IK Chain-02 ao Point02. Una o IK Chain03-04 ao Point01. Una Bone01 (a raiz do esqueleto) ao Point03. Então deslize o cursor de tempo e examine como o esqueleto se move junto com a corda.

**Observação:** Bone 16 é o osso utilizado para controlar a cabeça do panda, e está limitado pelo LookAt à câmera na cena (Camera01). Isso ajuda a aprimorar o realismo do panda balançando para frente e para trás na corda.

5. No painel Display, pressione o botão Hide by Name para invocar o diálogo Hide Objects e esconder todos os objetos Bone. Então, revele a pele do panda.

*O esqueleto do panda balança no ar.*

6   Selecione e mova para cima e para abaixo quaisquer dos auxiliares Point, ao longo da corda. Escolha quaisquer dos objetos IK Chain para movimentar os membros.

Devido ao fato dos objetivos do IK estarem hierarquicamente ligados aos auxiliares Point limitados da trilha, eles receberam o movimento da corda, mas também são livres para moverem-se de forma independente. Isso permitirá que você anime a mão do panda acenando para a câmera.

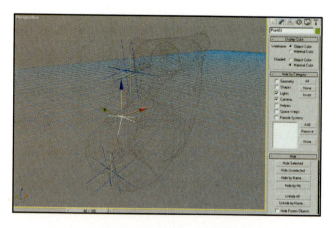

*Mova os auxiliares Point para ajustar a posição do panda.*

7   Oculte os auxiliares Point e os objetos IK Chain como preparativo para o próximo exercício.

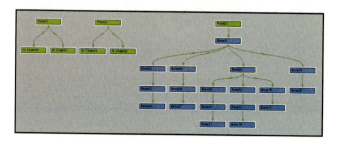

*Este diagrama mostra os vínculos.*

## Como criar o respingo

Para finalizar o efeito, o panda bate na água e arrasta a parte de baixo dele através da água, criando ondulações naturais que irradiam para longe e deixam um rasto de ondas para trás. Você tira proveito da geometria linear do 3ds max 4 quando gera sistematicamente o efeito partindo de um rascunho, sem usar nenhum recurso adicional. Os emissores SuperSpray deixam uma trilha de partículas através da superfície da água, selecionando porções da malha à medida que avançam. A malha selecionada se deforma usando o modificador Push, transferindo a pilha para o Flex, que se encarrega dos movimentos secundários.

1. Revele os dois objetos Wake Emitter e rode a animação.

    Círculos concêntricos de partículas serão irradiadas dos emissores. Os dois emissores foram configurados da mesma maneira, mas eles estão localizados a 180 graus, um do outro, para distribuir as partículas em direções opostas.

**Observação**: Esta etapa precisa de considerável número de recursos. Os computadores mais lentos poderão ter dificuldades em processar a animação.

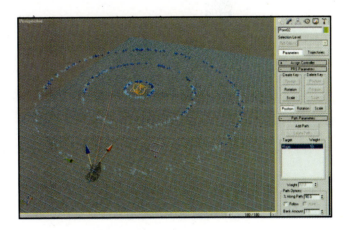

*As ondas de partículas irradiam para fora, em círculos concêntricos.*

**2** Selecione quaisquer um dos emissores e examine suas propriedades no painel Modify.

Na relação Basic Parameters, observe que o emissor está configurado para esparramar partículas sobre uma área de 120 graus, que produz um padrão um pouco maior que um setor semicircular. Isso permite que as partículas sejam projetadas até um ponto localizado na parte de trás do emissor, sobrepondo-se ao campo do outro emissor de partículas.

Na relação Object Motion Inheritance, observe que os valores Influence foram reduzidos para 0. Este parâmetro controla o grau em que um movimento pode influir sobre uma partícula, após ela ter sido emitida. Quando este valor é ajustado em 0, cada partícula é simplesmente emitida e vai embora por si.

Na relação Particle Generation, observe que o fator Use Rate pisca com o valor de 40 à medida que as partículas são emitidas de forma intermitente. Isso acontece porque o parâmetro do sistema Birth Rate é controlado pela expressão MaxScript.

**3** Clique com o botão direito do mouse no campo do fator Use Rate e selecione Show in Track View em direção à parte inferior do menu quad.

**4** Clique com o botão direito do mouse na barra do alcance da trilha de Birth Rate para chamar a janela com a expressão do Script Controller.

Esta é uma expressão simples que testa a posição de Bone20, que corresponde ao osso do rabo do panda. Se o valor de Bone20 cai abaixo do valor Z:0 (que neste caso corresponde ao nível do mar), serão emitidas 40 partículas por quadro durante o tempo em que a parte inferior fique embaixo da superfície. Se a elevação do osso é maior que zero, não serão emitidas partículas. Isso economiza preciosa energia computacional, que será usada posteriormente.

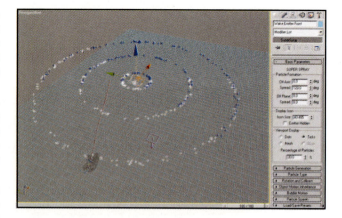

*Examinando as propriedades do emissor de partículas.*

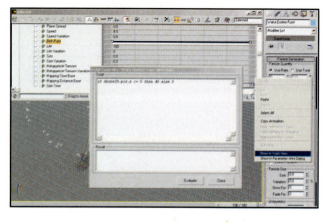

*Use Show in Track View para exibir as propriedades configuradas do controlador.*

**Projeto 5 - O BALANÇO DA CORDA** | **111**

**Observação**: O controlador configurado na trilha de Birth Rate foi instanciado entre dois emissores de partículas. Se você muda a expressão num dos controladores, o controlador no outro sistema de partícula é atualizado automaticamente. Isso significa que você não tem que ficar ocupado substituindo múltiplos controladores com a mesma expressão toda vez que desejar modificar o efeito.

5   Feche a Track View (e a janela de expressão Script Controller junto com ela) e vá para o quadro 0.
6   Revele Bone20. Selecione ambos emissores usando o diálogo Select by Name, se for necessário. Selecione e vincule ambos emissores ao Bone20 e inicie a animação.

Quando os emissores forem ligados ao osso da cauda do panda, eles deixarão uma trilha bonita de partículas através da superfície da água. Essa distribuição de partículas será usada para selecionar e deformar a própria água.

**Observação**: A herança de cada vínculo rotatório do emissor tem sido desligada no painel Hierarchy\Link Info. Isso permite que os emissores fiquem planos com referência a superfície da água. O objetivo é que as partículas projetadas se irradiem para fora e deslizem paralelas à superfície.

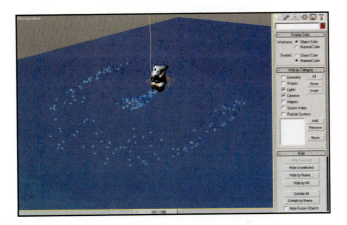

*Os emissores em movimento deixam uma trilha de partículas sobre a superfície da água.*

## Como deformar a água

A próxima etapa na criação de um efeito realista de água fluída é transformar o movimento das partículas numa deformação real da malha aquática. Use um par de modificadores Volume Select para selecionar a malha aquática baseado nas posições das partículas emitidas. Essa seleção transfere a pilha para o modificador Push, que projeta a malha para cima. Esta deformação animada é então transferida para outro modificador Flex que cria o segundo movimento, gerando as ondulações.

1. Selecione o objeto Water. No menu Modifiers, selecione Volume Select do grupo Selection Modifiers.

2. Na nova relação Parameters dos modificadores, mude o Stack Selection Level para Vertex. No grupo Select By, mude o tipo de seleção para Mesh Object. Clique o botão Mesh Object rotulado "None" e escolha Wake Emitter Front na cena. Na relação Soft Selection, habilite Use Solft Selection.

3. No visor Stack, clique com o botão direito do mouse a entrada Vol. Select e escolha Rename. Mude o nome para **Vol. Select Front**.

4. Do menu Modifiers, empregue o segundo modificador Volume Select. Tal como foi executado no procedimento acima, mude o Stack Selection Level para Vertex e o tipo Select By para Mesh Object, e escolha Wake Emitter Back como objeto da seleção. Habilite Use Soft Selection.

**Observação**: Às vezes é mais fácil copiar ou colar um modificador existente com os parâmetros prefixados do que criar um novo a partir do zero, usando os valores padrão. Você faz isso clicando com o botão direito do mouse sobre um modificador existente no visor Stack e selecionandoas opções Copy e Paste.

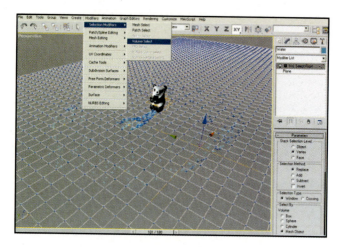

Aplique o modificador Volume Select ao objeto Water.

5   Renomeie o novo Vol. Select como **Vol. Select Back** e mude o Selection Method de Vol. Select Back para Add.

Quando as partículas se afastam do local do respingo, Vol. Select atribui uma seleção (leve) aos vértices perto da sua nova posição. Quanto mais próxima a partícula fica da malha, maior a seleção se torna. Cada Vol. Select referencia um emissor de partículas da cena. O método de seleção Add de Vol. Select Back simplesmente adiciona sua seleção àquela do Vol. Select Front, mostrada aqui.

6   Do menu Modifiers, selecione Push do grupo Parametric Deformers. Ajuste Push Value para ver como o modificador afeta a seleção leve que está chegando. Fixe Push Value em **7.0** e rode a animação.

7   Do menu Modifiers, selecione Flex do grupo Animation Modifiers. Na relação Parameters, ajuste Strength em **5.0**, Sway em **4.0** e Samples em **2**. Desmarque Use Weights. Na relação Advanced Parameters, marque Affect All Points.

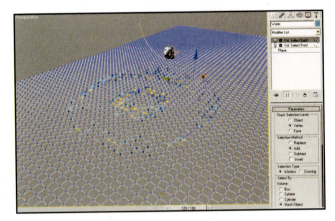

*Volume Select exibe a série de seleções do peso, em diversas variações de cores.*

O modificador Flex recebe a deformação que está chegando gerada pelo Push e cria o movimento secundário, gerando as ondulações. Os valores Strength e Sway controlam a freqüência e a depressão das ondulações, respectivamente. Como você desligou a opção Use Weigths, a malha da superfície completa da água tem o mesmo peso. A opção Affect All Points aplica o movimento Flex a todos os vértices selecionados ou não, da malha.

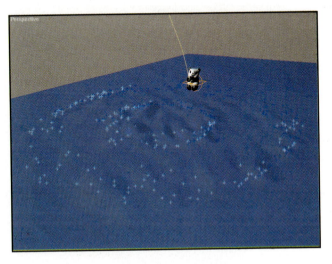

*O movimento secundário Flex cria as ondulações sobre uma malha de baixa resolução.*

A coleção dos modificadores necessária para gerar o procedimento das ondas requer uma significativa quantidade de computação. Para acelerar a animação nos visores, você pode usar o novo modificador Point Cache, sobre a pilha do objeto Water.

**Observação:** Pode ser difícil ver o efeito do modificador Push numa malha de tão baixa resolução. Lembre-se que o efeito que você assiste será refinado automaticamente para uma resolução mais alta na hora de renderizar, porque o objeto Plane está configurado para renderizar em quatro vezes a densidade do visor.

**Observação:** Se o recurso Affect All Points não for marcado, o movimento Flex seria aplicado somente à seleção do sub-objeto presente, em qualquer momento. Como a seleção atual segue com cada onda de partículas, o Flex poderia ser aplicado somente nos vértices dessa onda. Para esse efeito, você precisa do movimento Flex nas porções da malha em que a onda selecionada tenha passado.

8. Do menu Modifiers, selecione Point Cache do grupo Cache Tools. No modificador do grupo Record Cache, clique o botão Record. Especifique um arquivo .pts e clique Save.

   Dependendo da velocidade de seu computador, este processo pode demorar alguns minutos para ser completado. O indicador de estado no modificador do grupo Cache Record, informa a quantidade de quadros que passaram pelo processo de cache durante a operação.

9. Quando todos os quadros foram registrados, clique o botão Disable Modifiers Below e rode a animação.

   O modificador Point Cache salva a posição no tempo de cada vértice do objeto Water num arquivo do disco rígido. Durante o *playback*, Point Cache lê esta informação do arquivo e executa as atualizações correspondentes em cada vértice. Como todos os modificadores embaixo de Point Cache foram desligados, os procedimentos superiores foram rebaixados substancialmente, em conseqüência acelerando a passagem do *playback* pelos visores.

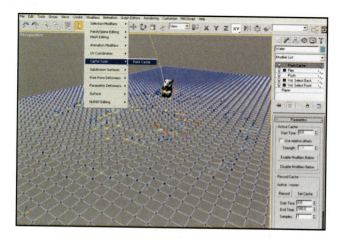

*Aplique o modificador Point Cache.*

**Projeto 5 - O BALANÇO DA CORDA** | **115**

Antes que você renderize a cena, lembre-se de reabilitar todos os modificadores abaixo do Point Cache e então desligue o Point Cache. Isso é necessário porque o objeto água (plano) está configurado para renderizar em quatro vezes sua densidade no visor. Se o Point Cache for deixado habilitado, ficariam disponíveis somente um quarto das informações necessárias para deformar adequadamente a malha (aquática), resultando assim num espetáculo bastante confuso.

Para assistir ao resultado final deste projeto, carregue **rope02.max** do CD-ROM em anexo ou rode **rope.avi**, também no CD-ROM.

**Observação:** Para acelerar ainda mais o *playback* do visor você pode ocultar os dois emissores de partículas.

**Observação:** Você precisará do codec Ligos Indeo 5.11 (coder/decoder) para assistir ao AVI no CD-ROM em anexo. Você pode obtê-lo gratuitamente fazendo o download de **http://www.ligos.com/indeo/**.

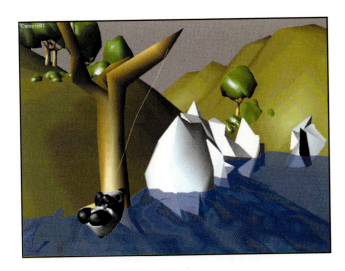

*Rode a animação usando Point Cache.*

## *Modificações*

Para adicionar mais um toque de realismo à esta cena, você poderia controlar pelo procedimento, o parâmetro Speed do emissor de partículas. Isso seria muito semelhante a técnica usada para controlar a partícula Birth Rate, exceto que você utilizaria a velocidade do osso da cauda do panda para controlar a velocidade das partículas. Dica: você encontrará uma trilha do Wake Velocity em Global Tracks na Track View.

Tente animar os objetivos IK do panda para mover as extremidades no período em que ele está balançando na corda. Você pode fazê-lo acenar para a câmera ou, talvez, portar uma bandeira que ondule com o vento.

Tente adicionar uma força Drag à lista das forças Flex para deter a corda, na medida que o tempo passa. Para fazer o tema mais interessante, você poderia controlar a força do arraste de maneira que a corda seja freada somente quando a cauda do panda está na água.

# ÁGUA-VIVA

*"A todos os que vêm a este lugar feliz: sejam bem-vindos".*
— Texto da primeira linha da placa existente na Praça da Cidade em Disneylandia.

## COMO TRAZER A VIDA À ÁGUA-VIVA

Existem milhares de espécies de água-viva no mar, e elas tem todo tipo de formas e tamanhos. O 3ds max 4 oferece uma grande variedade de ferramentas para ajudar a recriar e animar esses animais incríveis. Usando uma combinação de quadros-chave, alguns modificadores e um ou dois truques ambientais, este tutorial o guiará para trazer essas criaturas gelatinosas de volta à vida. Os métodos simples introduzidos aqui podem ser utilizados para adicionar realismo a muitos outros tipos de animação semelhantes, orgânicas e inorgânicas.

*Projeto 6*
# Água-viva

*Por Michael Reiser, MD*

## COMO FUNCIONA

É um bom hábito aumentar a eficiência enquanto tratamos de desenvolver um número suficiente de detalhes ao realizar uma tarefa. Com a intenção de observar esse bom hábito, este tutorial não inclui modelos complicados, texturas extremamente complexas ou um excessivo número de quadros-chaves. Por exemplo, o modelo de água-viva é uma tira simples polida nas duas faces com poucos mapas Opacity, para dar a ilusão de tentáculos. A textura do corpo é um simples material Falloff. Além disso, existem alguns quadros-chaves posicionados manualmente e a maior parte dos movimentos secundários foram realizados combinando os modificadores Flex e Noise. Finalmente, o plano de fundo é uma combinação de luzes volumétricas e o material Raytrace, simulando a camada submarina embaixo da superfície do oceano, proporcionando um ambiente realista surpreendente.

## O INÍCIO

A configuração para este tutorial não é muito complexa. Os objetos animados da cena são um objeto de malha simples e uma pequena tira. O ambiente é criado usando dois objetos planos e uma luz volumétrica. À medida que você avança, eu vou estimulá-lo a completar o projeto sozinho. O arquivo da imagem dos tentáculos, o objeto malha e a cena final, estão disponíveis no CD-ROM em anexo. Você pode desejar adicionar às cenas e malhas para os subdiretórios correspondentes do 3ds max 4, para facilitar o acesso.

Projeto 6 - ÁGUA-VIVA | 119

# COMO CRIAR
## O OBJETO ÁGUA-VIVA

Nesta primeira parte do tutorial, você modelará uma água-viva e produzirá os poucos quadros-chaves que definirão seus movimentos. A primeira coisa a fazer é carregar uma imagem de plano de fundo que sirva de gabarito e de guia inicial para a animação.

1. Clique na guia Views no menu principal do 3ds max 4. Desça até a opção Viewport Background. Sob Background Source, clique a opção Files. Leve o navegador ao arquivo **Jelly_Spline.tif**, no CD-ROM em anexo. Abra esse arquivo.

2. Na caixa de diálogo Viewport Background, selecione as opções Match Bitmap, Display Background e Lock Zoom/Pan. Mude o visor para Front. Clique OK.

3. Continue com Zoom e Pan até que a imagem se fixe no visor. Você pode desligar a opção Show Grid do visor Front. Sugerimos mudar o layout para uma opção de três panoramas com o desenho do plano de fundo na janela maior.

Observe na imagem que as linhas representando os tentáculos estão numeradas de 1 a 7. Esses números estão aí para mostrar a ordem dos movimentos dos tentáculos durante o período. Para executar a instância, Spline01 se move para a posição da Line02, durante um período de tempo e assim sucessivamente. Você utilizará isso como guia para animar os tentáculos. Não obstante, existam muitas maneiras de criar uma criatura do tipo da água-viva no max 4, nos parece que produzir o modelo usando os passos seguintes, deixa a cena mais interativa e seu processamento amigável.

**Observação**: Com freqüência, quando se animam criaturas vivas você está tratando de convencer a audiência que esta coleção de polígonos está viva. E isso, como você sabe, não é fácil. Sugerimos que você demore em procurar a coisa real (se existe, por suposto) e estudar seus movimentos. Para essas criaturas inexistentes, procure encontrar algo similar na natureza, para estudar. Para este tutorial da água-viva compramos algumas fitas de vídeo. O ideal seria visitar o aquário local para examiná-las ao natural. O ponto é que você deve fazer o que for necessário para dedicar um tempo para estudar aos movimentos do objeto. O retorno é valioso para seu produto final e este projeto da água-viva não é exceção.

*O gabarito no plano de fundo.*

**Observação**: A imagem do plano de fundo representa um corte pelo meio da água-viva antes de ser trabalhada. Deixe-me explicar-lhe o motivo dessa criação e como isso nos ajudará demais. Após fazer centenas de amostras de cenas, ficou penosamente claro que a melhor maneira de criar o efeito que eu procurava envolveria o uso de diversos quadros-chaves. Após estudar as fitas de vídeo diversas vezes, surgiu um padrão que mostrou o movimento que eu estava procurando. Esse desenho do fundo representa este movimento.

4. Para começar a modelar a água-viva, use a ferramenta Line sob Create/Shapes/Line. Antes de criar a linha, mude os subtipos do Creation Method, da seguinte maneira:

   Initial Type: **Smooth**
   Drag Type: **Bézier**

   Isso lhe dará um controle fácil quando começar o desenho dos cantos arredondados para conseguir o aspecto orgânico que você está buscando.

5. No visor Front, crie o contorno traçando sobre o corpo da água-viva. Complete esta linha clicando com o botão direito do mouse e criando uma linha separada que trace por cima da linha denominada 01.

   Mantenha a tira simples. Sugiro não mais de quatro vértices para a porção do tentáculo.

6. Com a tira selecionada, vá ao painel Modify e use a ferramenta Attach para conectar as duas tiras em um só objeto. Nomeie este objeto tira de modo original, como **Jellyfish**.

   A seguir, você cria os movimentos básicos da água-viva.

**Observação**: Gosto de ter o recurso Ghosting ativo para sentir a animação no momento da criação. Para ativar Ghosting, clique em Show Ghosting na guia Views.

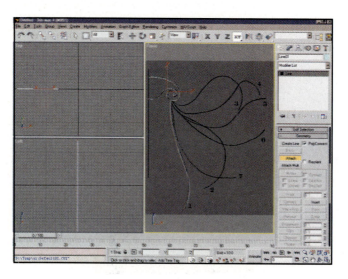

*A nova tira sobrepondo a imagem do plano de fundo.*

## Projeto 6 - ÁGUA-VIVA | 121

7   Com a nova tira selecionada, abra o painel Modify. Você observará que o item selecionado está destacado na cor cinza e tem um pequeno sinal a sua esquerda. Clique no sinal + para expandir a árvore de assuntos.

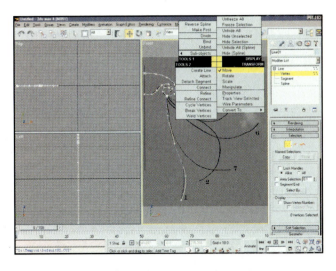

**Observação**: O 3ds max mudou um pouco a aparência do painel Modify para colaborar no fluxo do trabalho.

*Os novos painéis Modify do 3ds max 4.*

**Observação**: Clicar no sinal + é a nova maneira de ter acesso aos sub-objetos do item selecionado. Esta é uma ótima contribuição e você a estará usando de forma intensa ao longo do tutorial.

8   Selecione e destaque a opção Vertex na árvore de itens para a tira da água-viva. Clique o botão Time Configuration, próximo dos controles da animação. Mude a opção Length para 210 quadros (ou 7 segundos). Clique OK.

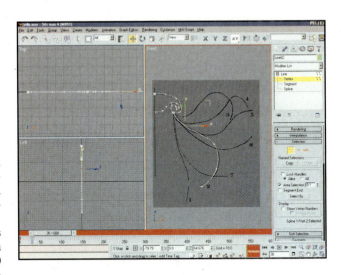

*Os novos painéis Modify do 3ds max 4.*

Este é o tempo aproximado que a água-viva que eu estudei leva para move-se.

9   Ligue o botão Animate e mova o cursor do tempo para 30 quadros. Mova cada um dos vértices dos tentáculos para que se aproximem ao desenho do plano de fundo do tentáculo número 02. Você pode ter que usar a curva tipo Bézier para coincidir com o gabarito do plano de fundo.

10  Mova o cursor do tempo para 60 quadros e mova os vértices do tentáculo até ficar próximo da posição do tentáculo número 03. Repita a ação de aumentar o cursor do tempo em 30 quadros e então mova os vértices até atingir o final dos tentáculos numerados. A última chave deverá ser a 210. Desligue o botão Animate.

**Observação**: É sempre uma boa idéia salvar com freqüência. Você desejará também possuir uma descrição que indique a que parte do projeto pertence à informação salva. O recurso Undo é uma grande solução, mas salvar é melhor.

11  Rode a animação no visor Front.

Você deve ter uma tira que faz movimentos flutuantes, limpa e que não pule.

O que você animou até este momento é o "ciclo" da água-viva. Os tentáculos "pulam para cima" e "para baixo". Você quer que a água-viva faça isso duas vezes.

12  Clique com o botão direito do mouse em qualquer visor, quando o mouse estiver sobre a tira da água-viva. Da caixa do menu Tool Tip, escolha a opção selecionada Track View.

13  Clique com o botão direito do mouse sobre a tira na Track View e escolha a opção de trilha Expand. Role e vá até o desvio Master, sob Object.

Você observará que cada vértice individual da tira é uma subconfiguração do controlador de ponto Master. As chaves de cor verde alinhadas com o controlador Master controlarão os vértices submersos. Ao selecionar uma chave Master, você é capaz de mudar a cronometria e, por conseqüência, a animação de todos os vértices do subgrupo.

14  Selecione todas as chaves verdes Master na Track View para repetir o ciclo da água-viva. Neste momento segure a tecla Shift enquanto clica, mantém e arrasta o grupo de chaves de maneira que o novo processo comece no momento em que o primeiro finaliza. Neste exemplo, a primeira chave copiada deverá ser colocada no 210.

Se você quer mudar o tempo da animação, escolha individualmente as chaves Master e mude-as segundo seu desejo. Provavelmente você terá que ajustar as chaves individuais para refinar as mudanças.

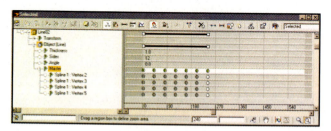

*O controlador de ponto Master.*

**Observação**: Eu aviso, no entanto, que o movimento das chaves Master, provoca outras alterações além de mudar a sincronização da animação. As rotinas de entradas e saídas são influenciadas pela movimentação das chaves para ficar próxima ou longe, uma da outra, na Track View.

**Observação**: O 3ds max 4 proporciona um número interessante de maneiras de repetir um ciclo e como sempre, eu aconselho usar o método mais rápido e fácil de realizar a tarefa. Apresentado nas edições anteriores do 3D Studio MAX, o controlador Block poderá ser usado para combinar de forma contínua cada ciclo da água-viva. Entretanto, para esta animação seu emprego me parece excessivo, levando em consideração que somente pretendo repetir este movimento mais uma vez. Se você pretende repetir o movimento diversas vezes, provavelmente deverá utilizar o controlador Block. Você empregará o que se denomina o controlador de ponto Master. É um conjunto de quadros-chaves e cada um controla um subconjunto de quadros-chaves individuais vertex, que foram animados, em grupos semelhantes ao nosso exemplo dos tentáculos. É importante lembrar que você não deve perder o controle das chaves individuais, quando empregar o controlador de ponto Master. Se for necessário, você ainda é capaz de manipular as chaves individuais.

15. Rode a animação e o movimento será repetido duas vezes.

    Você pode copiar o ciclo diversas vezes até que consiga ter tantos ciclos movimentados quanto quiser. Lembre que você também deverá aumentar o comprimento da animação.

16. Desligue a imagem do plano de fundo no visor Front; você deixará de usá-la. Os movimentos básicos da água-viva estão completos.

**Observação**: Ppara acessar as propriedades das subchaves sob cada chave individual Master, selecione uma chave individual Master e clique com o botão direito do mouse. Um painel Key Info aparecerá, dando-lhe a opção de mudar os diversos parâmetros para cada subchave.

## COMO TRANSFORMAR A TIRA EM UM OBJETO 3D

Agora que a animação para a tira está completa você precisa dar forma tridimensional. Para conseguir isso, você esculpirá a tira em uma forma de água-viva.

1. À direita do cabeçalho Modifier List, tem uma lista. Abra a lista Modifier List e selecione o modificador Lathe, sob a seção Patch/Spline Editing.

    O modificador Lathe foi agora adicionado ao topo da pilha do modificador.

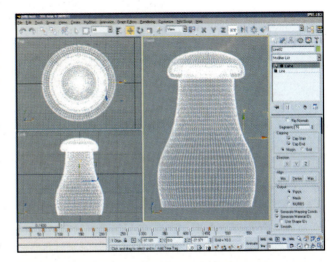

*O objeto refinado.*

**2** Abra a relação de sub-objetos do modificador Lathe clicando no sinal +, no lado esquerdo dele.

**3** Destaque o sub-objeto Axis. Mova o subobjeto Axis para o visor Front até que a forma se assemelhe a uma água-viva.

É muito importante verificar se você marcou a opção Generate Mapping Coordinates, próximo ao final da relação Lathe.

**4** Selecione a opção Patch também. Manter o objeto como uma malha, provocará erros ao mapear.

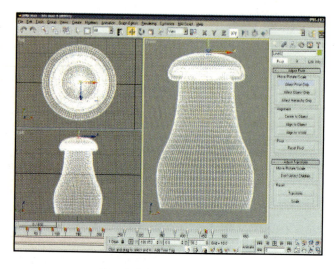

*O ponto ápice na posição correta.*

**5** Vá para o painel Hierarchy e abra o submenu Pivot. Sob a relação Adjust Pivot, escolha a opção Affect Pivot Only. No visor Front, ajuste o ponto do eixo para que ele fique posicionado no ápice do sino da água-viva.

**6** Aplique um modificador Edit Patch no topo da pilha do modificador. Abra a lista de subobjetos para o modificador Edit Patch e destaque Vertex. No visor Front, selecione os vértices que completam a margem da saia da água-viva.

**7** Abra a opção Soft Selection e ajuste a queda da saia de maneira que o pequeno efeito se estenda justamente por baixo do sino da água-viva.

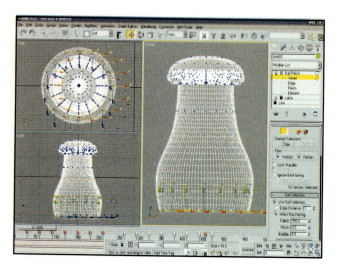

*Os vértices selecionados.*

Projeto 6 - ÁGUA-VIVA | 125

8. No mesmo modificador, desmarque o subobjeto Vertex e selecione o subobjeto Patch. No visor Front, selecione os Patches que completam a saia da água-viva.

Não ligue para os vértices que você selecionou anteriormente. Na medida em que você não altere essa seleção, o max 4 lembrará a seleção quando chegar o momento de utilizá-la.

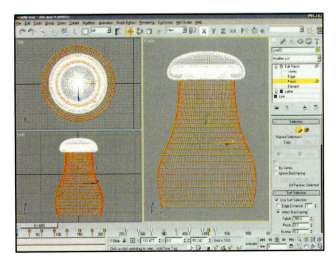

*Os polígonos da saia selecionados.*

## Como configurar os materiais da água-viva

Os materiais da água-viva são muito simples, mas a montagem deles pode ser enganosa. Nesta parte do tutorial, você atribuirá o material Multi/Sub-Object às subseções da água-viva.

1. Abra o Material Editor. Mude o tipo de material para o primeiro no slot Material de Standard para Multi/Sub-Object. No menu pop-up, escolha manter o material antigo como um submaterial. Especifique o número de materiais em **2**. Modifique as manchas coloridas próximas de cada material e nomeie-as. Nomes como **Body** e **Tentacles** serão adequados.

2. Abra o modificador Edit Patch e ative o subobjeto Patch, se ele ainda não estiver ativado.

    As malhas que modelam a saia de tentáculos devem ser ativadas, refletindo a seleção que você efetuou anteriormente.

3. Arraste o material Skirt da relação Multi/Sub-Object Basic Parame-ters para as malhas selecionadas no visor.

    A cor do material na visualização sombre-ada deverá mudar para corresponder ao material do subobjeto Tentacle.

4. Com as malhas da saia da água-viva já sele-cionadas, vá ao menu Edit na barra de ferramentas principal do max 4 e clique na opção Select Invert.

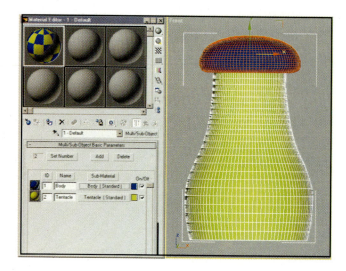

*Aplique os materiais Multi/Sub-Object à água-viva.*

O sino da água-viva estará agora selecionado.

5. Arraste o material Body para esta seleção de malha.

    Esta área também deverá trocar de cor para corresponder com a cor do material subobjeto Body.

## Produção dos materiais da água-viva

Já que a configuração da água-viva está completa, você pode dedicar-se a produzir os materiais. Esta seção discutirá o material Body da água-viva, assim como, os materiais e métodos para produzir os tentáculos.

1. Clique o material Body no menu do material Multi/Sub-Object. Mude a cor difusa para obter uma luz azul escura.

    *Os parâmetros básicos do material Body.*

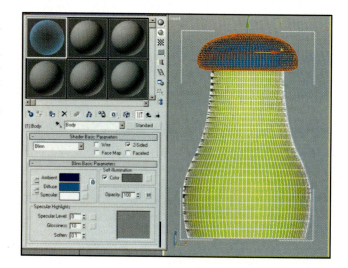

Não utilize nenhum recurso muito poderoso. Você deseja que estas criaturas pareçam ser parte do ambiente.

2   Configure o restante das propriedades do material como as da figura que acompanha o texto.

3   Abra a relação Maps para o material Body. Clique o botão do Map próximo ao canal Opacity. Escolha o material Falloff quando aparecer o navegador Material/Map. Deixe os parâmetros de Falloff na configuração padrão e retorne ao material pai.

4   Abra o segundo material no material Multi/Sub-Object. Para a cor do tentáculo coincidir com a do corpo, use cores difusas e de ambiente parecidas para o segundo material Multi/Sub-Object.

5   Abra o canal do mapa Opacity na seção do material Basic Parameter. Clique o botão do Map para chamar o navegador Material/Map. Selecione a opção Bitmap e clique OK. Navegue e selecione **Tentacle_Map.tif** no CD-ROM em anexo e clique Open.

6   Copie o mapa Opacity para os canais Specular Level e Glossiness.

Isso manterá as áreas transparentes, evitando os reflexos e a perda da ilusão.

7   Com o material Tentacle selecionado, clique o Show Map no botão Viewport no Material Editor.

O visor obedecerá o mapa Opacity e mostrará somente os tentáculos nos visores em que Smooth + Highlights esteja ativado.

Se o plano de fundo está desbotando, use o mapa Tentacle no slot Self-Illumination para dar um toque de brilho na água-viva. Utilize este recurso com discrição porque ele pode estragar o efeito.

Isso é tudo o que é necessário para produzir o material para a nossa água-viva. Se você deseja realizar um close-up exagerado, deverá aumentar o tamanho do mapa de bits, para adicionar mais detalhes. Aqui, no entanto, a esta distância, os mapas realizarão a tarefa. Se você executar um teste de renderização da água-viva, o resultado será algo semelhante a esta imagem.

**Observação**: Dependendo de como você desenhou a tira original, o mapa de bits poderá ficar invertido. Se precisar acertar isso, ajuste o ângulo do mapa de bits na seção de coordenadas para corrigir este problema. Para este exemplo o valor de **-90** em W deve funcionar.

O teste de renderização da água-viva com os materiais aplicados.

## Animação

O modificador Flex contribui com um movimento secundário suave aos quadros-chaves que você usou antes. O movimento de avanço da água-viva será controlado por um controlador de movimento Constrain to Path. Ao fixar as chaves na opção Path Percent, você define pelos quadros-chaves, o caminho da água-viva. E finalmente, você adicionará um modificador Noise acima da pilha do modificador, de maneira a provocar um toque de desordem.

1. Retorne ao botão Shapes, sob a guia Create e crie uma tira simples que se curve levemente para acima ao longo do eixo World Z-axis. Suba a interpolação do valor padrão para 6.

   Esta fita não necessita ser muito longa.

2. Com a água-viva selecionada, abra o menu Animation da barra de ferramentas principal e selecione o submenu Constraints. No submenu, escolha a opção Path Constraint. Você perceberá uma pequena linha pontilhada seguindo o ponteiro do mouse. Arraste isso até que você selecione a tira que acaba de desenhar.

   Isto limitará o movimento da água-viva ao caminho que você criou.

3. Mude as opções do caminho de forma que as opções Follow e Bank estejam marcadas.

   Você deverá mudar o eixo de maneira a alinhar corretamente a malha com a tira.

4. Clique no botão Play.

   Você perceberá que o max gerou chaves, assim, a água-viva se movimenta ao longo da tira durante o período da animação. A relação para o controlador de movimento Constrain to Path, se encontra sob a guia Motion.

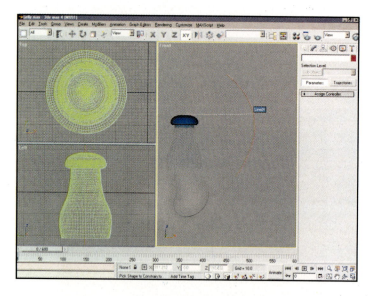

*A ferramenta Constraint.*

5   Clique com o botão direito do mouse na água-viva em quaisquer dos visores. Escolha a opção selecionada da Track View. Quando a Track View aparecer, clique com o botão direito do mouse no objeto Jellyfish e escolha a opção Expand Tracks. Clique duas vezes no parâmetro Percent localizado sob Path Constraint. Selecione o botão Function Curves da barra de menu Track View.

6   Use a opção Add Keys do menu superior e, clicando sobre o caminho do movimento do mesmo, crie na Track View, cinco ou seis chaves espaçadas regularmente através da duração da animação. Ajuste essas chaves da maneira como aparece na ilustração.

O movimento do avanço pelo caminho do movimento necessita coincidir com a configuração das chaves para o movimento do tentáculo. Cada vez que a água-viva "retrai" seus tentáculos, surge uma pequena pausa e um impulso para frente. Durante esse momento, a linha na Track View diminui. Quando os tentáculos "empurram" a água-viva através da água, a linha na Track View aumenta. Ajuste as chaves na Track View durante a exibição da animação para trabalhar interativamente com sua animação.

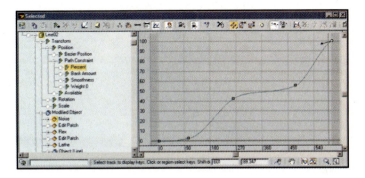

*A Track View mostrando a posição das chaves.*

**Observação**: Uma linha inclinada atravessará o gráfico da janela da Track View. Se não aparecer, você precisará ajustar a janela clicando Zoom Value Extents e Zoom Horizontal Extents na barra de ferramentas, na parte de baixo. Esta linha representa o percentual da distância que a água-viva percorreu ao longo da tira, em comparação com o tempo.

**Observação**: Observe que a inclinação da tira diminui à medida que a distância do percurso da água-viva pelo caminho cresce. Assim é como você animará o movimento de vai e vem típico da água-viva.

## O MODIFICADOR FLEX

O modificador Flex, na minha opinião, é uma das ferramentas mais versáteis e simples do arsenal do 3ds max 4. O Flex é ótimo para movimentos secundários realistas a objetos, tais como, orelhas que balançam ou uma barriga nervosa. À medida que a água-viva acelera e pára ao longo da sua trilha de movimento, os tentáculos e o corpo balançam e ondulam de tal maneira que parece que a água-viva nada através do meio viscoso.

1. Com a malha da água-viva selecionada, vá à lista do modificador e aplique Flex. Abra a árvore de dados do Flex e selecione a opção Center.

   Você verá que todos os vértices são um arco-íris de cores variando do azul ao vermelho. Essas cores representam os valores decrescentes das influências do modificador Flex. Nesta instância, os vértices Red estão sob a menor influência e os vértices Blue estão sob a maior influência. Se o subobjeto Flex Center não está na posição correta, mova-o até uma área acima da água-viva, de maneira que o sino fique com suas porções inferiores de uma cor ligeiramente verde. Para adicionar um pouco de desordem, você pode posicioná-lo um pouco fora do centro.

2. Mude Parameters no Flex para coincidir com a ilustração mostrada. Faça uma exibição prévia da animação.

   Dependendo do resultado, você pode ajustar as configurações como quiser.

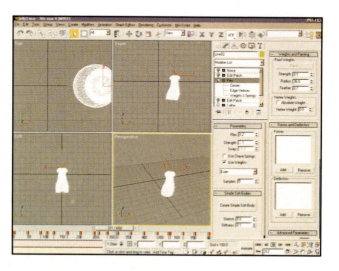

O painel Flex.

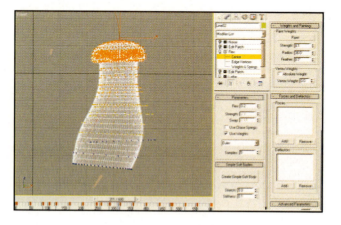

O modificador Flex aplicado.

# Agregue um pouco de desordem com Noise

A animação por enquanto parece estar ótima. Você tem uma água-viva pulsando através da água na sua jornada rumo a lugar nenhum. Você observará, porém, que a saia da água-viva é muito regular. O modificador Flex adicionou um balanço gracioso na saia da água-viva, mais ainda não parece muito natural. Você precisa adicionar uma pitada de desordem, de modo que os tentáculos sacudam um pouco quando a água-viva se desloca pela água.

1. Vá ao topo da pilha do modificador e aplique um segundo modificador Edit Patch. Clique no desvio Vertex, da árvore de dados Edit Patch e observe que os vértices selecionados anteriormente foram escolhidos novamente.

2. Com o desvio Vertex do modificador Edit Patch ainda em destaque, adicione um modificador Noise no topo da pilha. Mude as configurações de tal forma que eles fiquem iguais às da figura. Rode a animação.

   Observe que os vértices na beira da saia estão pulando em todas as direções. Este não é o efeito que você está procurando.

**Observação:** Se você não fez a seleção Vertex antes, neste momento será muito difícil de executar, considerando a nova posição da água-viva. No entanto, agora quando você aplicar o modificador Noise, ele atuará nos vértices selecionados.

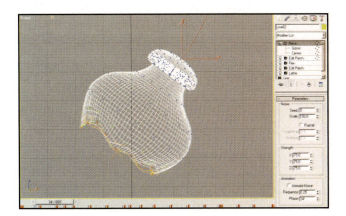

*Os parâmetros Noise.*

3   Retorne ao último modificador Edit Patch e escolha Use Soft Selection na relação Soft Selection. Ajuste Falloff até que os vértices amarelos fiquem localizados embaixo do sino. Retorne ao topo da pilha do modificador e rode a animação mais uma vez.

Agora o movimento do tentáculo tem uma queda natural.

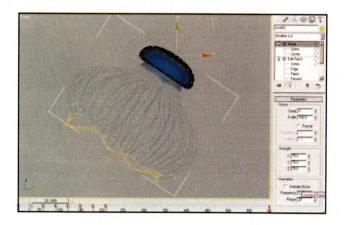

*O modificador Noise aplicado na seleção vertex.*

## COMO ADICIONAR A ÁGUA

Você precisa prover um lar para que este bichinho nade. Existem mais recursos para fazer uma cena submarina no 3ds max 4 que variedades de água-viva! O método que recomendo aqui é rápido e proporciona resultados de surpreendente realismo. A cena ambiental básica consistirá em dois objetos planos de malha separados e uma única luz volumétrica.

Aqui você adicionará os objetos necessários na cena para criar o mundo submarino. Para acelerar os testes de renderização, oculte a malha da água-viva e o caminho do movimento.

1   Coloque uma câmera livre no visor Front. Mude a visualização Perspective para Camera.

---

**Observação**: Veja o Projeto 3, "Cena submarina", para mais detalhes sobre a criação de cenas submarinas no 3ds max 4.

2. No visor Top, crie um objeto plano que seja suficientemente grande para aumentar o ponto de alcance da câmera. Nomeie o objeto plano de **Ocean**. Faça uma cópia do objeto e mova o eixo Z que se encontra acima do objeto oceano. Use a ferramenta escala uniforme e diminua o tamanho a cerca de um quinto do original. Nomeie este objeto de **Sky**.

3. Mova a câmera no seu eixo Z de maneira que fique embaixo da superfície do objeto oceano.

   Você deverá mover a câmera um pouco até que fique numa posição adequada. Desloque o objeto céu até que fique fora da visão e por cima da câmera.

4. No visor Top, crie uma luz Free Directional. Estará apontando na direção negativa de Z. Mova-a para que fique localizada entre os dois objetos planos.

5. Abra o Material Editor. Selecione um slot Material vazio e modifique sua cor para um branco puro. Selecione a opção 2-sided. Mude a opção Self-Illumination para branco puro clicando na mancha de cor e arrastando a barra de cor para o branco puro. Aplique este material ao objeto plano Sky.

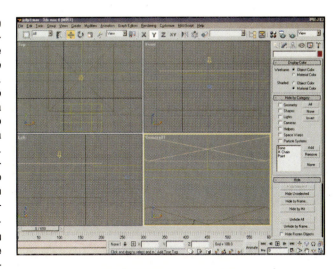

*A estrutura da cena submarina.*

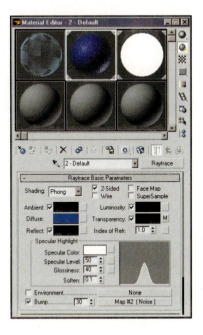

*Os parâmetros de Raytrace.*

6   Escolha outro slot Material vazio e mude o tipo de material para Raytrace clicando o botão localizado no canto direito onde está escrito Standard. Selecione Raytrace da lista de tipos de material e clique OK. Mude os valores Raytrace para que coincidam com a figura anexa. Assegure-se de marcar a opção 2-sided.

7   No material Raytrace, abra a relação Maps e clique o botão Transparency. Selecione Falloff do navegador Material/Map e deixe o padrão como está.

8   Coloque um mapa Noise dentro do canal batente do Raytrace. Mude o tipo de ruído para Turbulence e modifique o tamanho para **10**. Aplique este material no objeto oceano.

Dependendo da distância da câmera do objeto da superfície do oceano, o tamanho correto do modificador Noise pode variar.

9   Selecione a luz e abra o painel Modify. Escolha branco puro para a luz. Sob as propriedades Directional, mude a forma para Rectangle. Ajuste o tamanho da queda de tal maneira que contenha o tamanho total do objeto oceano.

10  Na relação Attenuation Parameters, marque Use e Show sob Far Attenuation. Ajuste os sinalizadores Start e End de tal forma que a área de atenuação cubra o ponto máximo de alcance da perspectiva da câmera.

11  A próxima coisa a fazer é modificar a luz no volume de luz. Para fazer isso, abra o menu Rendering na barra do menu principal do max 4. Selecione a opção Environment. Mude a cor do plano de fundo para azul escuro.

12  Clique Add na seção Environment Atmosphere. Selecione Volume Light no menu pop-up e clique OK.

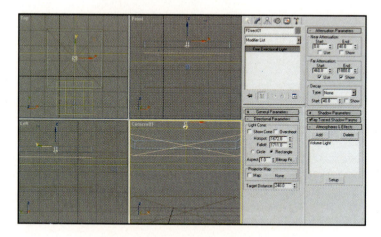

*O painel Light mostrando as configurações.*

**Projeto 6 - ÁGUA-VIVA** | **135**

**13** Clique o botão Pick Light e escolha Free Directional Light.

**14** Marque a opção Exponential e mude a densidade para **2**. Arraste uma instância da cor do plano de fundo que você acabou de criar, para diminuir a cor do volume da luz. Crie a cor do volume da luz que é uma versão levemente mais fraca que a da cor atenuada.

Essas cores devem representar a tonalidade mais tênue e escura na cena, como é mostrado na ilustração.

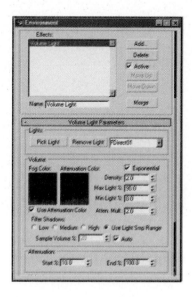

*O painel da Environment Atmosphere.*

**15** Execute um teste de renderização.

*O teste final de renderização do ambiente.*

16 Revele todos os objetos da cena. Você poderá mudar a posição dos objetos para obter o resultado correto. Execute outro teste de renderização. Ajuste os objetos se necessário e rode um teste de renderização final.

*O teste de renderização final do projeto.*

## *Modificações*

Espero que este tutorial tenha mostrado a você os diversos métodos de animação, assim como também o uso de certos materiais. Mostro a seguir algumas alternativas sobre como completar este exercício. Elas são orientadas para o emprego de processamento e de memória, lembre isso ao planejar a tarefa. Como esclareci no início do tutorial, prefiro usar malhas e materiais que possam produzir resultados decentes sem sobrecarregar meu sistema ou meu tempo. Mas, para aqueles que possuem sistemas gigantescos, podem ir em frente!

Um dos problemas ao usar os mapas Opacity é que eles têm a tendência a achatar-se quando são observados lateralmente. (Esse é o preço que se tem que pagar ao executar renderizações velozes.) Para adicionar detalhes aos tentáculos e evitar que eles fiquem planos, tente adicionar um modificador Displace, após configurar a pilha do modificador. Para obter um efeito valioso, utilize a opção da subdivisão High Detail Mesh. Eu lhe aviso que o resultado será acelerar em excesso os tempos de renderização, então tome cuidado.

Lógico, você não tem obrigação de usar os mapas Opacity. Você pode modelar os tentáculos. Tente criar e animar uma tira de tentáculos usando as mesmas técnicas que você usou aqui. Apenas nesta ocasião, empregue a ferramenta Lofting para modelar o tentáculo. Utilize a ferramenta Array para produzir uma quantidade de tentáculos que possam ser ligados ao sino da água-viva. Este procedimento aumentará o tempo de renderização, mas enriquecerá o efeito dando profundidade real aos tentáculos. Para fazer close-up da água-viva, este método pode ser uma boa alternativa. Uma rotina mais amigável ao modelar os tentáculos é usar as opções de renderização nas tiras. Ao fazer isso, use uma grade como se fosse um mapa Opacity, para desbotar os extremos dos tentáculos.

Projeto 6 - ÁGUA-VIVA | **137**

O ambiente oceânico é engraçado para criar, mas é um método de uso intensivo de memória. Se você tem a oportunidade, procure algum material de vídeo e monte uma água-viva nele. Esse recurso usa menor quantidade de memória, desde que você tenha habilidade na edição básica do material.

Finalmente, experimente o efeito Multi-Pass Depth of Field. Obterá resultados notáveis; como todo grande recurso, diminuirá a velocidade no processo de renderização.

Boa sorte!

**Observação**: Para obter informação sobre como compor imagens dentro de uma fita de vídeo, consulte o Projeto 13, "Efeitos de Montagem".

# ANIMAÇÃO DE PERSONAGENS USANDO A CINEMÁTICA INVERSA

## FERRAMENTAS PARA ANIMAÇÃO DE PERSONAGENS

Se você já tentou configurar um personagem, sabe o quanto é difícil essa tarefa. Coisas nas quais você nunca pensou acontecem. Coisas como usar a cinemática inversa (IK) em lugar de cinemática progressiva (FK) ou como desenhar uma cena direta e fácil, que todos possam usar. Uma boa cena pode ser uma tarefa assustadora, tanto que você pode transformar isso numa profissão. Este capítulo mostrará como o 3ds max 4 veio em seu resgate e demonstrará como alguns aspectos da configuração de personagens, nunca foram uma tarefa fácil.

*"Isso não é voar! Isso é cair com classe!"*
— Woody, no filme Toy Story

*Projeto 7*
# Animação de personagens usando a cinemática inversa

*Por Michael Reiser, MD*

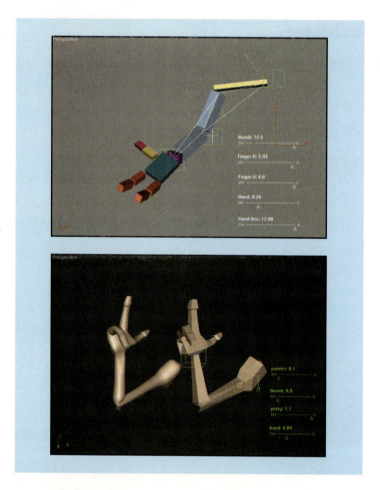

## Como funciona

A melhor maneira de demonstrar algumas das características das novas ferramentas de animação de personagens é exibi-las em ação. Este capítulo está dividido em duas seções diferentes. A primeira seção estuda alguns aspectos das novas ferramentas IK disponíveis e como elas se aplicam em nosso simples projeto. A segunda seção explica como os novos manipuladores podem ser usados em conjunto com hierarquia preexistente e dar um controle incrível sobre itens como dedos e alvos de metamorfose. No final, você disporá de um cenário simples, poderoso e fácil de usar.

# O INÍCIO

Incluído no CD-ROM em anexo tem um arquivo chamado Arm_Hierarchy.max. Se trata de uma cena simples que utiliza caixas para representar um braço e uma mão. As pontas foram removidas e as caixas foram posicionadas para adotar uma postura "natural" de repouso. Como podemos usar quase qualquer objeto para ser um osso, eu comecei a criar meu próprio esqueleto com objetos primários e ligá-los entre si. Isso pode parecer uma prática arcaica, mas foi uma escolha pessoal e sugiro que você escolha aquilo que quiser. Neste capítulo você não trabalhará com a nova técnica de aprimoramento ósseo que oferece o 3ds max 4. Você gastará um tempo em pesquisar algumas alterações. Se você trabalhou com ossos antes, vai adorar usá-los agora!

Além da configuração básica, existe uma versão final do projeto chamado Final_mesh.max, no CD-ROM em anexo. Se preferir, use esse arquivo e desenvolva a engenharia do movimento regressivo na cena. Descobri que o max é bastante tolerante a esse respeito. A maioria dos parâmetros que serão criados pode ser alterada e manipulada. Você será capaz de separar aspectos da cena e ver como eles foram construídos.

# COMO APLICAR AS CORRENTES IK NO BRAÇO

Antes de começar, devemos esclarecer alguns termos. Se você é iniciante no mundo do 3D, os termos cinemática inversa (IK) e cinemática progressiva (FK) podem significar nada para você. Ambos os termos, FK e IK, descrevem a conduta de uma corrente hierárquica (ou seja, ligações de pai a filho) e como o conjunto reage ao movimento de um elo individual. No caso da FK, se um elo rotaciona, os elos posteriores (seus filhos) reagirão à rotação; no entanto, os elos anteriores permanecerão em repouso e não serão afetados pela rotação. A manipulação da corrente é na direção "para frente". Por outro lado, IK é mais ou menos o contrário. Ao manipular o último elo de uma corrente IK, o resto da corrente acompanha, da mesma maneira como acontece quando você mexe com o extremo final de uma corrente de verdade. Ambos os métodos são utilizados na maioria das cenas com personagens e nosso exemplo não é diferente.

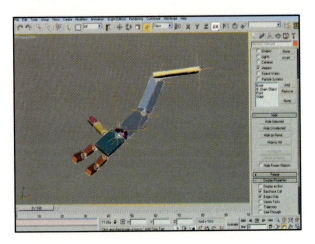

*O braço em uma posição natural de repouso.*

**Observação**: Normalmente, a posição de repouso de uma cena com um osso é realizada de maneira a acompanhar a geometria da base de apoio. Aqui, pelo fato de estar analisando a própria montagem, eu escolhi a postura que imita um braço numa posição relaxada.

**Observação**: Se você precisa de mais explicações sobre IK ou FK, procure os arquivos Help do max ou as cenas dos exemplos vindos com o max.

Outra coisa que precisa ser esclarecida é o método usado para dar nomes, na montagem do braço. Incluí uma imagem da vista Schematic para ajudar nas convenções de atribuir os nomes. Como você pode ver, tem ombro, braço, antebraço, punho, mão e dedos. Somente dois dedos são descritos no tutorial, para fazê-lo mais tolerável. A versão final do projeto tem um dedo polegar que foi criado da mesma maneira que os outros dedos.

A primeira coisa que você irá fazer é colocar algumas soluções IK no ombro e braço.

1. Carregue o arquivo **Arm_Hierachy.max** do CD-ROM em anexo.

    Observe que se trata de um esquema hierárquico relativamente simples. A primeira coisa a fazer é adicionar uma solução IK no braço. O propósito desta primeira corrente IK trata dos movimentos amplos e bruscos do braço.

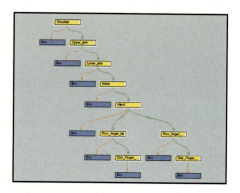

*A vista esquemática.*

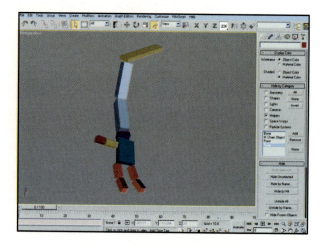

*A estrutura do braço.*

**Projeto 7 - ANIMAÇÃO DE PERSONAGENS USANDO A CINEMÁTICA INVERSA** | **143**

**2** Selecione o objeto Upper_arm. Na barra principal de ferramentas, selecione Animation/IK Solvers/**HI Solver**. No visor ativo arraste o assistente Rubber Band até o punho, e clique com o botão esquerdo do mouse.

Você verá agora uma nova contribuição ao max. Uma linha desenhada do ombro ao punho e através de cada um dos elos, na corrente IK. No final da corrente tem uma cruz de cor branca. Esse é o objetivo da corrente IK e pode ser movido para controlar a hierarquia. Pegue-o e experimente-o. Você perceberá de imediato como o movimento fica limpo e previsível.

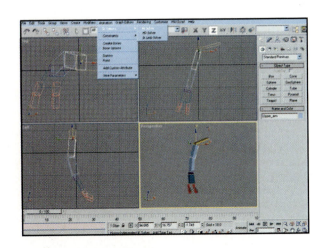

*Selecione o HI Solver no menu Animation.*

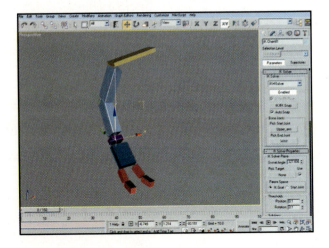

*A solução IK aplicada.*

**Observação**: A solução IK usada aqui é nova. O HI significa História Independente. Nas versões anteriores do max, a solução IK utilizava os cálculos das posições anteriores da corrente para ajustar e recalcular a posição atual dela. O sistema antigo agora se chama HD, história dependente. A nova solução HI parece ser muito estável, rápida e previsível. Como foi divulgado, é tão rápido nos quadros iniciais da animação como mil quadros mais tarde. Essa é uma das razões pela qual se recomenda usar para animar personagens. As linhas brancas que você vê são mais que indicadores mostrando as ligações envolvidas na solução. Elas ajudam a definir um plano que também corresponde a um ângulo, conhecido como "ângulo de giro". Este ângulo é utilizado pela solução IK e pode ser configurado usando um sinalizador na relação IK Solver Properties ou ajustado diretamente no visor, com seu manipulador. (Os novos manipuladores serão analisados um pouco mais tarde.) Se você percebe que sua corrente IK não está girando no plano que escolheu, trate de ajustar o ângulo de giro até que a corrente reaja corretamente.

**Observação**: O realizador-final exibido nas versões anteriores do max ainda existe; no entanto, está escondido e um objeto meta é exibido no seu lugar. Se você desejar, existem controles que permitem ativar e mostrar o realizador-final.

3. Ligue um objeto Dummy à meta do IK (a cruz branca) usando a ferramenta padrão Linking. O objeto Dummy é fácil de selecionar e proporciona ao animador um excelente dispositivo de controle.

    Renomeie o objeto dummy de **Wrist_control**.

4. Adicione uma corrente IK sobreposta e selecione o objeto Shoulder para ativá-lo.

    Uma grande contribuição ao max é permitir a sobreposição de múltiplas correntes IK. Cada uma das correntes pode ser controlada individualmente mediante objetivos separados, proporcionando o controle IK, sem precedentes.

5. Do mesmo menu, selecione Animation/IK Solvers/IK Limb Solver. Arraste o assistente Rubber Band ao objeto Lower_arm.

    Não intente movimentar este objetivo ainda. Você primeiro o ligará a outro objeto Dummy. Esta solução IK parece ser muito semelhante ao anterior. No entanto, esta solução IK está escrita especificamente para

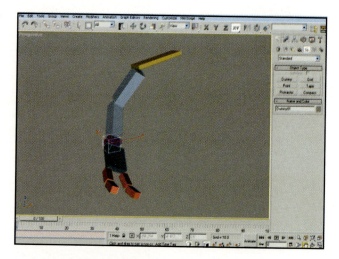

*O objeto Dummy conectado ao objeto Goal.*

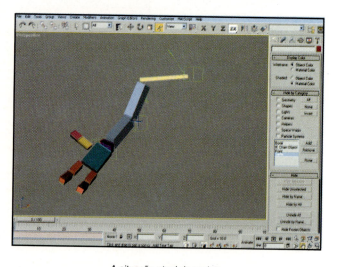

*A situação atual do projeto.*

# Projeto 7 - ANIMAÇÃO DE PERSONAGENS USANDO A CINEMÁTICA INVERSA | 145

hierarquias que não contêm mais de três ligações. É fácil e previsível, e constitui uma grande solução para estruturas simples.

6. Com o objetivo do ombro ainda ativo, ligue um objeto separado Dummy e nomeie-o de **Shoulder_control**. Ligue Shoulder_control como pai do objeto dummy anterior, Wrist_control.

   Agora, quando o dummy Shoulder_control se movimenta, o dummy Wrist_control se moverá junto.

   Estes dois objetos de controle proporcionam um método fácil e rápido para animar o ombro, e os movimentos amplos do braço.

---

**Observação**: Não pense que você precisa usar objetos dummy como controle. Os objetos Point ou qualquer geometria não renderizável, também funcionam bem. Tente usar os objetos texto que descrevem a corrente IK e o objetivo ao qual eles estão ligados.

---

**Observação**: Eu acrescentei um terceiro objeto Dummy ao braço como objeto Root, ao qual todos os outros objetos Dummy estão conectados. Este é um bom recurso para qualquer cena com personagens porque ele permite que você pegue um objeto e o movimento, movendo dessa maneira o personagem completo. Este objeto é chamado de Total Control em Final_Arm.max.

7. Clique o botão Select and Manipulate da barra de ferramentas principal ou da caixa de ferramentas Quad para ativar o visor do manipulador Swivel Angle.

   O manipulador é uma barra de tabulação que permite controlar o ajuste do ângulo de giro. Utilizado em conjunto com o controle dos objetos configurados anteriormente, é possível dominar toda a gama de movimentos do braço.

8. Ative o o botão Select and Manipulate e ajuste o ângulo de torção do punho no visor.

   Observe como você pode girar externamente o braço e manter intacto o controle das correntes IK.

*O controle Swivel Angle.*

Como você pode ver, a adição de apenas duas soluções IK na hierarquia de um simples braço gerou uma bela configuração IK. Não surgiram saltos bruscos nem estalos na corrente. O movimento é suave e previsível. No entanto, existem algumas áreas, tais como, a mão e os dedos, que precisam ter algum tipo de controle. Felizmente o max 4 tem a resposta.

**Observação**: O emprego das correntes sobrepostas IK é fácil de manusear quando animamos coisas como tentáculos. Na realidade, o uso deste recurso é infinito. Como fomos capazes de viver sem eles antes!

## COMO CONTROLAR A MÃO E OS DEDOS COM FK

Com a introdução dos novos controles IK, os iniciantes têm a impressão que a cinemática progressiva (FK) já não se emprega na animação de personagens. Isso está longe da verdade. Para mostrar que a FK está viva e com boa saúde, a mão e os dedos na sua cena, serão controlados usando a cinemática progressiva. Temos, porém, uma nova dica para você. Aqui vamos utilizar os controladores chamados de manipuladores, que transformarão a tarefa às vezes frustrante de flexionar os dedos individualmente e o polegar, em um trabalho interativo prazeroso.

1 Na guia Create, selecione o botão Helpers. Da relação que aparece, selecione Manipulators. Clique o botão Slider. Crie três lâminas e posicione-as na frente do visor frontal.

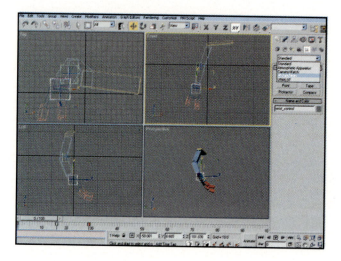

# Projeto 7 - ANIMAÇÃO DE PERSONAGENS USANDO A CINEMÁTICA INVERSA | 147

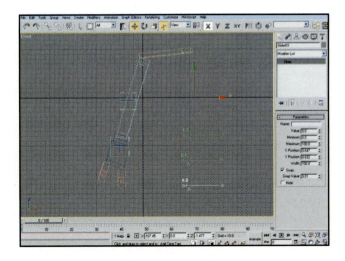

*Crie três lâminas e posicione-as na frente do visor frontal.*

**2** Selecione uma das lâminas e abra o painel Modify. Escreva **Hand** no campo Name e pressione Enter. Você verá o nome Hand aparecer na lâmina que selecionou. É conveniente nomear as outras duas lâminas também. Nomes como **Finger A** e **Finger B** são ótimos. Não se preocupe com as outras configurações por enquanto.

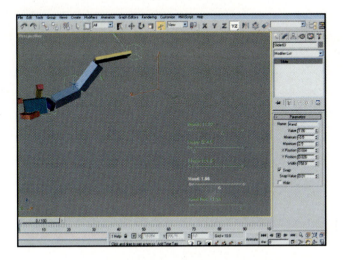

*Nomeie as réguas.*

3. Selecione Local, como referência ao sistema de coordenação. Com a opção Select and Manipulate desligados na barra de ferramentas principal, selecione a lâmina Hand. Clique com o botão direito do mouse na lâmina e selecione a opção Wire Parameters.

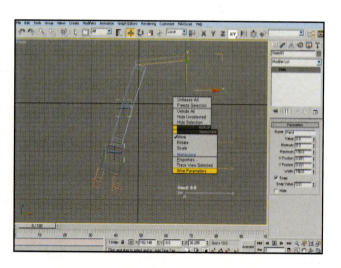

*Os parâmetros Wire selecionados no menu Quad.*

4. No pequeno menu pop-up, escolha Object (Slider)/Value. Na ferramenta Rubber Band que apareceu neste momento, selecione o objeto Hand. Outro menu pop-up aparece. Desta vez selecione Transform/FK Sub-Control/Rotation/Y Rotation.

No menu que aparece, você verá que Value e Y Rotation estão selecionados na lâmina e no objeto mão, respectivamente. Você pode alterar estas configurações, mas por enquanto deixe-as como estão.

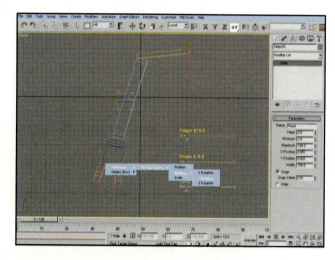

*A seleção do menu pop-up.*

**Observação**: Se você não puder acessar a opção Y Rotation, marque Rotation Controller. Ele deverá estar fixado no controlador Euler XYZ e não na rotação TCB, para acessar as coordenadas XYZ.

## Projeto 7 - ANIMAÇÃO DE PERSONAGENS USANDO A CINEMÁTICA INVERSA | 149

5   Escolha a seta que dirige o controle da lâmina ao objeto mão. Selecione o botão Connect para unir ou "amarrar" os dois parâmetros juntos. Feche a caixa de diálogo Wire Parameters.

**Observação**: Se você receber mensagens de erro quando estiver tentando corrigir os parâmetros, provavelmente isso tenha a ver com o tipo de rotação que definiu nos objetos. Você deve modificar a rotação para Euler XYZ nas lâminas, para trabalhar nesse objeto. Vá ao painel Motion para definir o controlador rotatório Euler. Você gostaria de ter este controlador como padrão. Não é tão suave como outros controladores rotatórios, mas pode usá-lo com lâminas e também pode ajustá-lo na Track View. Examine nos arquivos Help do max para informações sobre definição de controladores de movimento.

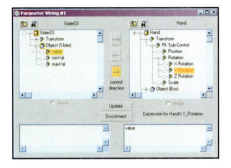

*A caixa de diálogo Wire Parameters.*   *A mensagem de erro.*

6   Ative o botão Select and Manipulate na barra de ferramentas principal ou clicando com o botão direito do mouse e selecionando no menu Quad, no visor ativo. Arraste o triângulo da lâmina e veja como a mão gira fora de controle.

Para corrigir isso, você precisa ajustar a faixa da lâmina.

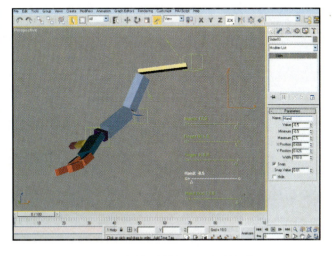

*A relação do Hand Slider no painel Modify.*

7   Desligue a opção Select and Manipulate. Selecione a lâmina Hand e vá ao painel Modify. Use o indicador Value para ver a faixa que está definida para os indicadores Minimum e Maximum. Para o exemplo da mão, estabeleça **-0.5** para o Minimum e **2.5** como Maximum.

---

**Observação**: Para mais detalhes em Parameters Wiring, consulte os arquivos Help do max.

---

8   Ligue a opção Select and Manipulate outra vez. Ajuste o triângulo da lâmina Hand e veja que a mão gira com muito mais controle dentro dos limites que você estabeleceu.

Os dedos usam o mesmo método com alguns pequenos acréscimos.

9   Com a opção Select and Manipulate desligada, escolha uma das lâminas Finger. Clique com o botão direito do mouse e selecione a opção Wire Parameters. Como anteriormente, selecione Object(Slider)/Value. Use a Rubber Band para selecionar a base do dedo. Novamente, escolha Transform/Rotation/X Rotation.

Observe que você escolheu usar o eixo X neste momento para simular a dobra dos dedos.

10  No menu Wire Parameters, clique em Connect.

Temos agora uma pequena alteração. Não se incomode em ir até o painel Modify a fim de corrigir a rotação.

11  Repita as ações da etapa 9, usando a mesma lâmina. Desta vez, escolha a segunda, mais porção distal do mesmo dedo. Atribua a mesma lâmina a esta rotação no eixo X. Agora, você pode ir até o painel Modify para ajustar os valores Minimum e Maximum para o dedo. Use um Minimum de **4.5** e um Maximum de **6.0**.

Observe que ao combinar a rotação através de uma lâmina, a hierarquia é respeitada e as rotações acontecem de acordo.

12  Repita as etapas anteriores para o segundo dedo usando a terceira lâmina. Adicione uma segunda lâmina à mão como controle das rotações do eixo X, e adicione um dedo polegar à estrutura.

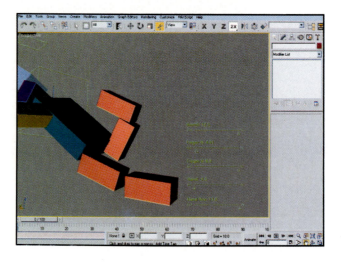

*O dedo dobrado.*

**Observação**: Adicionamos um polegar e uma lâmina suplementar ao braço. Usando essas etapas, você pode agregar qualquer número de apêndices na seqüência, sem modificar a configuração existente.

**Observação**: Você também poderia ter usado os manipuladores Plane Angle para ajustar a mão ou os dedos. Eu prefiro utilizar as lâminas, porque elas podem ser denominadas de maneira a identificá-las facilmente e assim ativá-las no visor que você esteja usando. O manipulador Plane Angle pode exercer uma função útil na animação facial interagindo com os ossos individuais.

## COMO COMBINAR LÂMINAS, METAS MORFOLÓGICAS E OSSOS

A força real de qualquer pacote de animação de personagens é a capacidade de combinar de forma impecável, diversas ferramentas de animação com os personagens da cena. O sistema 3ds max 4 não somente proporciona a você todas as ferramentas para animação de personagens, com as quais sempre sonhou dispor, e também oferece a capacidade de combinar em uma estrutura aquilo que é fácil e simples de usar. Anteriormente eu descrevi como criar a hierarquia, usando a combinação de IK e FK, assim como incorporar lâminas para ajudar no trabalho e aumentar a produtividade. Esse exemplo somente trata do esqueleto da personagem. Além dos ossos, as metas morfológicas fazem um papel importante na animação dos personagens. As metas morfológicas se relacionam diretamente com as malhas e não tem nada a ver com a estrutura do esqueleto. Por esse motivo, nesta seção você adicionará uma lâmina Morph à configuração anterior para mostrar quão fácil pode ser flexionar alguns músculos.

1. Abra o arquivo **Final_mesh.max** do CD-ROM em anexo.

   Esta é a mesma hierarquia que você criou anteriormente. A diferença, como você pode ver, é que adicionamos alguma carne no braço. Use o modificador Skin para aplicar o modelo de um braço de um desenho que fiz. Mova os objetos controlados separadamente e as lâminas, para que você tenha uma percepção da cena. Tente esconder os objetos Bone para ver a malha movimentando-se mais naturalmente.

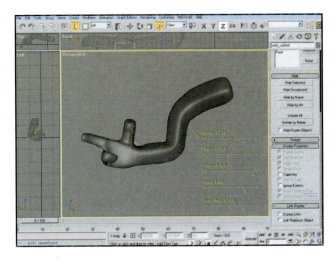

*A postura da malha do braço com os objetos Bone escondidos.*

Antes que use objetos como ossos no max, você deve definir suas propriedades corretas.

2. Selecione todas as caixas que formam o braço, a mão e os dedos. Quando elas estiverem em destaque, clique no botão direito do mouse no visor e selecione Properties no menu Quad. No canto direito inferior do menu pop-up Properties existe uma seção chamada Bones. Alterne a opção Bone para On. Feche o painel Properties.

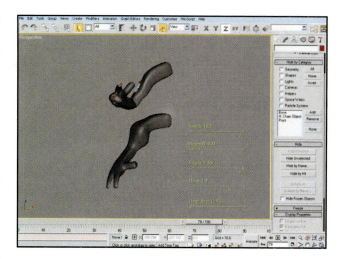

As metas morfológicas.

Esses objetos podem ser usados agora como ossos.

A única diferença entre esta cena e a anterior está na adição da malha superposta usando o modificador Skin e uma meta morfológica. Existe outra malha escondida da visão que é uma cópia da malha do braço. Esta cópia foi alterada levemente e (usando o modificador Morpher) é a meta morfológica da malha do braço.

---

**Observação**: O modificador Skin não será analisado aqui em detalhe. Trata-se de um modificador muito poderoso e deveria ser estudado em profundidade se você planeja algum trabalho com personagens.

---

3. Vá ao painel Display e revele esta malha. Após examiná-la, esconda-a novamente.

   Como você pode observar, o que foi feito foi distorcer o objeto de maneira que o antebraço fica levemente proeminente.

4. Selecione o objeto Mesh visível que está envolvendo a estrutura do osso. Com ele em destaque, vá ao painel Modify e dê uma olhada nos modificadores que foram aplicados.

   Estes modificadores foram aplicados na malha. No topo da pilha está o modificador Skin. O segundo modificador na pilha é o modificador Morpher e o último é o modificador MeshSmooth.

---

A meta morfológica ainda existe e o modificador Morpher está aplicado e funcionando bem. **Observação**: A ordem do modificador é muito importante quando se trabalha com metas morfológicas e pele. Lembre-se que o max trabalha em seqüência, do primeiro modificador aplicado ao último. Neste exemplo, o max aplicou primeiro o modificador MeshSmooth. (Por isso é importante quando chegar o momento de realizar cópias das metas morfológicas. Se

## Projeto 7 - ANIMAÇÃO DE PERSONAGENS USANDO A CINEMÁTICA INVERSA | 153

posteriormente você decidir mudar a densidade da malha no MeshSmooth, lembre-se de modificar suas metas morfológicas também.) O próximo modificador na pilha é o Morpher. Uma questão a considerar quando usar o Morpher é não mudar tanto suas metas morfológicas até deixar os vértices transformados posicionados fora dos ossos, porque isso influenciará o próximo modificador, Skin. Finalmente, o que você está realizando é transformar os ossos em metas morfológicas. O que você vê é o resultado final na pilha do modificador, mas o procedimento de como o max conseguiu isso é muito importante. Se você consegue resultados ruins, retorne à pilha do modificador e examine se a ordem do modificador é a correta.

5   Mova o braço e experimente-o. Vá ao painel Modify e ajuste o primeiro sinalizador para a meta morfológica.

Não importa a posição em que o braço se encontre, a malha executa a função morfológica corretamente. Então para que se complicar adicionando uma lâmina? A resposta está no fluxo do trabalho. Ao obter quantos controles o animador ache necessário para realizar o trabalho, ele ou ela gastarão menos tempo clicando nos menus, tentando localizar o recurso adequado.

6   Adicione uma lâmina ao visor ativo, como foi indicado anteriormente. Nomeie-o **Morph target**.

7   Desligue a opção Select and Manipule na barra de ferramentas principal. Clique com o botão direito do mouse e escolha a opção Wire Parameters do menu Quad. No menu pop-up, selecione Object (Slider)/Value.

8   Arraste a ferramenta Rubber Band para o objeto Mesh e clique com o botão da esquerda quando se encontrar sobre ele. No menu pop-up, selecione Modified Object/Morpher/[1] Box04 (Target Available). Na caixa de diálogo Parameter Wiring, selecione a seta da esquerda para a direita e clique Connect. Feche a janela.

9   Ligue a opção Select and Manipulate. Mova a nova lâmina da meta Morph e verifique no visor o braço atualizado.

Perceba quão rápido e fácil é movimentar os controles dummy, os controles do ângulo de rotação e usar as lâminas individuais, tudo isso do visor ativo.

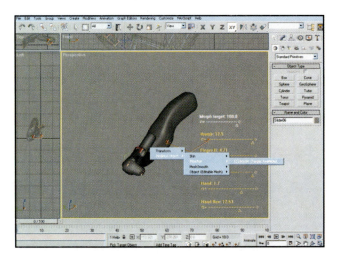

*Conectando a régua Morph ao objeto Morph.*

Este projeto cobriu uma série de novas ferramentas e aprimoramentos adicionados ao 3ds max 4 para animação de personagens. Essas ferramentas e suas aplicações em nossos exemplos foram simples, mas existem obviamente, diversas outras aplicações mais complexas. O acréscimo do recurso sobreposto IK, sem mencionar as novas soluções IK e os manipuladores, projetou o 3ds max 4 na vanguarda da animação de personagens.

Examine o arm_exam.avi no CD-ROM em anexo para ver estas técnicas de animação em ação.

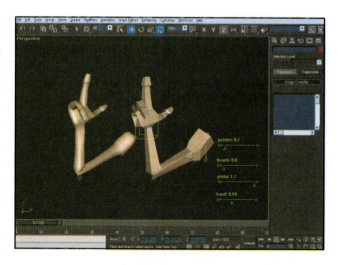

*Outro braço criado com técnicas de IK.*

**Observação:** Uma etapa adicional que poderá ajudar é agrupar as lâminas. Você pode imaginar que preparar as lâminas para a totalidade do personagem o deixará entupido de recursos rapidamente. Uma vez que você agrupou as lâminas, use Hide By Name e Unhide By Name para chamá-las no momento que precisar.

## *MODIFICAÇÕES*

Tal como você imagina, as aplicações para as novas soluções IK e os manipuladores, são infinitas. Essas técnicas podem ser utilizadas nas expressões faciais dos personagens, assim como, nos seus diálogos. Tente usar uma combinação de uma mandíbula e uma meta morfológica. Conecte a mandíbula inferior e uma meta morfológica para a forma fonética da boca, com a mesma lâmina. Você descobrirá que quando você usa a lâmina para a morfologia, a boca também se movimenta. Se este recurso não lhe proporciona suficiente controle e você deseja separar os controles, agrupe todas as metas morfológicas fonéticas em diversas lâminas e a rotação da mandíbula em outra.

Ao invés de usar formas geométricas como ossos, você pode usar os ossos do max. No 3ds max 4, aumentou a quantidade de alternativas e de aprimoramento de ferramentas de ossos. Experimente a cena anterior, mas desta vez utilize os ossos. Use as soluções IK e lâminas como você fez anteriormente.

A possibilidade de usar correntes IK sobrepostas pode ajudar na criação de hierarquias realistas e complicadas de corpos de centopéias, pernas de insetos, tentáculos e outros. As correntes IK sobrepostas podem ser usadas para criar braços robóticos complicados com pistões. Provavelmente veremos grande número de aplicações, devido ao uso destas novas ferramentas à medida que as pessoas começam a resolver individualmente, seus problemas de animação. Então, comece a resolvê-los! Estou aguardando para ver algumas aplicações!

# MÁQUINA MECÂNICA

*"Seu cachorro morde?"*

— O Inspetor Clouseau (interpretado por Peter Sellers) perguntando ao porteiro em A vingança da pantera cor de rosa.

PREPARANDO UMA ANIMAÇÃO AO ESTILO DE RUBE GOLDBERG

Rube Goldberg foi um desenhista, ilustrador e inventor que criou engenhocas mecânicas engraçadas utilizando objetos domésticos comuns. Ele observava uma simples tarefa e prosseguia para transformá-la em algo enrolado e ridículo, mas sempre fascinante de observar. Este tutorial eliminará uma parte do mistério das complicadas animações não orgânicas, apresentando métodos de trabalho para aqueles que tem vocação mecânica e para os ineptos em mecânica!

*Projeto 8*
# Máquina mecânica
*Por Sue Blackman*

## Como funciona

Neste projeto, você se familiarizará com diversos tipos de controladores do 3ds max 4, incluindo o Path Constraint, o controlador Attachment, Link Constraint e Wiring. Ao dividir as partes animadas nos seus módulos lógicos, você será capaz de concentrar-se em uma técnica de cada vez e examinar as alternativas úteis para cada uma. Não permita que o termo "mecânico" o assuste: o tutorial foi escrito tanto para as pessoas racionais como para as mentes espertas deste mundo!

# O INÍCIO

Uma das maravilhas de criar animações com a ajuda de um computador é que você pode deixar a cargo dele a execução de muitas das tarefas repetitivas e das relações lógicas. Neste exercício, você conhecerá diversos controladores do 3ds max 4, mas para facilitar o trabalho, usará algumas ferramentas adicionais. Você precisará do seguinte:

▶ Roller da HABWare, um plug-in que rola um objeto ao longo de um caminho.

▶ Key_Shifter de Stefan Didak, um recurso MaxScript que fixa os objetos Path Constraint ao longo de um caminho.

▶ Uma equação fornecida pela Swami*, BSEE, aka "codeWarrior()"

Como este tutorial é bastante extenso, muitos dos objetos da cena e seus materiais foram criados para você. Você deve realizar diversas etapas antes de usar este tutorial:

1   Instale o Roller.dlc no diretório Plug-ins de seu 3ds max 4. Como é normal na instalação de qualquer plug-in, você deve sair e reiniciar o max para carregar as novas linhas de código.

2   Coloque o MaxScript Key_Shifter dentro da pasta MaxScript para facilitar o acesso.

3   Instale os mapas para este projeto no MAX Maps, na pasta Misc.

4   Inicie o 3ds max 4 e abra o arquivo **MechanicalMachine01.max** da pasta deste projeto, no CD-ROM em anexo.

---

**Observação:** Para mais informação sobre estas ferramentas, leia os arquivos de texto que as acompanham ou visite os sites dos autores na Web:

▶ Harald Blab/HABWare: **http://www.habware.at**

▶ Stefan Didak: **sdidak@euronet.nl, sdidak@bart.nl, http://www.sdidak.com/.**

▶ Swami*: Um "personagem pixel de aluguel", que pode ser contatado para escrever rotinas e equações em **swami@cfl.rr.com.**

---

**Observação:** Se não desejar colocar os arquivos adicionais dentro das pastas do max, você deverá criar um caminho que permita que o max os localize.

**5** Para assistir a animação completa, abra o arquivo **MechanicalMachine.avi** no CD-ROM em anexo. Os objetos de apoio estarão reunidos no final do projeto, como Supports.max. A maior parte dos objetos com os quais você estará trabalhando, normalmente ficam escondidos.

Este projeto faz uso intenso de conjuntos de seleção para facilitar a organização.

**Opção Não Linear:** No caso de não desejar trabalhar direto desde este tutorial ou se preferir omitir aquelas seções que contêm técnicas com as quais você se sente familiarizado, foram agrupados no início de cada seção os arquivos complementares correspondentes. Por exemplo: se você completou a seção chamada "Dar uma pancada", mas quer omitir a seção "Duro na queda", você pode carregar o arquivo SpinTheSpoon.max e continuar na seção "Girando a colher".

*Os diversos componentes.*

## COMECE DAQUI

Um dos objetivos principais com animação mecânica, se realista ou figurada, é fazer com que o max faça a maior parte do trabalho para você. Para o mecanismo da polia, você animará somente o fio sendo puxado e o max se encarregará do resto. Isto lhe deixará tempo livre para sincronizar um objeto sem prestar atenção ao resto dele. Na animação mecânica e de personagens, a sincronização é fundamental!

Para esta seção, você deverá ver os objetos Pulley, String e Line String.

1. Em qualquer visor, selecione o objeto String e adicione o modificador Animation, **\*Path Deform** (não a versão Object Space, Path Deform). Clique Pick Path e escolha Line String. Depois clique Move to Path.

2. No visor Front, selecione Line String e marque o vértice extremo esquerdo para interromper o caminho do fio circular. O fio deverá ficar no local. Escolha o objeto fio.

3. Estabeleça o valor do *Path Deform Percent em **-60**.

    Isso lhe proporcionará uma visão clara do fio no visor Top, o que será importante para você mais tarde, quando usar o controlador Attachment para anexar um dummy no fio.

Projeto 8 - MÁQUINA MECÂNICA | 159

4   Sob Helpers, crie um pequeno dummy. Nomeie-o de **Dummy Pulley End**.
5   Abra o painel Motion; abra a relação Assign Controller, destaque Position e clique o botão Assign to Controller. Escolha Attachment.

**Observação:** A maioria dos dummies que você criará neste exercício será posicionada como controladores. A menos que seja indicado especificamente, o visor em que eles serão criados não faz a menor diferença.

6   No Pick Object, selecione String. Ligue o botão Set Position. No visor Top, clique o botão do mouse sobre a face final da polia. O dummy deverá pular sobre a face.

**Observação:** Ao contrário do controlador Link, que liga um objeto ao eixo de transformação de outro, o controlador Attachment liga o objeto à face selecionada. Tente mover o String ao longo do caminho e perceberá que o eixo de transformação não se move. Em conseqüência, ligar o dummy ao fio o deixará imóvel.

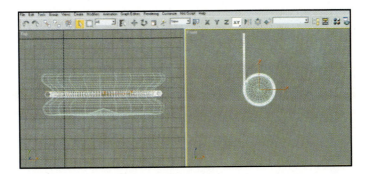

*Uma visão clara do final da face no Visor Top.*

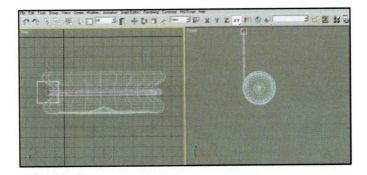

*O dummy está vinculado à face correta.*

7   Selecione String e mude Percent para **25**, de maneira que Dummy Pull End está na posição 6 horas no visor Front.

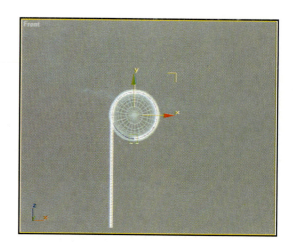

*String com o dummy na posição 6horas.*

## ANIMAÇÃO DO FIO

A polia está "cheia de molas", de maneira que quando você puxa o fio para baixo, ela tenderá a voltar. Isto será ajustado na Track View, onde será refinada a maior parte das animações mecânicas. Aprender a "ler" as funções das curvas é essencial para criar animações convincentes.

1   Selecione o objeto String e ligue o botão Animate. Mova o cursor de tempo para o quadro 13 e mude o percentual para **78**. Vá ao quadro 28 e fixe Percent para **25**. Desligue o Animate. Depois clique em Play para apreciar o resultado. A sincronização está O.k., mas a ação poderia ser mais rápida.

2   Clique com o botão direito do mouse no objeto String e escolha a Track View Selected. Abra String e destaque Percent along path. Clique no botão Function Curves.

Você verá uma curva em forma de U de cabeça para baixo. Use Zoom Region sobre a curva para ampliar.

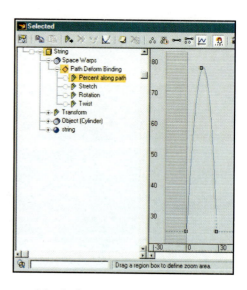

*A função da curva pelo Percent along path.*

**Projeto 8 - MÁQUINA MECÂNICA** | **161**

3  Selecione a segunda chave e clique com o botão direito do mouse nela para chamar o diálogo Properties. Abra a lista suspensa In: e selecione a tangente de interpolação Fast. Faça o mesmo para a tangente na lista suspensa Out:.

4  Mova para Key 1 clicando a seta da esquerda no topo do diálogo. Defina o tipo de tangente Out: para Slow. Depois mude Key 3 na tangente In: para Slow.

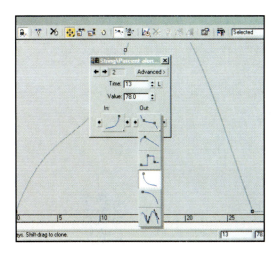

*A tangente de interpolação Fast no tipo Out de Key 2.*

**Observação:** Todos os tipos de tangentes existentes podem deixá-lo confuso no princípio. Se você examinar o gráfico com a função da curva, verá que as unidades de tempo aparecem, tanto no eixo horizontal como no vertical. Portanto, o mais importante a lembrar com relação a função da curva é: *Horizontal é lento, vertical é rápido*. Posteriormente, você usará o tipo de tangente Custom para obter um controle mais preciso sobre a animação.

5  Feche a Track View e clique no botão Play para observar as mudanças. O fio volta para trás rapidamente como se estivesse conectado a uma mola.

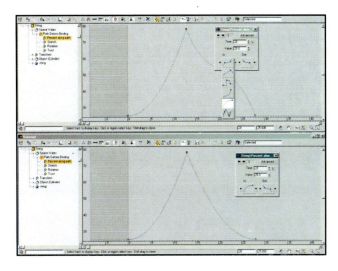

*A curva com a função alterada.*

## Conexão do fio à polia

A polia precisa girar à medida que muda a posição do fio no caminho da rodagem. Existem diversas maneiras de fazer isso, mas você usará o LookAt Constraint nesta parte do projeto.

1. Crie um pequeno dummy e nomeie-o de **Dummy Rotate Pulley**. Use o botão Align para localizá-lo no centro da polia. No visor Left, use o botão Align para centralizá-lo no eixo X somente na direção do Dummy Pulley End.

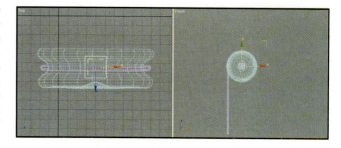

*O dummy está centralizado na polia e em Dummy Pulley End.*

2. No painel Motion, atribua um LookAt Constraint à trilha Rotation do Dummy Rotate Pulley. Fixe os seguintes parâmetros se eles já não foram definidos por padrão:

    Select LookAt Axis: **X**
    Select Upnode: **World**
    Upnode Control: **Axis Alignment**
    Source Axis: **Y**
    Aligned to Upnode Axis: **Y**

3. No Add LookAt Target, escolha **Dummy Pulley End**. Arraste o cursor da barra do tempo para observar os resultados.

4. Conecte Pulley ao Dummy Rotate Pulley.

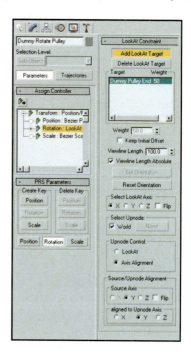

*O painel de configuração LookAt com o painel expandido à esquerda.*

# Dar uma pancada!

Esta seção agrega alguns elementos cosméticos à montagem da polia. Da mesma maneira como o Dummy Pulley End (veja "Comece daqui"), o cabo deverá estar *anexado* ao objeto String de trilha deformada, em lugar de *ligado*.

1. Revele a opção By Name e escolha Selection Set/Pulley Accessories.

   Você verá Handle e Hammer.

2. Ligue o martelo a Pulley. No quadro 13, gire o martelo até a posição 5:30 horas. Você executará uma sintonia fina posteriormente. Retorne ao quadro 0.

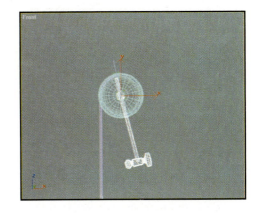

*O martelo na posição aproximada.*

3. Use o controlador Attachment para anexar o cabo de montagem ao final do fio. Gire o cabo para alinhar corretamente. Para alinhar a *posição* do cabo, porque este se encontra "sob controle", você deve usar o recurso Affect Object Only no painel Hierarchy.

**Observação:** Se você acha que esta técnica de alinhamento é frustrante, considere a alternativa de *anexar* um dummy ao final do fio e ligar o cabo a ele.

4. Selecione tudo e crie um Named Selection Set chamado **Pulley Assembly**. Verifique se clicou Enter para completar o conjunto antes de digitar o nome.

   Você pode adicionar um pequeno movimento ao cabo neste momento ou pular as etapas cinco e seis e ir para a próxima seção.

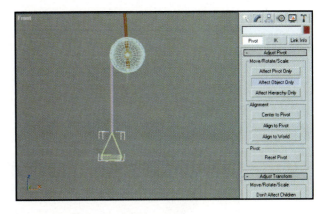

*Use o recurso Affect Object Only para reposicionar o cabo.*

5. No quadro 80, ligue o botão Animate e gire o cabo levemente no eixo Y no visor Front ou Left; examine o sistema de coordenação.

6. No quadro 160, gire o cabo na outra direção.

7. Repita a etapa 5 no quadro 240, a etapa 6 no quadro 320 e a etapa 5 novamente no quadro 400, diminuindo a rotação cada vez. Desligue o botão Animate.

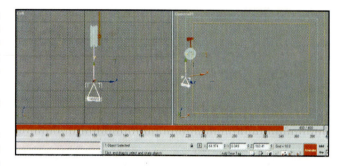

As chaves da Track Bar para o cabo em movimento.

## DURO NA QUEDA!

Neste momento você já sente uma certa afinidade com os dummies. Apesar de não serem *estritamente* necessários, eles nos proporcionam uma grande flexibilidade ao desenhar. É fácil ligar uma variedade de objetos (luzes, sistemas de partículas e outros) a um recurso dummy e manter suas condutas individuais à medida que eles percorrem pelo processo. Neste projeto, você ligará somente um objeto, a bola; mas nesta ocasião os dummies lhe permitirão manter as diversas partes da animação como se fossem unidades independentes. A única animação na bola será a informação da ligação, o que permite substituí-la facilmente por qualquer outro objeto de tamanho e forma similar.

1. Revele o conjunto da seleção Chute Assembly. Você deverá encontrar Chute, Line Chute, Ball e Start Platform.

   Como você deve ter adivinhado, Chute foi um objeto que se elevou em um caminho preparado com o Line Chute e então caiu. Antes de usar Line Chute como o caminho para a bola, você tem que aproximá-la da plataforma.

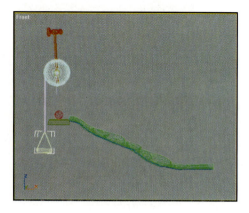

O Chute Assembly.

**Projeto 8 - MÁQUINA MECÂNICA** | **165**

2   No visor Front, selecione a linha e a posição do vértice superior no centro da plataforma. Ajuste o cabo Bézier para dar à linha suavidade, levemente ascendente até o ponto da queda. No visor Front, selecione o vértice inferior até que se iguale com o limite da queda; assim a bola se eleva até alcançar a colher.

3   Crie um dummy de tamanho aproximado ao da bola. Nomeie-o como **Dummy Down Chute**.

4   No painel Motion, atribua um controlador Roll Along Path (não o Follow [Roll Along Path]) ao canal do dummy Position. Marque Add Offset Radius e fixe o Radius em **30** (o raio da bola). Clique o botão Pick Path e selecione Line Chute.

O Roll Along Path automaticamente ajusta as chaves no início e no final da animação total, mas você precisará ajustar esses valores para que o dummy role durante a queda, no momento e na velocidade adequada. Você pode fazer isso facilmente na Track Bar, que é uma espécie de "mini" Track View.

5   Na Track Bar, mova a chave inicial para o quadro 12 e a chave final para o quadro 47.

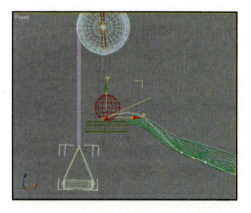

*O vértice superior ajustado para Line Chute.*

**Observação:** Se você não consegue localizar o Roll Along Path, verifique que o Roller.dlc foi copiado na pasta Plug-ins; se você o guardou em outro local, verifique que configurou um caminho para a sua localização. Lembre-se que o max deve ser reiniciado para carregar novos plug-ins. Salve seu arquivo antes de reiniciar o max.

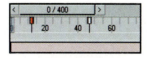

*Mova as chaves na Track Bar.*

6  Sob Edit na barra de menu, escolha Edit Named Selections. Selecione Chute Assembly na janela da esquerda e remova a bola. Clique no botão Add e adicione Dummy Down Chute ao conjunto da seleção. Clique OK.

Manter cada módulo organizado como um conjunto da seleção (diferente de agrupar) permite que você anime objetos individuais e esconda e revele objetos ou conjuntos à vontade.

*A caixa de diálogo Edit Named Selection.*

## Como girar a colher

Mesmo que seja pouco provável fazer girar uma bola numa colher, isso poderá acontecer. Afinal, se temos um programa 3D, por que não tomar algumas licenças poéticas de vez em quando?

1  Revele o conjunto da seleção Spoon Assembly. Você encontrará dois objetos: Spoon e Line Drop from Spoon.

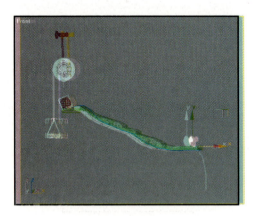

*O conjunto colher.*

## Projeto 8 - MÁQUINA MECÂNICA | 167

2. No visor Camera, selecione Spoon e vá para o quadro 46. Clique com o botão direito do mouse na barra de tempo para chamar a caixa de diálogo Create Key, limpe as caixas de verificação Position e Scale e clique OK para configurar uma chave de rotação. Vá para o quadro 120 e ligue Animate. Clique no botão Select and Rotate. Com a câmera ativa, alterne o modo de Transform Type para Offset e digite **1080** no campo Z. Desligue o botão Animate.

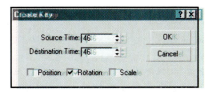

*A caixa de diálogo Create Key aparece quando você clica com o botão direito do mouse na barra de tempo.*

3. Abra a Track View para a colher. Observe que a colher tem um controlador de rotação Euler, que permite acessar as funções das curvas X, Y e Z. Destaque a trilha Z Rotation.

   Observe a linha reta que une as chaves de início e fim. Isto indica a velocidade constante da rotação da colher. Como a rotação tem que começar rápido e depois diminuir sua velocidade gradualmente até parar, a curve precisa ser ajustada.

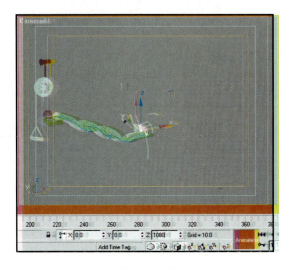

*A área Transform Type-In.*

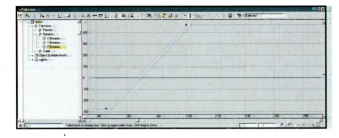

*A função da "curva" reta.*

---

**Observação:** No 3ds max 4, as funções de rotação foram modificadas de maneira que hoje é possível fazer girar objetos em mais de 180 graus sem grandes esforços.

4   Ligue o modo Edit Keys e selecione ambas as chaves. Clique com o botão direito do mouse para chamar a caixa de diálogo Properties. Troque o tipo de interpolação Tangent em In: para Custom. O valor de Out: também muda. Amplie Region para exibir a metade da janela.

Você agora será capaz de ajustar a curva com os recursos Bézier. Lembre-se que *vertical é rápido e horizontal é lento*, ajuste a curva para que comece empinada e depois irá diminuindo até ficar na horizontal, no final.

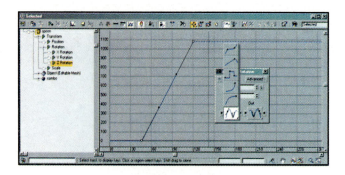

*Tipo de tangente Custom.*

5   Clique Play. Ajuste os cabos para a chave inicial até que a velocidade da colher esteja correta em relação a velocidade da bola/dummy, quando esta atingir a colher. Feche a Track View.

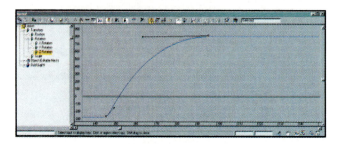

*A curva corrigida.*

## COLOCAR A BOLA EM MOVIMENTO

Agora que você já completou dois módulos, está na hora de ligar a bola. Como a bola estará em contato com diversos dummies e objetos durante a animação, você utilizará um limitador Link para obter uma ligação dinâmica.

1. Amplie tudo, vá para o quadro 0 e selecione a bola. No painel Motion, destaque Transform e mude o tipo de controlador para Link Constraint. Clique o botão Add Link e marque Dummy Down Chute. Desligue Add Link.
2. Verifique a posição da bola no quadro 13. Poderá ser necessário girar o martelo para trás de maneira que bata na bola corretamente. Verifique se o botão de animação *não* está ligado.
3. Vá para o quadro 46. É nesse ponto que a colher precisa tomar o controle da bola.
4. Selecione o vértice final de Line Chute e ajuste o cabo e/ou a posição do vértice até que a bola repouse na colher no quadro 46.

*O painel do Link Constraint.*

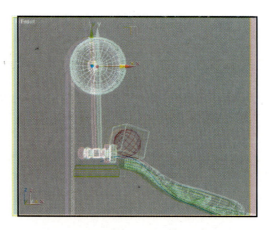

*A posição do martelo e da bola no quadro 13.*

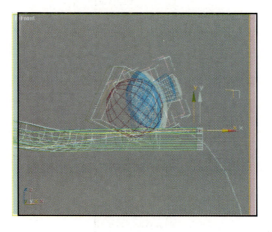

*Ajuste o vértice final e seu cabo para colocar a bola contra a colher.*

Projeto 8 - MÁQUINA MECÂNICA | 171

5  De volta ao painel Motion com a bola selecionada, no quadro 46, clique Add Link e selecione a colher. Desligue o Add Link, retorne ao quadro 0 e clique no botão Play.

A bola agora passa do dummy em queda para a colher!

6  Esconda o conjunto de seleção Chute Assembly e o Pulley Assembly.

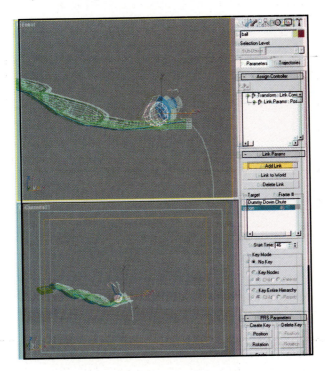

*O painel Link Constraint. A bola está ligada à colher no quadro 46.*

## A INTERRUPÇÃO DA ESTEIRA ROLANTE

Nenhuma animação "mecânica" respeitável poderá dispensar uma esteira rolante, e esta não é exceção. Esta esteira rolante utiliza a mesma técnica do fio no caminho. Mas primeiro você precisa da bola para colocar nela.

1  Crie um dummy e nomeie-o de **Dummy Drop from Spoon**. No quadro 78, a colher diminuiu sua velocidade o suficiente para a bola cair fora.

2  Instale um Path Constraint no Dummy Drop from Spoon com Line Drop from Spoon, como um caminho. Tenha certeza de marcar Follow e Allow Upside Down.

3. Abra a Track View no modo Function Curve e então mova a chave inicial de Percent Along Path para o quadro 78 e a chave final para o quadro 88. Adicione um pouco de balanço à bola, acrescentando chaves nos quadros 94, 99, 103 e 106. Mova a chave no 94 somente um pouco para baixo e no 103 um pouco menos para baixo. Isso manda o dummy de volta para o caminho.

4. Mude todas as chaves Tangent de In/Out para Custom e ajuste os cabos para que o dummy passe muito pouco tempo sobre o "terreno". Também, ajuste sua curva para ser lenta no início e mais veloz no final. Quando terminar, feche a Track View.

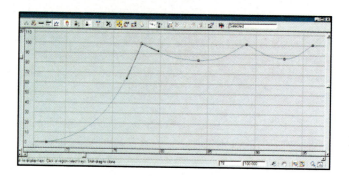

*A função curva com pequenos "balanços".*

**Dica**: Para mudar os cabos de Bézier para Bézier Corner, segure a tecla Shift e mova o cabo. Ele se transforma em um tipo Bézier Corner! Você também pode usar o botão Lock Tangents. Esta técnica também funciona nos vértices das tiras e nas janelas Loft Deformations.

5. Mova a janela da Track View para um lado, de maneira que a colher fique visível no visor Top. Vá para o quadro 68 e ajuste a rotação do extremo do cabo da colher, para entregar a bola ao dummy no quadro 68.

Observe que a bola não precisa estar centralizada no dummy. Selecione a bola e adicione o link de Dummy Drop from Spoon no painel Motion.

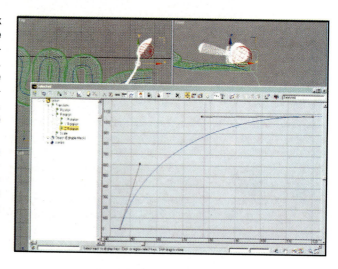

*A posição da colher ajustada usando a chave final de rotação dos cabos.*

**Projeto 8 - MÁQUINA MECÂNICA** | **173**

6. Revele o conjunto de seleção Conveyor Assembly. Você deverá ter os objetos: Gear01, Gear02, Wheel, Conveyor Belt, Line Conveyor Belt e Line Space Wheels.

7. Selecione Conveyor Belt e adicione um Path Deform. Clique Pick Path e escolha Line Conveyor Belt. Depois clique Move To Path.

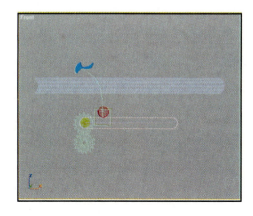

*O Conveyor Belt Assembly.*

8. Escolha X como eixo do Path Deform e fixe a Rotation em **-90**. Fixe Stretch em **1.119**, para fechar o intervalo.

9. Com Conveyor Belt ainda selecionado, abra a Track View e crie uma chave no Path Deform Binding: a trilha Percent Along Path no quadro 46 com um valor **0**. Crie outra chave no 67 com um valor de **-12**.

Após fixar a velocidade, o movimento precisa executar um loop.

**Dica**: Você pode digitar ambos os quadros e valores nas caixas de texto no lado direito da janela. Se decidir criar essas chaves na Track Bar, o max pode criar uma chave no quadro 0, que precisará ser deletada.

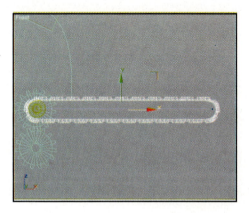

*O Conveyor Belt está no lugar.*

**10** Clique o botão Parameter Out-of-Range e escolha Relative Repeat para o tipo Out.

Com o valor Out ajustado em Relative Repeat e o valor In fixado como Constant, o movimento se iniciará no quadro 46 ("disparado" pela rotação da colher) e então continuará pelo resto da animação.

*A caixa de diálogo Parameter Out-of-Range Types.*

# A ROTAÇÃO
## DAS ENGRENAGENS E RODAS

Como isto é max e não a vida "real", você terá as rodas e engrenagens girando fazendo um pouco de engenharia "em marcha ré". O método usado nesta seção é para os "artistas do tipo racional". Não será necessário nenhum tipo de fórmula matemática, mas você ainda pode esperar que o 3ds max 4 realize o serviço antipático, se a cena for definida adequadamente!

Você precisa ter uma maneira de comparar a rotação da esteira (neste momento o Percent Along Path) com a rotação da roda. Você preparará um par de objetos assistentes (neste caso são pequenas esferas) para ajudar na tarefa. Você irá comparar visualmente sua localização e alinhamento enquanto ajusta a rotação da roda para o percurso na esteira rolante. Será relativamente fácil ligar as engrenagens à rotação da roda.

**1** Vá para o quadro 0 e crie duas pequenas esferas no visor Front. Selecione Smooth and Highlight para que fique mais fácil ver os elementos. Use o controlador Attachment para anexar e mover (Set Position) uma das esferas no extremo da esteira rolante, exatamente embaixo da roda. Use o botão Align para centralizar o segundo sobre o primeiro e então movê-lo diretamente acima do primeiro, sobre a beira da roda e ligá-lo à roda.

*As esferas assistentes: uma é anexada na esteira e a outra é ligada à roda.*

## Projeto 8 - MÁQUINA MECÂNICA | 175

**2** No visor Front, selecione a roda. Clique com o botão direito do mouse e escolha Wire Parameters/ Transforms/Rotation/Y Rotation. Então "conecte-a" ao Conveyor Belt/Space Warp/ Path Deform Binding/Percent Along Path. Aparecerá o diálogo Parameter Wiring.

**3** No diálogo Parameter Wiring, clique a seta orientada para a esquerda, assim, o Percent Along Path da correia transportadora "controla" a rotação Y da roda. Clique Connect. Deixando aberta a caixa de diálogo, reposicione a esfera se for necessário e arraste a barra de tempo.

Se a roda agora controla a velocidade da correia, você aguarda até que as duas esferas permaneçam alinhadas, enquanto arrasta a barra de tempo, até que a esfera da correia alcance uma área plana.

**4** No diálogo Parameter Wiring, sob Expression for Wheel's Y Rotation, adicione **\*40** na expressão para dar à roda mais velocidade, de maneira a sincronizá-la adequadamente com a esteira rolante em movimento. Adicione um sinal de menos (-) na frente da equação para inverter a direção, e então clique Update. Isto aumentará a velocidade da roda, sincronizando-se adequadamente com a esteira rolante em movimento.

**5** Mova o cursor da barra de tempo aumentando o valor aos poucos, verificando o ajuste. A marca de 40 é um pouco rápida, então experimente **38** (não esqueça de clicar no botão Update).

Não sendo muito exato, o valor 38 será adequado para uma animação curta. Se você precisa que a esteira continue funcionando durante diversas rotações completas, poderá ajustar a rotação de forma mais precisa, verificando o alinhamento das esferas na última passada com referência ao alinhamento no início.

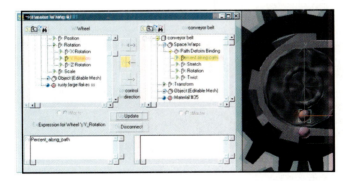

*A caixa de diálogo Parameter Wiring.*

**Observação**: No momento de redigir este texto, constatamos que existia um problema de intermitência com a fiação. Se você encontrar este tipo de dificuldade, vá ao site **www.discreet.com** e baixe o último patch do 3ds max 4. Se nada acontecer quando você clicar Connect ou Update, execute um Hold e depois um Fetch para ativar a fiação.

**Observação**: Retorne ao quadro 0 antes de clicar o botão Connect ou Update para reter a posição relativa dos objetos.

6. Delete as duas esferas "assistentes". Feche o diálogo Parameter Wiring.

7. Ligue Gear01 à roda. Selecione Gear02 e Wheel. No menu Animate, abra o diálogo Parameter Wiring. Observe que os objetos selecionados aparecem destacados.

    Esta é outra maneira de acessar o diálogo da fiação, e este método pode ser utilizado em conjunto com uma tecla de atalho, em lugar da barra de menu para maior eficiência.

8. Para ligar o Gear02, destaque sua Y Rotation no lado esquerdo e Wheel's Y Rotation no lado direito. Clique a seta que está direcionada do objeto *controlador* (Wheel) para o objeto *controlado* (Gear02) e clique Connect.

9. Arraste o cursor do tempo. Ambas as engrenagens giram na mesma direção. Você precisa colocar um sinal de menos (-), na frente da equação ativa e clicar Update para inverter a direção de Gear02.

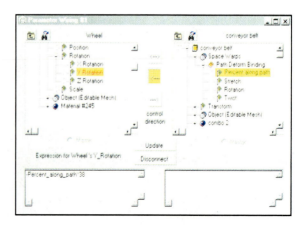

*Os parâmetros corrigidos.*

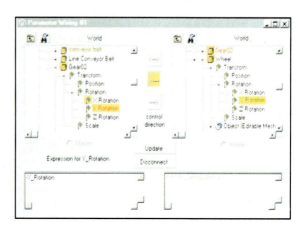

*Os parâmetros de fiação do Gear02.*

**Observação**: Se as engrenagens não se ajustam adequadamente, corrija a rotação no painel Hierarchy de acordo com o cabo da polia.

10 Selecione Wheel e escolha a ferramenta Spacing na lista do menu Array ou do menu Tools. Marque Line Space Wheels como o caminho. Faça seis instâncias e clique Apply. Feche a caixa de diálogo.

A ferramenta de separação não inclui a roda original nos seus cálculos, assim, você precisa deletar Wheel06. A animação foi copiada, mas o controlador da fiação atual não. Você precisa conectar cada uma das novas rodas individualmente. Todas elas podem ser conectadas ao objeto Wheel ou podem ser separadas dele.

*A caixa de diálogo Spacing Tool.*

## A BOLA EM MOVIMENTO

Está na hora de lançar a bola pela esteira rolante!

1 Se a bola está muito baixa, vá ao quadro 110. Selecione Dummy Drop From Spoon. Abra a Track View e selecione as chaves superiores. Fixe o limitador Move Keys na vertical e mova para baixo as chaves selecionadas até que a bola toque a superfície da esteira rolante (não as passadas). Se a bola está muito alta, mova Line Drop From Spoon para cima. Feche a Track View. Seus olhos lhe dirão se a bola deve descer sobre a esteira, ainda que ela balance.

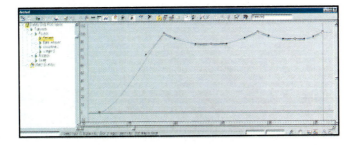

*Ajuste a posição da plataforma.*

2. No quadro 88, selecione Line Drop From Spoon e fixe a chave de posição nele. Ligue o botão Animate e vá para o quadro 106, de onde o balanço da esteira parou e então mova a linha cerca de 35 unidades ao longo da esteira rolante.

3. Crie um dummy e nomeie-o come **Dummy Conveyor Belt**. Coloque nele um controlador Attachment com Conveyor Belt como objeto de controle, e então posicione-o alinhado com a bola no visor Top no quadro 106 quando a bola pára de balançar.

4. Selecione a bola e Add Link para transferir o controle para Dummy Conveyor Belt no quadro 106.

5. Selecione Dummy Drop From Spoon, adicione-o ao conjunto de seleção Spoon Assembly e esconda o conjunto.

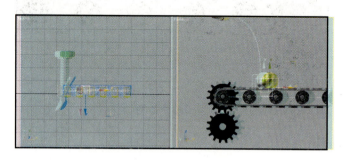

*Alinhe o dummy da esteira.*

## OUTRA ESTEIRA

Desta vez você animará a esteira pelo método matemático usando controladores Expression. O extraordinário guru dos scripts, Swami, forneceu uma equação útil para controlar esta esteira utilizando a rotação dos rolos.

1. Revele o conjunto de seleção Lift Assembly. Você deverá ver os seguintes objetos: Gear03, Gear04, Lift, Line Lift, Lift Cup e Sphere 01.

    Vamos supor que em algum lugar embaixo da mesa a rotação "desengrenou" de maneira que a roda controladora da esteira Lift roda mais lentamente que as rodas da esteira rolante.

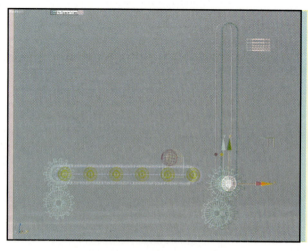

*O conjunto do elevador. A esteira elevadora já contém o modificador "PathDeform".*

**2** Conecte a rotação Y de Lift Wheel a qualquer rotação Y da roda da esteira e adicione o valor **\*-75** à equação. Não esqueça de atualizar.

**3** Ligue Gear03 a Lift Wheel. Conecte a rotação Y de Gear04 à rotação Y de Lift Wheel e inverta-a com um sinal de menos (-). Como um objeto conectado não *possui* chaves de animação própria, ao ser conectado a um objeto ligado não *produzirá* animação alguma.

**4** Faça cópias sucessivas (Shift+copy) para criar Lift Wheel01 e mova-as até o extremo superior do elevador. Conecte a sua rotação Y à Lift Wheel.

**5** Selecione Lift Belt e na Track View, mude seu controlador Percent Along Path para Float Expression. Na caixa de diálogo Expression Controller, você precisa criar três variáveis Scalar para a equação. Para fazer isto, atribua um valor constante ou selecione outro valor para o objeto para usá-lo como controlador. Crie as seguintes variáveis:

▶ **w**, o comprimento da esteira. Atribua à Constant. Você pode encontrar o valor selecionando o Line Lift no visor e escolhendo Measure no painel de Utilities. Sua dimensão Z medirá 613.337 unidades, que é o valor que você usará para w.

▶ **r**, o raio/largura do elevador. Atribua à Constant. Este valor deverá ser de 54.301 unidades.

▶ **t**, o ângulo da roda do elevador. Atribua à Controller. Escolha Lift Wheel´s Y Rotation.

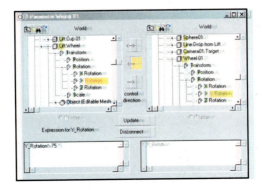

*A caixa de diálogo Wiring para Lift Wheel.*

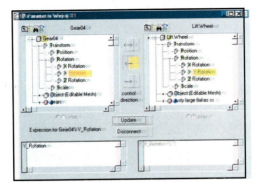

*A caixa de diálogo da ligação do Gear04.*

6  Digite a equação **-t*r/2/((w-2*r)+pi*r)** e clique Evaluate. Deslize o cursor pela barra do tempo para ver os resultados. A rotação da esteira agora deverá ser controlada pela rotação Y da Wheel. Não deixe de incluir as descrições das variáveis na seção Description.

**Observação**: Às vezes o *playback* em tempo real no visor mostra um efeito estroboscópico. Manualmente deslize o cursor da barra do tempo para assegurar-se de que a rotação está certa.

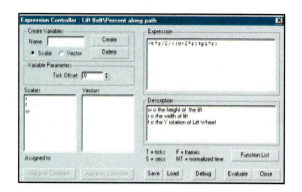

*A caixa de diálogo Expression Controller para controlar o elevador Percent Along Path da esteira, com a rotação da roda do elevador.*

# Levanta, levanta
## e vamos embora

Na época em que escrevemos este texto, ainda não estava disponível o controlador utilíssimo Attachment 2 de Larry Minton, ou você mesmo poderia anexar facilmente o Lift Cups ao objeto Lift. Gimble Lock causa leves sacudidelas quando se usa o controlador padrão Attachment, de maneira que algum outro método deve ser usado. Requer um pouco mais de trabalho, mas permite usar o jeitoso MaxScript de Stefan Didak. Como é habitual no max, existem diversas soluções para resolver os problemas.

1  Selecione Lift Cup01. Adicione um limitador Path com Line Lift como caminho. Marque as caixas de verificação Follow, Allow Upside Down Loop e Constant.

2  No quadro 300, gire o Lift Cup01 até que sua orientação fique certa - dirigida levemente para cima. Na Track View, fixe ou mova a chave inicial para 46. No diálogo Parameter Out of Range, configure os tipos In e Out para Relative Repeat. Feche a Track View Vá para o quadro 46.

**Projeto 8 - MÁQUINA MECÂNICA** | **181**

3. Selecione o objeto assistente Sphere01 e mova-o para cima até que fique alinhado com o canto do Lift Cup01. (Tem um controlador de ligação, de maneira que você precisará usar Set Position, para movê-lo.) Como a sua posição foi estabelecida no quadro 0 e você está no quadro 46, aparece uma caixa de diálogo perguntando: "Você tem certeza que quer animar a posição deste objeto?". Clique OK e delete a chave original no quadro 0.

4. Vá para o quadro 199, onde a esfera fez um circuito completo que começou no quadro 46. Na Track Bar, mova de volta (para a esquerda) a chave final de Lift Cup01 até que a copa fique alinhada com a esfera (quadro 199). A esfera é um assistente que deverá facilitar o ajuste do percurso da esteira rolante. Delete Sphere01. Vá para o quadro 46.

5. Escolha Select and Rotate ou Select and Scale. *Não use o Select and Move.* Selecione Lift Cup01, mantenha apertada a tecla Shift e clique sobre a copa para fazer 11 instâncias a mais. Todas elas deverão ficar no mesmo lugar. Selecione todas as copas.

6. Faça um Hold. No painel Utilities, escolha Max Script e clique no botão Run Script. Escolha Key_Shifter.ms. Na caixa de diálogo que aparece, clique o botão Selected, ajuste Shift Keys para **13** e clique Shift Time. Feche a janela da caixa de diálogo.

**Observação**: Como o número 153 (o circuito de tempo) não é exatamente divisível pelo algarismo 12 (o número de copas), existe uma pequena diferença entre duas das copas.

**Observação**: O script não adiciona esta ação à pilha Undo, assim, se você cometer um erro, deverá consertá-lo (Fetch) e retornar à etapa 6.

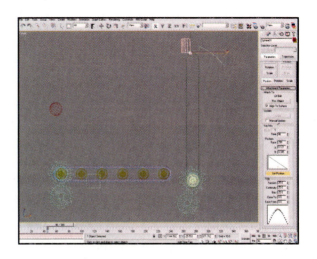

*Lift Cup01 com o limitador Path: Sphere01 está alinhado com Set Position.*

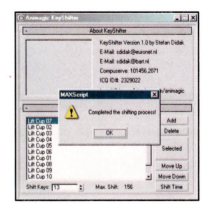

*A caixa de diálogo KeyShifter.*

7   Vá para o quadro 162. Para transferir a bola para a mais próxima das copas, você tem que mudar as chaves para todas elas. Selecione todas as copas e abra a Track View Selected. No Edit Keys, clique o botão Show Subtree e mova todas as chaves das copas para a esquerda até que a copa fique em posição de receber a bola no quadro 162. Feche a Track View.

As copas giram com perfeição, mas nada entra em movimento até o quadro 46, assim, a mesma coisa acontecerá com as copas. Para "pegar" cada copa que se eleva na posição certa, você terá que adicionar uma chave no quadro 46 para cada trilha da copa, *antes* de configurar o tipo em Parameter Out of Range como constante.

8   Vá para o quadro 46 e ligue o botão Animate. Selecione (*não* Select and Move) cada copa e configure uma chave para cada uma delas no quadro 46 clicando no indicador Percent, uma vez para cima e outra vez para baixo. Este método funciona bem para configurar uma chave de animação não transformadora. Delete as chaves intermediárias na Track Bar, à medida que você avança.

9   Você agora pode trocar o tipo no Parameter Out of Range para Constant. As copas conservam suas posições relativas e não se movimentam até o quadro 46.

Se você passa a bola diretamente para a copa, ela ficará atravessada na beira da copa. Para conseguir que a bola continue e rode dentro da copa, você precisa preparar um dummy.

**Observação**: Devido à natureza de muitas destas técnicas, pequenas variações podem evitar que o número de quadros coincidam com a numeração do tutorial. Se isso acontecer, simplesmente acrescente ou diminua o deslocamento e continue.

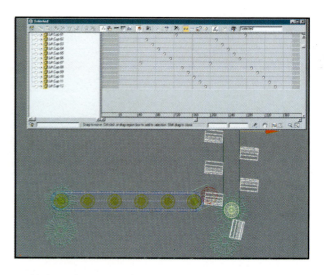

*Mude as chaves para alinhar a copa com a bola no quadro 162.*

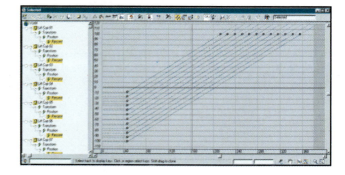

*Em Function Curves, você pode ver que as copas que se elevam tem novas chaves no quadro 46, as chaves intermediárias foram deletadas, e nenhum movimento ocorrerá até o quadro 46.*

10  Faça um dummy e nomeie-o como **Dummy Lift** e alinhe-o com a bola. Ligue-o à copa no quadro 162. Fixe a posição e a chave de rotação para o dummy no quadro 162.

11  Selecione a bola e Add Link para Dummy Lift. Ligue o Animate e vá para o quadro 173. Mova (ou Move and Rotate) o dummy até que a bola repouse contra o elevador. Centralize-a na copa e desligue Animate.

12  Adicione Dummy Con-veyor Belt, Lift Wheel01 e as rodas do transportador ao conjunto de seleção Conveyor Belt Assembly e esconda-os. Se até agora você não o fez, delete Sphere01.

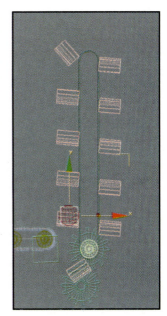

*O dummy com a bola repousando contra o elevador no quadro 173.*

# LANCE A BOLA

Este é outro caso em que um dummy no caminho dará maior controle que uma animação direta. Usar quadros-chaves na posição de cada quadro de um objeto raramente resulta em uma animação direta. Ajustando os vértices do caminho e de seus cabos, você pode controlar a velocidade e a posição, *e* resultando em uma animação suave, e tudo isso de uma vez só!

1  Revele o conjunto de seleção Grabber Assembly. Você verá os seguintes objetos: Line Drop From Lift, Claw Right, Claw Left, Grabber Assembly e End Platform.

2  Crie um dummy e nomeie-o como **Dummy Drop From Lift**. Coloque nele um limitador Path e escolha Line Drop From Lift para o caminho. Marque Follow, Allow Upside Down.

3  Na Track Bar, estabeleça a chave de partida em **228** e a final em **233**. Selecione a bola e Add Link no quadro 228 para Dummy Drop From Lift.

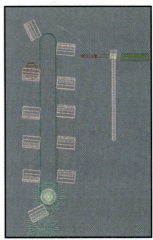

*O Grabber Assembly.*

4   Selecione o dummy. Na Track View, faça a curva mais empinada no final para dar à bola uma velocidade extra.

5   Ajuste o vértice final do caminho de maneira que bola fique estável no utilitário de captura. Passe quadro por quadro e ajuste os cabos, se for necessário, assim, a bola não atravessa a copa e cai.

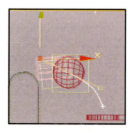

*Ajuste o caminho para receber a bola no utilitário de captura.*

## MONTAGEM DO CONJUNTO DE CAPTURA

Se você quer ter mais prática em manipular a posição e rotação das chaves para objetos que precisam parar e começar repetidamente, você pode consultar o Bônus Projeto 5, no CD-ROM em anexo, para encontrar instruções e figuras sobre como fixar a linha do tempo e ajustar a posição e rotação do caminho da animação dos conjuntos de captura. A interpolação padrão que o max oferece pode às vezes produzir resultados inesperados. A seção de bônus trata das diversas falhas que podem ocorrer quando você usar este tipo de animação.

Você pode omitir esta animação e ir direito para a animação terminada. Observe o leve movimento que foi adicionado ao conjunto de captura, no momento que este sobe e desce.

1   Delete Grabber de reserva, Claw Left, Claw Right e End Platform. Incorpore o mecanismo Grabber Assembly do arquivo **ArticulateTheGrabberClawAssembly.max**.

   Você verá os seguintes itens: Grabber Sleeve, Claw Left, Claw Right e End Platform.

2   Você pode achar necessário trocar levemente as chaves de animação do objeto incorporado para que coincida com sua sincronização. Você pode fazer isso com cuidado na Track Bar.

3   Adicione Link à bola nos mecanismos de captura, no quadro 233 e na plataforma no quadro 263.

4   Quando você ficar satisfeito com os resultados, revele tudo e faça um exame prévio da animação completa. Ajuste como necessário e acrescente algum toque sutil onde achar conveniente.

## Vamos terminar!

Chegou o momento de apreciar o resultado de seu trabalho. A animação de uma grande variedade de objetos é uma tarefa que toma muito tempo; em consideração a isso, estamos fornecendo os objetos de suporte, os materiais e a iluminação. Você deve querer renderizar a cena completa no modo Draft (rascunho) com os mapas e sombras desligados antes de incluir todas as "firulas". Chegou a hora de terminar!

1. Em Environment, repare que existe um mapa preparado no local. Marque Use Map. Revele tudo.

    Inicialmente, existe uma geometria na cena com um material complexo que aumenta bastante o tempo de renderização. Como não existem sombras que a afetem e a câmera estar fixa, é muito mais eficiente renderizar a cena e posteriormente trazê-la de volta como um plano de fundo com um mapa de bits.

*A imagem do plano de fundo.*

2. Para adicionar todos os objetos de apoio, incorpore o conteúdo de **Support.max**, dentro da sua cena. Tudo deverá ficar no seu lugar, mas você deverá verificar duas vezes, só para certificar-se que nada foi movido inadvertidamente.

    Este arquivo tem um segunda câmera para o caso de a Camera01 ter sido movida.

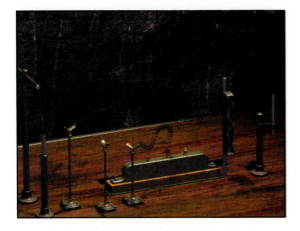

*Adicione os objetos de apoio.*

3. A pequena luz verde no encaixe da engrenagem tem algum ruído nos dois multiplicadores Omni Green e no material Light Bulb. Selecione Omni Green e a relação Atmospheres & Effects, clique Add, destaque Volume Light, selecione Existing e clique OK.

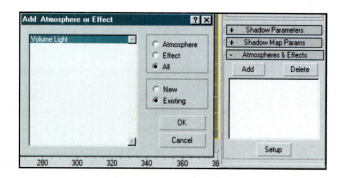

*Adicione o efeito Volume Light ao Omni Green.*

4. Abra a Track View, destaque Multiplier sob Omni Green e clique no botão Copy Controller. Sob Environment/Volume Light, selecione Density and Paste e escolha Instance. A densidade do volume da luz agora usa os mesmos valores do multiplicador da luz e a auto-iluminação do material Bulb.

5. A bobina tem ruído nos vértices interiores de seu caminho de deformação. Verifique na Track View para ter certeza do motivo pelo qual os diversos ruídos não se iniciam até o quadro 46 quando tudo começa a funcionar.

Você está livre para experimentar com outros objetos. Também tem uma mancha de movimento nas engrenagens e na esteira rolante. Você pode desejar adicionar Blur na bola ou em qualquer outro objeto móvel.

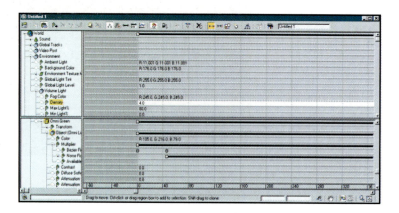

*Copie a trilha do Omni Green na trilha Density do Volume Light.*

Projeto 8 - MÁQUINA MECÂNICA | **187**

6   Troque o render de Draft para Production para rodar a renderização final para incluir o mapeamento, as sombras e o efeito do volume luminoso.

O arquivo final de nome **MechanicalMachineComplete.max**, pode ser encontrado no CD-ROM em anexo.

*A máquina concluída.*

## *Modificações*

As pessoas familiarizadas com as máquinas malucas tipo "Rube Goldberg" provavelmente tem um monte de idéias para acrescentar mais coisas nesta pequena animação. Aqui estão algumas sugestões para você começar a pensar.

Adicione alguma rotação na bola e quando ela entrar em contato com a esteira rolante, por todos lados os elementos começarão a girar. Lembre-se de estabelecer uma chave onde cada rotação começa antes de animar o movimento. A sincronização da esteira rolante foi configurada para ficar um pouco comprida, de maneira a permitir que você a anexe à animação sem ter que mudar a duração do tempo. Você pode desejar ter um sistema de partículas que pulverize sobre a bola enquanto ela percorre ao longo da esteira rolante, animando uma mudança de cor. Talvez outro conjunto possa voar para fixar uma etiqueta na bola à medida que ela percorre.

Como alternativa, faça com que o pouso da bola no final da plataforma sirva de "gatilho" para deter o movimento dos diversos componentes. Dica: Faça isso na Track View.

Outra idéia pode ser ter um esguicho (o objeto Hose será ideal para esse fim) para que encha a bola quando ela chegar no final da plataforma (possivelmente a ponto de explodir).

Para realmente entrar no espírito "Rube", você pode transformar o final da plataforma em uma rampa de esqui e fazer cair a bola em um cesto que está amarrado a um balão que uma vez solto, provoca a sua elevação dando um toque no ventilador enquanto sobe, que ao ligar empurra o balão para um conjunto de faca que corta a corda, deixando cair a bola em um dos pratos de uma balança que bate no martelo que cai e quebra o prato, esmaga a bola e toca no prato, deixando deslizar a bola que pousa na sua borda e rola para baixo por uma pista, disparando luzes coloridas e por aí vai... Você já entendeu a idéia! Quanto mais maluco, melhor, e cada seção pode ser desenhada para agir de forma independente ou para ser ativada pelo módulo anterior.

Rube usou na verdade muitos elementos não mecânicos nas suas montagens: pássaros, botas, pneus, o que você puder imaginar, ele usou! Muitas escolas realizam competições anuais "Rube Goldberg" para ver quem usa maior quantidade de passos para completar uma simples tarefa encomendada! Jogos de tabuleiro e até de computadores foram inspirados pelas suas invenções criativas. Um .avi dos testes preliminares desta animação, o RubeTea.avi, está incluído no CD-ROM em anexo.

Para saber mais sobre Rube Goldberg, seus cartuns e suas invenções, visite o site **http://www.rube.iscool.net/**.

Divirta-se!

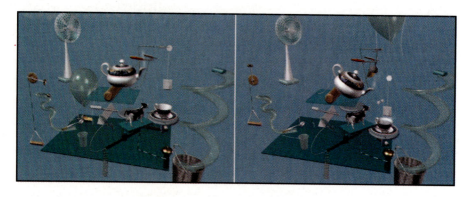

*Criando uma xícara no estilo Rube Goldberg.*

CRIE UMA PAISAGEM
OCEÂNICA TORMENTOSA

# OCEANO TORMENTOSO

Os bem-sucedidos efeitos do filme Mar em fúria se apoiaram intensamente nos efeitos especiais gerados por computador, para reconstituir o impacto da lendária tormenta que se formou no Atlântico Norte em outubro de 1991. Existe uma dinâmica das ondas bem definida que se apresenta no alto mar, mas apesar de muitas pessoas não conseguirem descrevê-la com precisão, se o efeito não está montado corretamente, alguma coisa passa a impressão de estar errada. A primeira tarefa é a de separar a propagação das ondas através da massa líquida da visão de relativa imobilidade da água.

*"Jorrando violentamente dez metros no ar, as águas brilhavam (...) como se espirrassem de fontes e, em seguida, desfaziam-se em uma chuva torrencial, deixando a agitada superfície do mar com uma aparência cremosa, como se fosse feita de leite fresco (...)."*

— Herman Melville, Moby Dick.

*Projeto 9*
# Oceano tormentoso
*Por Sean Bonney*

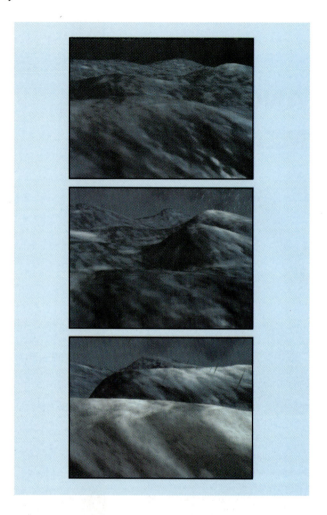

## Como funciona

Neste tutorial, você criará uma paisagem marítima tormentosa usando o deslocamento como ferramenta básica na animação de grandes ondas de água. Você criará texturas detalhadas no Material Editor para colorir adequadamente a água e incrementar as perturbações superficiais associadas com o mau tempo. Você usará um simples, mas convincente truque de clonagem para criar uma camada de espuma flutuante. Finalmente, você aumentará a atmosfera e profundidade da cena com uma névoa que vem de longe e com pingos de chuva.

# O INÍCIO

Inicie o 3ds max 4 e abra o arquivo **StormySea.max** da pasta do projeto no CD-ROM em anexo.

## COMO CRIAR UM MAR AGITADO

A ferramenta principal para criar as ondulações encontradas em um mar tormentoso será o deslocamento. Você animará um mapa Noise que servirá de guia para a formação das ondas e que se alinharão com o recurso Displace de tal maneira que criarão o modelo esperado de cruzamentos e picos.

1. Crie um plano para servir de base para a paisagem marítima, com os valores de X = 0, Y = 0 e Z = 0. Nomeie este objeto como **Sea**. Estabeleça os seguintes valores:

    Length: **1000**
    Width: **1000**
    Length Segs: **20**
    Width Segs: **20**
    Generate Mapping Coords: **On**

2. Para ter certeza de que este plano é renderizado com faces suficientes, fixe Density em **3**.

    As configurações de Render Multiplier permitem-lhe especificar fatores com os quais alterar os valores-chave no momento de renderizar. Se o plano completo é deslocado para criar as ondas, as bordas poderão, às vezes, surgir. Para evitar isso, selecione apenas a parte central do objeto para deslocar.

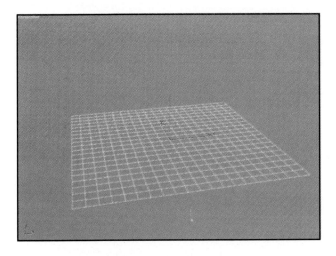

*Crie um plano para servir de base para o oceano.*

3 Aplique um modificador Volume Select. Estabeleça os seguintes valores:
Stack Selection Level: **Vertex**
Select By: **Cylinder**

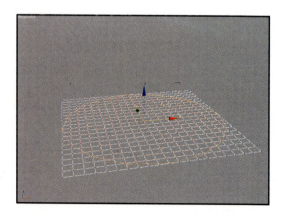

*Aplique um modificador Volume Select para restringir
os futuros modificadores para afetar apenas o centro do plano.*

**Observação**: O modificador Edit Mesh pode ser usado para alcançar a mesma seleção, mas com um elevado custo computacional. Por esse motivo é aconselhável usar Volume Select, sempre que possível.

4 Vá para o modo Gizmo/Sub-Object. Vá para o visor Top e configure como Non-uniformly Scale o recurso em 85% no plano XY View.

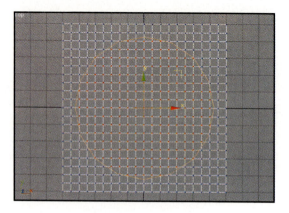

*Reduza o tamanho do recurso Selection
para eliminar as bordas do plano.*

5   Saia do modo Sub-Object. Para suavizar um pouco o efeito, vá para a relação Soft Selection e estabeleça os seguintes valores:

Soft Selection: **On**
Falloff: **70**

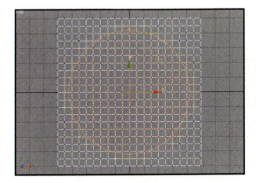 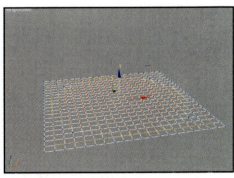

*Ative Soft Selection para desbotar gradualmente a seleção.*

6   Aplique um modificador Displace. Ajuste Strength em **300**. Na relação Modifier procure a área Map e fixe Length and Width em **900**. Marque a caixa Apply Mapping para aplicar o mapeamento do modificador Displace como um canal de mapeamento UV.

**Observação**: Aplicar o mapa Displacement como um canal UV pode ser útil quando é necessário alinhar materiais com deslocamento.

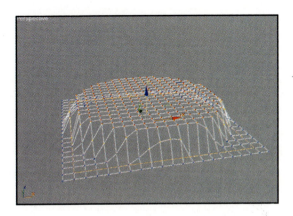

*Aplique o modificador Displace para criar as ondas.*

7   Na área Channel, fixe o valor **2** no Map Channel.

Isto criará um canal de mapeamento UV separado do primeiro canal, que foi configurado no painel Creation do objeto Plane. Este canal de mapeamento também será usado para aplicar materiais baseados no mapa Displacement.

8   Clique o botão denominado None sob Maps e selecione um mapa Noise.

Este mapa será usado para determinar a forma das ondas e servirá como base para diversas texturas.

9   Abra o Material Editor e arraste o mapa Noise até um slot de material não usado, escolhendo Instance como método. Nomeie este material como **Big Waves** e defina os seguintes valores para ter certeza que este mapa cria os deslocamentos de acordo com as instruções do recurso Displace:

Source: **Explicit Mapping Channel**

Map Channel: **2**

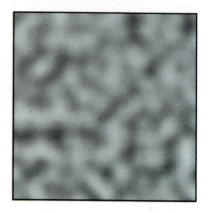

*As ondas serão criadas pelo mapa Noise, mostrado aqui na configuração padrão.*

10   Na relação Noise Parameters, fixe o Size para **0.1**.

Este mapa Displacement precisa rolar lentamente através do curso da animação.

11   Ligue Animate, vá para o quadro 200, e estabeleça os seguintes valores:

Coordinates

U, Offset: **-0.05**

Noise Parameters

Phase: **0.75**

Desligue o botão Animate.

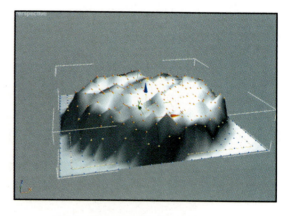

*Desloque as ondas usando o mapa Noise.*

12  Vá para o visor Camera e deslize o cursor do tempo para ver as ondas ondulando lentamente.

Certamente, a solução renderizada será três vezes maior que a mostrada no visor, devido à configuração estabelecida no Render Multiplier no painel Creation do objeto Plane.

As ondas são deslocadas verticalmente ao longo de View Z-axis. Isto acontece pela ação do alinhamento do recurso Displace ao longo do plano View XY. Para criar a ilusão das poderosas ondulações impulsionadas pelo vento, você precisa girar o recurso Displace.

*Aumentar o Render Multiplier resulta na obtenção de malhas mais suaves na hora de renderizar, sem ter que trabalhar com objetos de alta resolução na cena.*

13  Vá para o visor Front e selecione o recurso Displace. Gire o recurso 50 graus no View Z-axis. As ondas agora estão sendo empurradas em um ângulo.

Esta forma das ondas será suficiente para as ondas pesadas que definem a textura em grande escala de um mar tormentoso. A definição das ondas menores será criada em texturas.

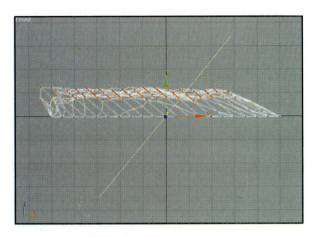

*Gire o recurso Displace para criar formas de ondas que parecem ser "empurradas" através do oceano.*

## A TEXTURA DO MAR

As texturas usadas para aprimorar o efeito são fundamentais. As texturas se tornam ainda mais importantes quando são usadas para criar um nível de superfície real, para adornar as características geométricas da superfície marítima, como é o caso da espuma nas cristas e névoas que você configurará nesta seção.

1. Selecione um slot de material livre e nomeie-o como **Waves**. Atribua este material ao objeto Sea. Ajuste os seguintes valores na relação Basic Parameters:

    Self-Illumination: **25**
    Specular Highlights
        Specular Level: **40**
        Glossiness: **40**

> **Observação**: Mais tarde, nesta seção, será criado um mapa Specular. Entretanto, ele define apenas parcialmente os valores especulares neste material.

2. Atribua um mapa Mix para o canal Diffuse e nomeie-o como **Wave Diffuse Color**.

    Neste canal, você misturará um mapa para a cor geral com um mapa para a espuma tipicamente encontrada nas cristas das ondas.

3. Atribua um mapa Noise ao slot Color #1 e nomeie-o como **Wave Base Color**. Na relação Coordinates estabeleça os seguintes valores:

    Source: **Explicit Mapping Channel**
    Map Channel: **1**

> **Observação**: O canal UV para este mapa é o mapeamento original configurado no painel Creation, oposto ao mapeamento criado dentro do modificador Displace. Também é necessário escolher Explicit Mapping Channel toda vez que os canais de mapeamento UV estão em uso.

*Crie um material brilhante e levemente auto-iluminado como a base para a textura da água.*

**4** Na área Tiling, ajuste os seguintes valores:

Tiling
> U: **0.5**
> V: **2.0**

Dotar o mapa com estes valores compensa as distorções criadas pelo modificador Displace. Este mapa será um mapa de turbulência de pequena escala.

**5** Fixe a distribuição das cores ligeiramente próxima do slot Color #1. Estabeleça na relação Noise Parameters os seguintes valores:

Noise Type: **Turbulence**
> Size: **0.025**
> Noise Threshold
>> Low: **0.2**

**6** Ajuste Color #1 para **R 20**, **G 35** e **B 45**.

Este mapa será colorido com as cores do fundo do mar, junto com uma sutil mistura de branco brilhante para manter a ilusão das cristas de espuma aleatórias.

**7** Atribua um mapa ao slot Color #2. Permanecendo no Material/Map Browser, selecione Browse From Mtl Editor. Duplique o mapa Wave Base Color como Copy. Permanecendo no slot Color #2, renomeie este mapa como **Foam**.

Os valores na área Coordinates podem permanecer sem alteração, confirmando que os setores do mapa executam as mesmas tarefas que o mapa pai.

*Crie um mapa Noise azul esverdeado para providenciar a textura geral do mar.*

8. Estabeleça os seguintes valores na relação Noise Parameters:

    Noise Type: **Fractal**

    Size: **0.02**

    Noise Threshold

        High: **0.75**

        Low: **0.4**

    Color #1: **R 45, G 60, B 60**

    Color #2: **White**

    Isso criará um mapa do mar quase totalmente verde com pequenas manchas brancas.

9. Vá acima para o mapa Wave Diffuse Color. Atribua um mapa Speckle no slot Color #2 e nomeie-o como **Foam**. Este mapa fornecerá uma textura de borbulhas brancas para as cristas das ondas. Estabeleça os seguintes valores:

    Source: **Explicit Mapping Channel**

    Speckle Parameters

        Size: **0.01**

        Color #1: **R 85, G 100, B 115**

        Color #2: **R 215, G 235, B 235**

---

**Observação**: O Material/Map Navigator é acessível e rápido para mover-se dentro de uma hierarquia. Além do mais, ele apresenta um resumo fácil de ler dos materiais selecionados.

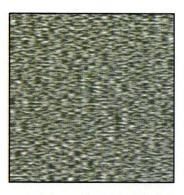

*O mapa do mar, salpicado pela espuma, será aplicado nas áreas selecionadas do mapa Noise pai.*

*Combinar os dois mapas Noise, apresentados aqui no nível Wave Base Color, adiciona um nível de detalhe.*

*O mapa com as borbulhas azul e brancas, criará a espuma usualmente vista nas cristas das ondas.*

**10** Vá para o slot Wave Diffuse Color e arraste o mapa Big Waves criado anteriormente pelo modificador Displace no slot Mix Amount. Use Copy como método de clonagem. Nomeie o novo mapa como **Wave Color Mix Amt**.

Este mapa determinará quais áreas do material são coloridas com a cor básica e quais com a cor da espuma.

Usar um clone modificado do mapa Displacement, permite-lhe misturar os mapas Diffuse baseados na altura das ondas, assim, somente os pontos mais altos das áreas do mar terão a cor da espuma aplicada.

**11** No mapa Wave Color Mix Amt, estabeleça os seguintes valores:

Source
    Map Channel: **1**
Noise Threshold
    Low: **0.55**

Aumentar os valores do nível Low reduz a quantidade de valor Color #2 aplicado. O Color #2 representa o mapa Foam e somente será aplicado quando o mapa Noise estiver configurado no seu valor mais elevado.

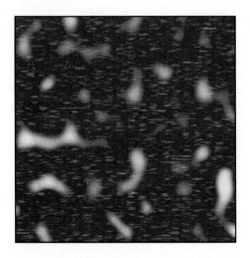

*Modifique um clone do mapa Displacement para servir como um guia para misturar as texturas da onda com as texturas da espuma.*

12 Vá até o mapa Wave Diffuse Color. Na área Mixing Curve, estabeleça os seguintes valores:

Use Curve: **On**

Transition zone

   Upper: **0.4**

   Lower: **0**

Reduzir o valor de transição Upper força os mapas a misturar durante o percurso de uma curva mais empinada de maneira que a fronteira entre as duas texturas serão rígidas e diretamente alinhadas com a transição para os níveis mais elevados das ondas.

13 Vá para cima para a raiz do material Waves e estabeleça a quantidade do canal Bump em **25**. Atribua um mapa Speckle ao canal Bump.

O mapa Bump em pequena escala criará pequenos picos e valas, originados pelas rajadas de vento na superfície do mar.

14 Nomeie este mapa de **Waves Small Bumps**. Estabeleça os seguintes valores:

Coordinates

   Source: **Explicit Mapping Channel**

Speckle Parameters

   Size: **0.35**

   Color #1: **White**

   Color #2: **R 40, G 40, B 40**

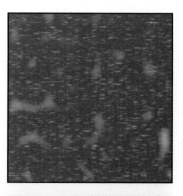

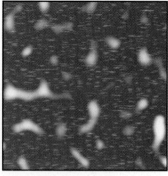

*Reduzir o valor de transição para o mapa Mix intensifica o contraste entre os mapas misturados.*

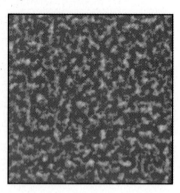

*O mapa Speckle criará a textura da superfície do mar e representa as ondas de pequena escala.*

15 Vá para cima para a raiz do material Waves e na relação Maps, ajuste a quantidade do canal Specular Level em **50**. Arraste o mapa Waves Small Bumps para o canal Specular, usando Copy como método.

**Observação**: A clonagem entre os canais Bump e Specular Level (e ocasionalmente Glossiness) é um método comum de aprimorar o fator "brilho" em um material. Este método facilita conseguir que as porções da superfície que são impulsionadas para o alto pelo canal Bump também sejam as mais brilhantes.

16 Nomeie o novo mapa como **Waves Specular**. Mantenha os valores clonados com estas exceções:

Color #1: **R 140, G 140, B 140**

Color #2: **Black**

É necessário diminuir os valores das cores porque as cores utilizadas criam distinções muito fortes no canal Bump e serão muito brilhantes para o canal Specular, resultando em uma superfície de intenso resplendor.

*Clone o canal Bump para o canal Specular para aprimorar a percepção da textura superficial do mar.*

Estas texturas são responsáveis pela criação de uma ilusão convincente de um mar tormentoso. É importante destacar que o mapa Displacement foi usado para dar ao material um nível de realismo adicional.

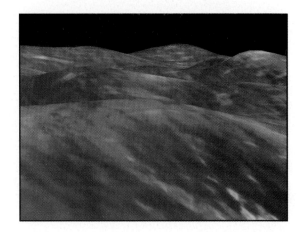

*A textura do mar como mostrada da perspectiva da câmera.*

## Adicione uma camada de espuma

A superfície de uma grande massa de água pode ficar agitada e espumosa sob a influência de ventos fortes e ondas volumosas. A espuma é fragmentada pela ação da água e se move pela superfície de uma maneira quase independente do movimento das pesadas ondas. Nesta seção, você utilizará métodos simples e muito efetivos para criar esta camada de espuma.

1. Vá para o visor Camera e selecione o objeto Sea. Clone-o usando Copy como método. Nomeie-o como **Foam** e mova uma unidade no View Z-axis para que ela repouse justamente acima do mar.

    Em termos de geometria, o objeto se comportará exatamente como o mar, mas um material totalmente diferente será utilizado para dar a aparência da espuma flutuante e movediça.

2. Vá para o Material Editor, selecione um slot de material livre e nomeie-o como **Foam**. Atribua este material ao objeto Foam. Estabeleça os seguintes valores:

    Diffuse: **R 150, G 185, B 210**

    Glossiness: **0**

    A principal função deste material é dar opacidade à cor difusa. Atribua um mapa Noise ao slot Opacity.

**Observação**: Por padrão, as cores Ambient e Diffuse devem estar bloqueadas. Normalmente, a única ocasião em que estas cores funcionam separadamente é quando são usadas para dar um toque na cor do material que aparece nas áreas escuras.

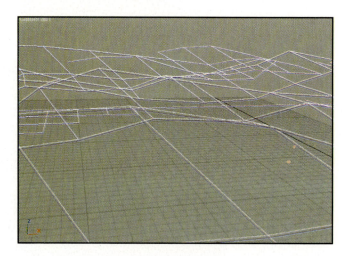

Crie um clone do objeto Sea para servir como uma camada de espuma.

Projeto 9 - OCEANO TORMENTOSO | 203

3   Nomeie este novo mapa como **Foam Opacity**. Estabeleça os seguintes valores:

   Coordinates
   
   Source: **Explicit Mapping Channel**
   
   Noise Parameters
   
   Noise Type: **Fractal**
   
   Size **0.075**
   
   Noise Threshold
   
   High: **1**
   
   Low: **0.27**

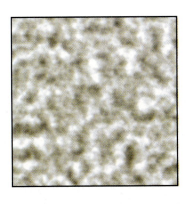

*Este mapa Noise em grande escala determinará onde a espuma será aplicada, em lugar de determinar a forma da espuma.*

O mapa de alto contraste será usado como uma máscara para randomizar a distribuição de um mapa Noise de menor escala. Desta maneira, a espuma não aparecerá para permanecer absolutamente constante quando flutuar sobre as ondas.

*Crie um mapa Noise em menor escala para controlar a forma da espuma, mascarada pelo mapa pai.*

4   Aplique um mapa Noise no slot Color #1. Nomeie este mapa como **Foam Opacity Detail**. Estabeleça os seguintes valores:

   Coordinates
   
   Source: **Explicit Mapping Channel**
   
   Noise Parameters
   
   Noise Type: **Fractal**
   
   Size: **0.01**
   
   Noise Threshold
   
   High: **0.65**
   
   Low: **0.5**

5   Este mapa precisa ser muito escuro, em conseqüência adicione apenas leves toques de espuma. Estabeleça os seguintes valores:

   Color #1: **Black**

   Color #2: **R 55, G 55, B 55**

6   Ligue o botão Animate e vá para o quadro 200. Estabeleça as seguintes chaves no mapa Foam Opacity Detail:

   Offset

   U: **-0.1**

   Noise Parameters

   Phase: **0.3**

   Isto fornecerá a aparência adequada. A espuma precisa fluir lentamente contra as ondas, reciclando o movimento por fases.

7   Vá ao nível do mapa Foam Opacity e estabeleça as seguintes chaves:

   Offset

   U: **-0.25**

   Noise Parameters

   Phase: **0.25**

   Estes dois mapas executarão o ciclo lentamente à medida que eles giram através da superfície das ondas. Desligue o botão Animate.

Ao adicionar esta camada semitransparente de espuma, a ilusão do mecanismo adequado das ondas se estabelece. As ondas devem aparecer propagando-se com força sem necessariamente movimentar a água. Qualquer um que lançou uma rolha ou um objeto similar no meio de ondas pesadas pode comprovar que a rolha, junto com as águas próximas, sobe e desce à medida que passa a energia das ondas.

**Observação**: Se você desejar examinar previamente como se comporta o material animado, a função Create Material Preview no Material Editor é uma ferramenta jeitosa para fazê-lo. Você encontrará uma versão preliminar renderizada do material das ondas, na pasta do projeto no CD-ROM em anexo, sob o nome **Waves Preview.avi**.

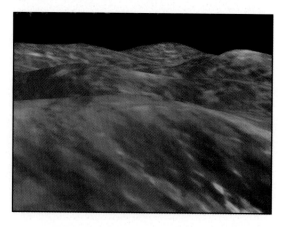

*O objeto Foam adiciona uma interessante dinâmica na superfície da água, especialmente quando esta se anima.*

# ADICIONE ATMOSFERA À TORMENTA

Uma cena como esta parece um pouco nua sem névoa envolvente, nuvens e céus escuros associados com o tempo tormentoso. Nesta seção, você irá adicionar um mapa Environment e uma névoa distante.

1. Abra a caixa de diálogo Environment. Clique no botão Environment Map na área Background e atribua um mapa Gradient.

2. Arraste o mapa para um slot vazio no Material Editor, usando Instance como método de clonagem. Nomeie este mapa como **Sky Gradient** e estabeleça os seguintes valores de cores:

    Gradient Parameters

    Color #1: **R 15, G 20, B 35**

    Color #2: **R 40, G 95, B 95**

    Color #3: **R 40, G 55, B 80**

3. Para acrescentar um pouco de redemoinho neste mapa, determine os seguintes valores na área Noise sob Gradient Parameters:

    Amount: **0.2**

    Size: **2.0**

    Este mapa precisa fazer um ciclo lento, como se fosse empurrado pelo vento.

**Observação**: O propósito deste mapa é fornecer a cor geral para o céu. Se parece estar demasiado intenso nesta etapa é aceitável, porque a névoa será sobreposta mais tarde nesta seção.

*Use um Gradient para fornecer
um plano de fundo envolvente e sombrio.*

4   Ligue o botão Animate, vá para o quadro 200 e fixe Noise Phase em **0.35**. Desligue o botão Animate.

A névoa para esta cena será baseada na distância da câmera.

*Uma textura de plano de fundo apropriada acrescenta um toque sutil à cena.*

5   Selecione a câmera e vá para o painel Modifier. Para configurar a faixa da névoa próxima da câmera e estendendo-se para além do limite das ondas, estabeleça os seguintes valores:

Environment Ranges
   Near Range: **50**
   Far Range: **1000**

6   Retorne à caixa de diálogo Environment e acrescente um efeito Fog. Fixe Fog Color em **R 50**, **G 75**, **B 85**.

**Observação**: Uma boa regra genérica para a cor da névoa é escolher uma cor similar a cor do plano de fundo. Para as cenas com luzes fracas, reduza os valores de Saturation e Value. Da mesma maneira, cenas com luzes brilhantes necessitam de cores fortes para a névoa.

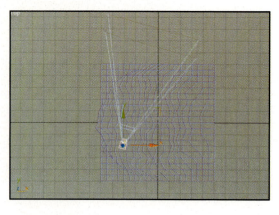

*Os fatores Environment Ranges da câmera determinam a que distância a névoa é aplicada, mostrada aqui com a opção Show marcada.*

**Projeto 9** - OCEANO TORMENTOSO | **207**

7  Na área Standard, estabeleça os seguintes valores para que a névoa fique quase transparente em Near Environment Range da câmera e o valor será 90% Opacity no Far Range:

Exponential: **On**
Near%: **15**
Far%: **90**

8  Clique o botão de Environment Opacity Map e atribua um mapa Gradient. Marque o botão Use Map.

O grau de opacidade será determinado por um mapa Environment antes que sejam aplicadas as porcentagens anteriores.

9  Arraste o novo mapa para um slot vazio do Material Editor e nomeie-o como **Camera Fog Opacity**. Para aplicar esta imagem à cena usando um mapa de estilo "envoltura pronta", estabeleça os seguintes valores:

Coordinates
    Environ: **On**
    Mapping: **Shrink-wrap Environment**

10  Fixe os seguintes valores de ruído na relação Gradient Parameters para adicionar alguma característica ao corpo da névoa:

Noise
    Amount: **0.35**
    Type: **Turbulence**
    Size: **0.75**

O mapa Opacity será animado para fazer um ciclo através da cena em um estilo, similar ao mapa de plano de fundo Sky Gradient.

**Observação**: A caixa de verificação Exponential aumenta a média de amostras para evitar a separação em faixas (banding). Isto deve ser aplicado somente quando a névoa for aplicada em uma cena que inclui objetos transparentes.

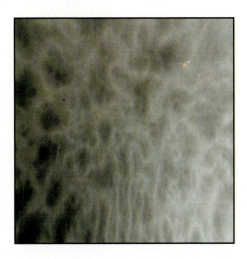

*O mapa Opacity realizará um ciclo através da cena similarmente ao mapa de plano de fundo Sky Gradient, criando um efeito de névoa.*

**11** Ligue o botão Animate, vá para o quadro 200 e fixe Noise Phase em **0.7**. Desligue o botão Animate.

A névoa é usada nesta cena representando um evento meteorológico específico. As cenas que não descrevem um tempo ruim, também podem tirar proveito do efeito névoa. Até o ar relativamente claro contém grandes quantidades de partículas de poeira em suspensão e vapor de água que contribuem para a bruma distante.

*A adição da bruma distante acrescenta a ilusão da atmosfera apropriada e uma profundidade melancólica da cena.*

## COMO FAZER CHOVER

O último elemento atmosférico a ser adicionado nesta cena é uma breve rajada de chuva. As partículas representando os pingos individuais de chuva serão projetadas de um emissor móvel, que será configurado para varrer através do campo visual da câmera. Este recurso aumentará a ilusão do tempo tormentoso e reforçará a profundidade da cena à medida em que a chuva varre por cima das ondas.

**1** Vá para o visor Top e crie um plano com as coordenadas X = 330, Y = 345, Z = 360. Nomeie este objeto como **Rain Emitter**. Estabeleça os seguintes valores:

Length: **250**

Width: **400**

Length Segs: **1**

Width Segs: **1**

Esta malha servirá como um emissor para as partículas de chuva. A diferença com os outros tipos de emissores, é que a contagem do vértice atual não afeta a geração das partículas.

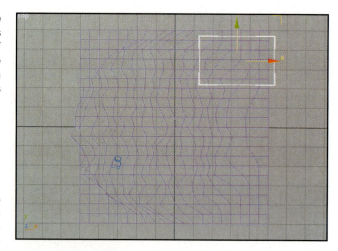

*Crie um plano que servirá como um emissor de partículas.*

**Projeto 9 - OCEANO TORMENTOSO** | **209**

2   Clique com o botão direito do mouse o objeto Rain Emitter, selecione Properties e limpe a caixa de verificação Renderable, para ter certeza que este objeto não efetue o processo de renderização inadvertidamente. Vá para o quadro 200 e ligue o botão Animate. Mova o objeto para X = 20, Y = -30, Z = 360.
   Isto movimentará a chuva através da cena.

**Observação**: A exposição da trajetória de um objeto pode ser ativada através da relação Display Properties no painel Display ou clicando com o botão direito do mouse no objeto, abrindo a caixa de diálogo Properties e marcando na caixa apropriada na área Display Properties.

3   Crie um sistema de partículas PCloud. A posição do ícone não é importante.

4   Na relação Basic Parameters, clique o botão Pick Object e escolha o objeto Rain Emitter.

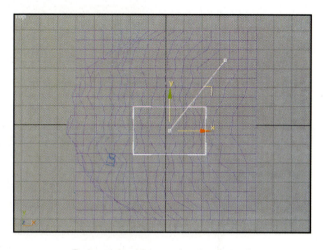

**Observação**: Sob Viewport Display, você deve reduzir Percentage of Particles para um valor baixo (digamos 10%), dependendo da velocidade disponível do computador.

*Tecle o emissor para movimentar-se através da cena, mostrado aqui no modo Trajectory.*

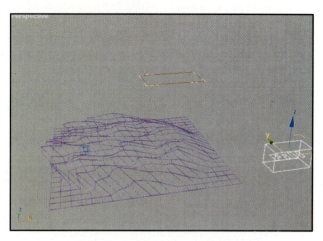

*Crie um sistema de partículas PCloud para controlar as propriedades das partículas emitidas.*

**5** Vá para a relação Particle Generation e estabeleça os seguintes valores, para gerar um fluxo contínuo de partículas caindo em um ângulo agudo através da cena:

Particle Quantity
 Use Rate: **55**
Particle Motion
 Speed: **20**
 Variation: **20**
Direction Vector: **On**
 X: **-0.5**
 Y: **0**
 Z: **-1**

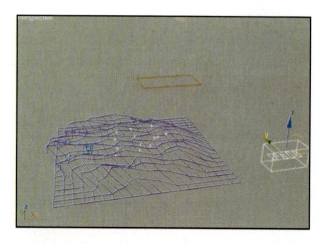

*Configure Direction Vector para enviar as partículas através da janela da câmera em um ângulo agudo, mostrado no quadro 25.*

**6** Estabeleça os seguintes valores na área Particle Timing:

Emit Stop: **200**

Display Unit: **200**

Life: **20**

Isto garante que as partículas desapareçam pouco tempo após atravessar a água (para economizar computação) e que elas serão exibidas ao longo da cena.

**7** Ajuste Particle Size em **5**. Vá para a relação Particle Type e fixe o tipo Standard Particles em Facing.

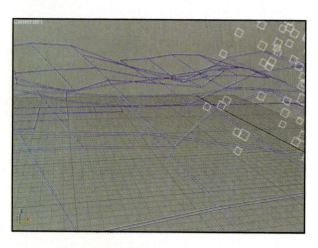

*Use partículas Facing para representar a chuva.*

**Observação**: As partículas Facing renderizam mais rapidamente que a malha ou as MetaParticles e são preferíveis quando é necessário utilizar efeitos planos (e não dimensionais) e fantásticos.

**8** Vá para a área Mat´l Mapping and Source e clique o botão Get Material From para atribuir o material do ícone PCloud (criado posteriormente nesta seção) à chuva de partículas.

9   Selecione um slot vazio no Material Editor, nomeie-o como **Rain** e atribua-lhe o ícone PCloud. Estabeleça os seguintes valores:

   Face Map: **On**

   Diffuse Color: **R 170, G 190, B 195**

   Specular Highlights

       Specular Level: **0**

       Glossiness: **0**

10  Atribua um mapa Gradient ao canal Opacity e nomeie-o **Rain Opacity**. Para comprimir este gradiente horizontalmente, ajuste U, Tiling em **12**.

   A principal função deste mapa será no canal Opacity, local onde um gradiente será usado para criar a ilusão dos riscos dos pingos de chuva.

Os emissores PCloud são muito úteis quando se necessita montar uma emissão na totalidade de uma área (por exemplo: na chuva, neve ou vapor criados em uma área limitada).

> **Observação**: Mapear a face é o tipo de mapeamento preferido para as partículas Facing porque ele aplica uniformemente o material através da partícula sem divisão ou distorção.

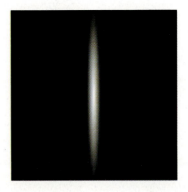

*Use as partículas Facing para representar a chuva.*

*A chuva adiciona realismo e profundidade à cena, mostrada aqui no quadro 200.*

## Modificações

Seria uma coisa fácil fazer esta superfície aquática mais detalhada. Aumentando a resolução do plano original (em conjunto com um valor mais elevado no Render Density Multiplier) para dispor uma malha suficientemente densa, seria possível usar o canal Bump criado neste tutorial como um mapa Displacement adicional.

Utilizando Atmospheric Apparati para conter névoa, nuvens específicas poderão ser configuradas para atravessar a cena em conjunto com o movimento de outros objetos como barcos.

A rajada da chuva poderá ser aprimorada usando Object Mutations e um Object Deflector, para criar o efeito da fragmentação das gotas de chuva no momento do impacto com o mar. Observe que as gotas da chuva precisam ser representadas neste caso pela Instanced Geometry.

# TEXTURAS PARA JOGOS

*"Pedaços de entulho (...) vigas enferrujadas que haviam suportado um sanitário, uma linha de azulejos acima das vigas, uma lareira com uma grade metálica, camadas de papel de parede coladas. Lajes de piso derrubadas (...) uma viga grossa oxidada projetada sobre os pátios (...) tijolos pontudos (...) amontoados sobre as vigas (...) Alguma coisa repousa embaixo dos tijolos. Olhos. Um rosto."*

— Ramsey Campbell,
The dool who ate his mother.

## CRIE TEXTURAS SOB MEDIDA PARA USAR EM JOGOS

Neste tutorial, você criará uma textura para ser usada nos mecanismos de jogos 3D. Você aproveitará a capacidade do Material Editor para construir materiais detalhados e sobrepostos, empregando figuras geométricas simples para aumentar sua complexidade. Você iluminará a textura para criar o efeito tridimensional sem provocar focos de distração. Finalmente, você utilizará recursos de edição de imagens para refinar a textura e eliminar todos os vestígios de marcas óbvias.

*Projeto 10*
# Texturas para jogos
*Por Sean Bonney*

## O INÍCIO
Ligue o 3ds max 4 e abra o arquivo **GameTextures.max**, da pasta deste projeto no CD-ROM em anexo. Alguns objetos da cena foram fornecidos, mas inicialmente você deverá trabalhar no Material Editor.

## CRIAÇÃO DA TEXTURA DE UM OBJETO METÁLICO ENFERRUJADO NO MATERIAL EDITOR

O Material Editor do 3ds max 4 é uma ferramenta muito poderosa para criar texturas sob medida; você pode criar texturas para usar nos jogos, quase sem abandonar o Material Editor. Nesta seção, você criará um material complexo e de aspecto muito realista.

1   Abra o Material Editor, selecione um novo material e nomeie-o como **Old Metal**.

2   Ajuste Bump Amount em **35**, atribua um mapa Noise ao canal Bump e estabeleça os seguintes valores:

   Source: **Explicit Map Channel**
   Noise Parameters
       Noise Type: **Fractal**
       Noise Threshold
           High: **0.65**
           Low: **0.4**
   Size: **0.1**

3   Nomeie este mapa como **Metal Bump #1**. Estas especificações produzirão um mapa Bump de média densidade. Aproximar as especificações do Noise Threshold significa que os limites entre as áreas do Color #1 e do Color #2 ficarão nítidos, simulando um material sobreposto.

---

**Observação**: É altamente recomendável que você nomeie cada material e mapa com um nome característico e único. Isso facilitará a navegação através da hierarquia do material assim como permite localizar os mapas específicos para clonar.

4   Ajuste Color #1 em **R 196, G 196, B 196**. Esta será uma área relativamente elevada de alívio de choques.

---

**Observação**: O canal de mapeamento explícito não é estritamente necessário na criação de texturas que serão aplicadas a simples objetos inanimados. O benefício principal do mapeamento explícito é que os materiais ficam colados nos objetos, estejam estes sendo animados ou deformados. Entretanto, o mapeamento explícito facilita muito a animação dos objetos da cena, se for necessário, sem a mudança de escalas requerida quando se faz a conversão de um Object ou do espaço do World. Por esse motivo, é uma boa prática empregar o mapeamento explícito toda vez que não for necessário um mapeamento tridimensional.

*Crie um mapa Bump de alto contraste que servirá como base para este novo material. Aqui mostramos uma renderização produzida diretamente no Material Editor.*

5   Atribua outro mapa Noise ao slot Color #2 Map. Nomeie este novo mapa como **Metal Bump #2**. Estabeleça os seguintes valores:

Source: **Explicit Map Channel**

Noise Parameters

    Noise Type: **Fractal**

    Noise Threshold

        High: **0.8**

        Low: **0.3**

Size: **0.001**

Este mapa aparecerá somente nas áreas do mapa Bump que utilizam Color #2. Esta é uma boa maneira de adicionar detalhes aleatórios nas áreas específicas de um mapa.

6   Estabeleça os seguintes valores às cores do ruído Metal Bump #2:

Color #1: **R 192, G 192 B 192**

Color #2: **R 0, G 0, B 0**

7   Para ter uma visão prévia do resultado da animação, clique com o botão direito do mouse em Sample Window e escolha Render Map. Estabeleça as dimensões do render e clique no botão Render.

*Crie um mapa Bump com uma escala muito pequena que irá aparecer em partes do mapa principal Bump.*

**Observação**: O Render Map sempre renderiza a ação no nível atual da hierarquia do material, assim renderizar durante o momento em que o Metal Bump #2 está no nível ativo, permitirá ver somente esse detalhe da textura. Subir até o nível do mapa principal Bump, permitirá apreciar os efeitos de misturar ambos os mapas.

*Combinando os dois mapas Noise se obtém uma cena de maior nível realístico de complexidade.*

8    Vá para o canal Diffuse. No Material/Map Browser, escolha Browse From: Mtl Editor e selecione o mapa Metal Bump #1 Noise. Clique OK e escolha Copy como método. Este é um mapa nível múltiplo que já foi utilizado para determinar a divisão entre as duas "camadas" do material e que também será útil em outros canais. Renomeie este mapa **Metal Rust #1**.

9    Desça até o slot do Color #2 Map, renomeie este mapa como **Metal Rust #2** e estabeleça para as cores os seguintes valores:

Color #1: **R 80, G 90, B 90**

Color #2: **R 40, G 45, B 45**

**Observação**: Considerando a leveza e a pequena escala deste mapa, o grau de perturbação parecerá ser muito diferente com relação a envergadura da renderização mostrada previamente.

10   Para adicionar um toque de cor às áreas enferrujadas do material, vá para o mapa Metal Rust #1 e atribua um mapa Noise ao slot do Color #1. Nomeie este mapa como **Metal Rust #3** e estabeleça os seguintes valores:

Source: **Explicit Map Channel**

Noise Parameters

    Noise Type: **Fractal**

    Noise Threshold

        High: **1.0**

        Low: **0.4**

Size: **0.01**

**Observação**: Recomendamos que você renomeie os mapas quando os clonar, para evitar confusão.

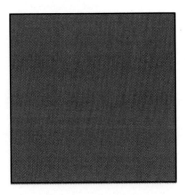

*Mude os valores das cores do mapa previamente usado no canal Bump para adaptá-lo ao canal Diffuse.*

11 Para este detalhe de cor, você combinará duas cores vermelho-escuras:

Color #1: **R 45, G 15, B 10**

Color #2: **R 95, G 45, B 10**

12 Suba até a raiz do material Old Metal. Novamente você usará o Metal Bump #1 como base para outro canal, desta vez será um canal Specular.

13 Vá para o um canal Specular Color e clone o mapa Metal Bump #1, escolhendo Copy como método. Renomeie este mapa como **Metal Specular #1**.

14 Você não precisa de um segundo mapa Noise. Para desativá-lo, você poderia simplesmente limpar a caixa de verificação próxima ao slot Color #2 Maps. Para evitar confusão com a hierarquia do material, arraste o mapa None do slot Color #1 para o slot Color #2 (o método a usar não é importante).

15 A operação anterior deveria fazê-lo retornar ao mapa Metal Specular #1. Os valores da configuração atual das cores são muito brilhantes para cenas realistas de níveis metálicos especulares, especialmente o valor da Color #1, que será a cor aplicada no material enferrujado e provavelmente com áreas menos brilhantes. Estabeleça os seguintes valores para as cores:

Color #1: **R 60, G 60, B 60**

Color #2: **R 200, G 200, B 200**

*Metal Rust #3 é um mapa Noise cor ferrugem.*

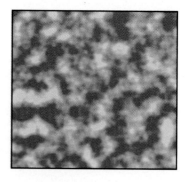

*Clone o canal Bump e faça um ajuste fino para criar um mapa Specular apropriado.*

16  Para verificar a hierarquia do material, abra o Material/Map Navigator. Além de dar rápido acesso a qualquer mapa de um material, este diálogo exibe um resumo simples do material.

O Material Editor inclui muitos recursos para criar texturas realistas. Isso é particularmente verdadeiro quando você considera o valor de clonar mapas e construir diversos canais para um material, partindo de um mapa base. Na realidade, diversos setores de uma superfície apresentarão características diferentes; assim, a criação de texturas se enriquece, porque você dispõe de uma estratégia para duplicar as propriedades dos materiais da vida real.

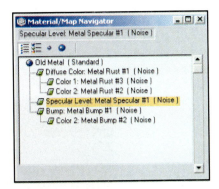

*Verifique Material/Map Navigator para obter uma visão geral da hierarquia do material.*

## COMO ACRESCENTAR
## DETALHES À TEXTURA BÁSICA

Agregar detalhes específicos, como painéis metálicos a uma superfície metálica ou efeitos de corrosão ao canto de uma placa, pode aumentar bastante o interesse visual a um material.

Nesta seção, vamos adicionar uma linha de gotas de ferrugem na beirada da textura metálica criada na seção anterior.

1  Selecione um novo material e nomeie-o como **Rust Drip**.

2  Atribua um mapa Noise ao canal Diffuse, nomeie-o como **Rust Drip Color**, e estabeleça os seguintes valores:

   Source: **Explicit Map Channel**

   Noise Parameters

       Noise Type: **Regular**

       Noise Theshold

           High: **0.8**

           Low: **0.3**

   Size: **0.05**

   Este mapa consiste de uma série de cores de ferrugem totalmente escuros. Quando ele se misturar com a textura Old Metal em uma etapa posterior, esta cor fornecerá a camada adicional de detalhe.

3  Estabeleça os seguintes valores:

   Color #1: **R 0, G 4, B 5**
   Color #2: **R 23, G 23, B 25**

4  Para comprimir este mapa horizontalmente e dar-lhe uma aparência mais riscada, estabeleça os seguintes valores:

   Coordinates
       Tiling
           U: **5.0**
           V: **0.5**

5  Selecione um novo material e nomeie-o como **Metal Blend**. Selecione um material Blend.

6  Arraste o material Old Metal até o slot Material 1, usando Instance como método. Arraste o material Rust Drip até o slot Material 2, usando Instance como método.

7  Atribua um mapa Gradient ao slot Mask e nomeie este mapa como **Metal Blend Mask**. Para aproximar este mapa de um modelo vertical de gotejamento, fixe o valor de U Tiling em **5**.

*Crie um mapa de gotas de sujeira para serem misturadas como detalhe de textura.*

8  As cores existentes para este gradiente terão ferrugem na base. Para inverter isso, arraste a amostra Color #1 até a amostra Color #3, selecionando Swap como método. Fixe os valores Color #2 em **R 60, G 60, B 60**. Ajuste Color 2 Position em **0.85**.

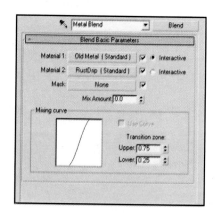

*Use o material Blend para combinar os dois materiais criados anteriormente.*

## Projeto 10 - TEXTURAS PARA JOGOS | 221

9  Para deixar esta máscara o mais irregular possível, fixe o valor mais elevado disponível para o ruído, em Gradient Parameters:

   Noise

   Amount: **0.5**

   Type: **Fractal**

   Size: **0.5**

10 Atribua o material Metal Blend ao objeto Box01.

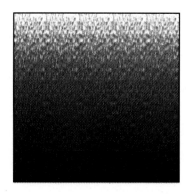

*Crie um mapa Gradient com riscas para funcionar como uma máscara do material Rust.*

Usar um material Blend é apenas um dos diversos métodos que você pode empregar para combinar materiais no Material Editor. Os materiais compostos, os materiais Top/Bottom, os mapas Mask e os mapas Mix, podem ser usados em diversos efeitos para combinar materiais ou mapas.

## RENDERIZAR MAPAS

Após ter configurado um material, renderizá-lo em um arquivo para usá-lo no mecanismo de um jogo é um procedimento bastante direto. A questão principal é a iluminação. Um dos motivos para produzir materiais iluminados é para simular o efeito luminoso, por conseqüência, é importante aproveitar algumas dicas de Iluminação, tais como, os mapas Bump e Specular.

Uma consideração adicional com referência à iluminação é evitar dar sugestões muito categóricas como fontes luminosas. Como as texturas quase sempre estarão fragmentadas, muitas vezes na superfície, é importante que a iluminação seja o mais uniforme possível; porque se não for assim, os destaques brilhantes aparecerão repetidamente.

Nesta cena, uma caixa e câmera foram configurados para facilitar a renderização. Observe que a câmera está orientada diretamente para a caixa e foi posicionada coincidindo exatamente com o quadro horizontalmente.

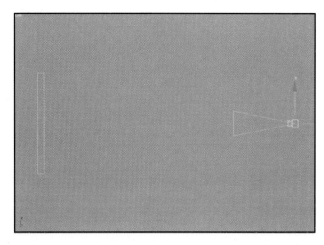

*Uma configuração simples para renderizar as texturas aplicadas na caixa.*

1. Renderize uma cena parada do visor Camera, especificando um ajuste Output Size de:

   Width: **256**

   Height: **256**

   Ao renderizar uma cena sem luzes, utilizamos a iluminação existente por padrão, que é muito brilhante e uniforme. Para aproveitar ainda mais o interesse nas suas texturas, você desejará estabelecer um conjunto de luzes que destaquem as propriedades da superfície e das texturas do seu material, sem criar nenhum ponto ativo óbvio.

2. Verifique que o visor Camera esteja ativo. Na barra de ferramentas, selecione Rendering/AtiveShade Floater. Este recurso chama uma janela de renderização flutuante configurada com as especificações de Output Size da última renderização realizada. Pequenas barras de progresso existentes na parte superior direita da janela exibem o avanço em direção a uma renderização completa.

**Observação**: ActiveShade é uma ferramenta muito útil para realizar ajustes finos na iluminação e nos materiais. O render da ActiveShade é ativado interativamente para exibir as mudanças de posição do material, cores, localização das luzes e montagens. As mudanças na composição de uma cena ou na geometria não serão refletidas. Observe que o render da ActiveShade se aproxima bastante do resultado da renderização final, mas deverá ser necessariamente um pouco mais rudimentar que a versão final.

*Renderizar uma imagem sem luzes usa a iluminação preestabelecida por padrão, que é tipicamente mais brilhante que o necessário.*

*Abra uma ActiveShade flutuante para observar rapidamente as mudanças na iluminação.*

**Projeto 10 - TEXTURAS PARA JOGOS** | **223**

**Observação**: Por motivo de ter sua origem na história da programação dos computadores, a resolução de 256x256 pixels é o tamanho de textura mais utilizado nos dispositivos dos jogos. Na medida em que placas de vídeo mais poderosas chegam ao mercado, este valor tenderá a aumentar para 512x512 ou até 1024x1024, mas na época da impressão deste livro, era mais adequado trabalhar com 256x256.

**3** Crie uma luz omni em X = 300, Y = -200, Z = 300. Nomeie esta luz como **Omni Key 01**. Estabeleça os seguintes valores:

Color: **R 215, G 240, B 255**

Multiplier: **0.35**

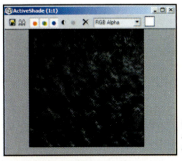

*Clone a omni para fornecer a chave da iluminação principal sem pontos ativos.*

**Observação**: A ActiveShade flutuante é atualizada para exibir as mudanças na iluminação. Se você quer manter a renderização permanentemente atualizada, clique com o botão direito do mouse na janela da ActiveShade e desmarque Auto Update. Uma vez que Auto Update está desativada, escolher Update no menu quad irá re-renderizar a imagem.

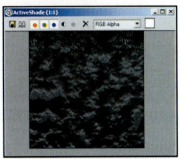

*Crie uma luz omni para servir de iluminação chave, refletida aqui na ActiveShade flutuante.*

**4** Clone esta luz usando Instance como método e mova para X = -300. Estas duas omnis fornecerão a luz principal, ou chave.

*As duas luzes omni estão uniformemente colocadas sobre a textura.*

5   Parte da cor da ferrugem foi perdida, então adicione outra omni para agir como se fosse um facho luminoso, com as especificações X = 0, Y = -200, Z = -275. Nomeie esta luz como **Omni Fill 01** e estabeleça os seguintes valores:

   Color: **R 115, G 75, B 60**

   Multiplier: **1**

6   Para conservar esta luz sem ter que adicionar destaques na superfície, desmarque Specular na relação General Parameters. Deixe Diffuse marcada; isto forçará esta luz a somente afetar a cor espalhada sobre a superfície sem adicionar destaques especulares.

   Esta luz é muito suave para aparecer refletida claramente no visor ActiveShade quando for atualizada. Para exibir este efeito de luz, clique com o botão direito do mouse na janela do ActiveShade e escolha Initialize.

7   Renderize uma imagem do visor Camera. A textura ficará bem iluminada, sem uma luz especial nem pontos escuros. Tenha certeza de deixar a configuração Output Size em 256x256.

Renderizar texturas para serem usadas em mecanismos de jogos requer dar uma atenção especial à iluminação e à seqüência dos quadros. A prioridade é criar uma imagem que requeira o mínimo de tempo de pós-processamento. Em alguns casos, você gostaria de realizar uma renderização com uma imagem maior, por exemplo, 512x512. Se você espera realizar uma grande quantidade de retoques, após a renderização, poderá obter uma imagem melhor editando uma imagem maior e reduzindo a resolução final posteriormente.

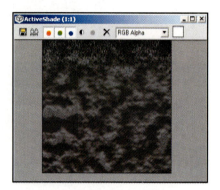

*Crie um facho luminoso para recuperar uma parte da luz difusa perdida pelas chaves luminosas.*

*A textura renderizada, bem iluminada, sem pontos obviamente brilhantes ou escuros.*

## COMO ADICIONAR DETALHES GEOMÉTRICOS A UMA TEXTURA

As texturas desenhadas para serem aplicadas nas superfícies dos muros no jogo, com freqüência contêm detalhes decorativos ao longo do topo ou nos cantos da base delas. Isso muitas vezes sugere a existência de detalhes de apoio arquitetônico, sem ter necessidade de adicionar polígonos a uma cena. O método mais direto para adicionar este tipo de detalhe no 3ds max 4 é adicionando elementos geométricos para apoiar uma textura.

1. Vá para o visor Left e crie uma Box com X = 128, Y = -5, Z = 118. Nomeie este objeto como **Top Trim** e estabeleça as seguintes dimensões:

    Length: **20**
    Width: **10**
    Heigth: **256**
    General Mapping Coordinates: **On**

    Isto posicionará a caixa através da borda superior da área da textura, tal como é vista pela câmera.

**Observação**: A demarcação de sombra forte entre as superfícies das texturas dos jogos pode adicionar definição e característica à uma textura e são habitualmente agradáveis.

2. Selecione um novo material e nomeie-o como **Top Trim**. Estabeleça os seguintes valores:

    Specular Highlights
        Specular Level: **35**
        Glossiness: **20**

    Atribua este material ao objeto Top Trim. O adorno na parte superior será texturizado com uma superfície de metal brilhante e reluzente.

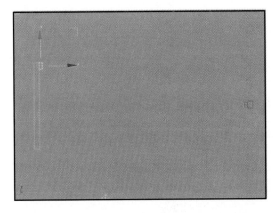

*Crie uma simples caixa para servir como um detalhe geométrico ao longo da borda superior da textura.*

**3** Fixe a quantidade do canal Bump em **60** e atribua um mapa Gradient Ramp ao canal Ramp. Nomeie este mapa como **Top Trim Bump** e estabeleça os seguintes valores:

Tiling

     U: **10**

Angle

     W: **90**

Isto resultará em um modelo repetitivo ao longo da peça de adorno simulando um elemento mecânico.

**4** Nos parâmetros Gradient Ramp, estabeleça as seguintes marcas (clique com o botão direito do mouse em uma marca existente, para chamar suas propriedades ou clique duas vezes no gradiente para criar uma nova marca):

Position: **0**    Color: **Black**

Position: **5**    Color: **White**

Position: **95**    Color: **White**

Position: **100**    Color: **Black**

Este gradiente dará a aparência de uma superfície plana quebrada por sulcos regulares. Você usará este modelo básico para criar um canal Diffuse com diversas cores, dependendo da altura do sulco.

**5** Vá para a raiz do material Top Trim e arraste o mapa Bump até o canal Diffuse, escolhendo Copy como método.

**6** Atribua um mapa Mix ao canal Diffuse, escolhendo Keep Old Map como Sub-Map. Isto resultará no gradiente sendo atribuído ao slot Color #1.

*Use um mapa Gradient de estilo mecânico*
*para sugerir uma superfície mecânica.*

Projeto 10 - TEXTURAS PARA JOGOS | 227

7  Renomeie este mapa como **Trim Diffuse** e arraste o gradiente do slot Color #1 para o slot Mix Amount, escolhendo Swap como método. Renomeie a textura Mix Amount para **Trim Diffuse Mix Amnt**.

A quantidade de gradiente determinará qual dos dois mapas Mix será aplicado.

8  Vá até o mapa Trim Diffuse e atribua um mapa Noise ao slot Color #1. Nomeie este mapa como **Trim Color #1** e estabeleça os seguintes valores:

   Noise Parameters

   Noise Type: **Fractal**

   Noise Threshold

   High: **0.9**

   Low: **0.25**

   Size: **5.0**

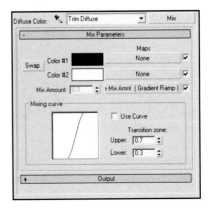

*Uma vez que você tenha completado a operação de clonagem, o canal Bump terá sido copiado para o slot Mix Amount do canal Diffuse.*

9  Estabeleça para as cores os seguintes valores:

   Color #1: **R 25, G 65, B 75**

   Color #2: **R 15, G 35, B 40**

   Este mapa proverá uma superfície geral azul escura.

10 Vá até o mapa Trim Diffuse e arraste o mapa Trim Color #1 do slot Color #1 para slot Color #2. Tenha certeza que escolheu Instance como método.

*Crie um mapa Noise azul escuro para ser aplicado nas áreas rasuradas.*

11 Atribua um mapa RGB Tint ao slot Color #2, escolhendo Keep Old Map como Sub-map. Nomeie este mapa como **Trim Tint #1**. Este método lhe permitirá modificar a cor do mapa sem perder a referência do original.

**Observação**: Como os dois mapas são instâncias um do outro, este é um exemplo de uma situação em que renomear mapas clonados não é muito útil.

12 Para adicionar um matiz verde nesta cor, estabeleça as seguintes cores no mapa RGB Tint:

R: **R 255, G 100, B 100**
G: **R 70, G 200, B 70**
B: **R 75, G 75, B 105**

Não há limite na quantidade de detalhes que podem ser adicionados nas texturas com um simples elemento geométrico. Sem necessariamente aplicar esses materiais detalhados, simples caixas e cilindros podem aumentar o interesse visual.

*Use um mapa RGB Tint para colorir o mapa Noise instanciado.*

## COMO ILUMINAR DETALHES GEOMÉTRICOS

Iluminar pequenos detalhes geométricos pode ser um pouco difícil porque é necessário iluminar pequenas áreas sem afetar o resto da textura. Nesta seção, você usará raios luminosos pequenos para iluminar a parte superior de objetos de adorno.

1   Crie uma luz omni com X = 110, Y = -30, Z = 120. Nomeie esta luz como **Omni Trim 01**. Estabeleça os seguintes valores:

Cast Shadows: **On**
Color: **White**
Multiplier: **1**

2   Desmarque Specular, deixando Diffuse marcado. Isto manterá os adornos iluminados evitando a aparição de destaques especulares indesejáveis.

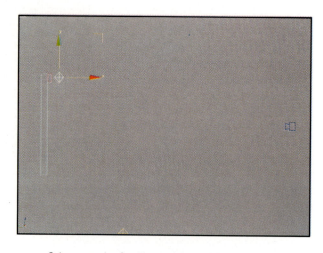

*Coloque uma luz Omni bem próxima ao objeto de adorno.*

## Projeto 10 - TEXTURAS PARA JOGOS | 229

3   Vá para a relação Shadow Parameters. Assegure-se que o Shadow Map é o tipo de sombra escolhido e aumente Density da sombra para **5**. Normalmente, uma sombra com tal densidade seria excessiva, mas esta luz será limitada a uma pequena área de efeito.

4   Na relação Shadow Map Parameters, fixe Bias em **0.1** para deixar o mapa Shadow mais limitado.

5   Na relação Attenuation Parameters, estabeleça os seguintes valores, para limitar a luz à uma pequena esfera de efeito:

   Far Attenuation
       Start: **30**
       End: **60**
       Use: **On**

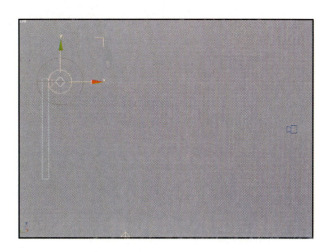

*Use Attenuation para restringir a área do efeito de omni em uma pequena área.*

Se você renderiza uma cena parada do visor Camera, verá que o adorno está iluminado e está gerando uma sombra, mas somente na área imediatamente próxima da luz Omni Trim 01. Diversas dessas luzes serão necessárias para completar a iluminação dos detalhes.

6   Clique no botão Array na Toolbar e entre com os seguintes valores no diálogo Array:

   Incremental
       X: **-50**
   Type of Object: **Instance**
   Array Dimensions
       ID: **On**
           Count: **5**

7   Clique OK para criar quatro clones da luz de adorno, posicionadas a intervalos regulares no objeto de adorno.

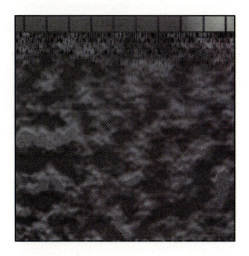

*O pequeno raio de ação da luz omni serve como início de uma solução para a iluminação do adorno geométrico.*

Quando se ilumina um pequeno detalhe ou partes de uma textura, é essencial evitar a perda excessiva de luz sobre o corpo da textura. Os conjuntos de luzes podem ser úteis quando se necessita de pequenas quantidades de luzes distribuídas.

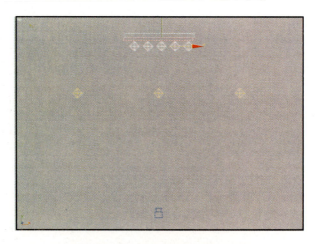

*Use a ferramenta Array para criar uma série de luzes instanciadas.*

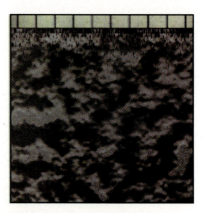

*Uma série de luzes omni atenuadas podem ser usada para iluminar uma pequena área da imagem sem afetar a iluminação total da cena.*

## TEXTURAS LADO A LADO

A textura, tal como aparece na renderização neste ponto, tem um defeito a corrigir. Se ela se aplica através de uma grande superfície, a borda esquerda e a direita da textura não se fundem. Em outras palavras, a textura não se encaixa bem. Este é um assunto difícil de corrigir no 3ds max 4; aplicações independentes de editores de imagens como o Adobe Photoshop ou Corel (anteriormente Metacreations) Painter, foram desenhadas para resolver este tipo de problema. Nesta seção, a correção das uniões das texturas será mostrada usando o Adobe Photoshop, indiscutivelmente a mais popular aplicação dos editores de imagens.

**Projeto 10 - TEXTURAS PARA JOGOS** | **231**

1   Faça uma renderização em uma parada de cena para arquivar, do visor Camera com Output Size fixado em 256x256. O formato TIFF traduzirá o material com sucesso para o Photoshop, apesar da maior parte dos dispositivos de jogos não aceitar TIFFs.
2   Carregue a imagem no Photoshop.

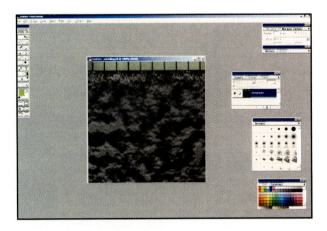

O Photoshop é uma aplicação muito útil para editar imagens.

3   Para levar a borda esquerda e direita para dentro do quadro, vá para Filter/Other/Offset. Entre com os seguintes valores no diálogo Offset:

Horizontal: **32**

Vertical: **0**

Undefined Areas: **Wrap Around**

Clique OK para aplicar o filtro. Observe que a borda visível aparece no lado esquerdo da imagem. Esta costura precisa ser fundida antes que a textura se ajuste corretamente.

Use o filtro Offset para trazer
a costura da textura para dentro do quadro.

4   Selecione a ferramenta Rubber Stamp (tecla de atalho S). Na Rubber Stamp Options flutuante, fixe Opacity em **50%**.

5   Pressione e segure a tecla Alt e clique na imagem para definir uma área de origem e então pintar sobre a costura. Uma boa estratégia é usar as áreas da origem que são similares às áreas do destino. Por exemplo, para suavizar uma área enferrujada, use uma área enferrujada de outra parte da imagem. A área da fusão será notavelmente mais confusa que o resto da imagem.

6   Para corrigir isso, selecione a ferramenta Sharpen (tecla de atalho R). Na Rubber Stamp Options flutuante, fixe Opacity em **25%**.

7   Pinte cuidadosamente sobre as áreas manchadas da cena até que a imagem completa esteja definida da mesma maneira.

O procedimento de fusão das bordas nas texturas pode ser bastante semelhante a qualquer outra aplicação de edição de imagens. A estratégia básica é copiar sobre uma costura visível com uma porção da textura sem costuras, deixando a borda praticamente invisível.

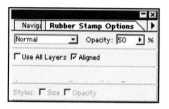

*A ferramenta Rubber Stamp é muito útil para misturar bordas de texturas.*

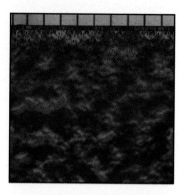

*Pinte sobre a costura da textura com a ferramenta Rubber Stamp.*

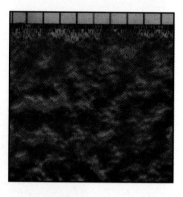

*Use a ferramenta Sharpen para recuperar detalhes nas áreas confusas.*

## FORMATO DAS IMAGENS
## PARA MECANISMOS DE JOGOS

Apesar dos formatos de imagens aceitáveis para os mecanismos de jogos dependerem do mecanismo alvo, na maior parte dos casos, a resolução de 256x256 pixels é aceitável. Além do mais, muitos dos mecanismos para jogos somente suportam cores em 8 bits. (256 cores individuais), embora as cores em 16 bits (65.536 cores) sejam amplamente suportadas com os poderosos hardwares de vídeo que se estão popularizando. Mapas de bit Standard Windows (arquivos com extensões .BMP) estão entre os arquivos de formatos mais divulgados.

No exemplo mostrado, a textura criada neste tutorial foi exportada como um mapa de bits Windows de 8 bits, importada no mecanismo de jogos Unreal e aplicada sobre um muro como textura horizontal reticulada. O mecanismo Unreal, criado pela Epic (**www.epicgames.com**) foi popularizado pelos jogos de ação em 3D muito bem sucedidos Unreal e Unreal Tournament e é um dos mecanismos para jogos mais sofisticados visualmente, entre os jogos tridimensionais.

## MODIFICAÇÕES

O Material Editor contém muitas opções de mapa que podem ser utilizados para criar uma variedade de texturas apropriadas para usar nos jogos. Os mapas Bricks, Cellular, Perlin Marble e Speckle são alguns poucos exemplos de mapas que podem ser facilmente renderizados como texturas úteis. Tente criar texturas que contenham muitas informações em 3D, usando os canais Bump e Specular e materiais construídos na base de texturas que imitam a complexidade dos materiais reais.

*A textura final é mostrada no mecanismo do jogo Unreal.*

# MESA DE PREGOS

*"Você elimina os obstáculos. Sem eles para nos fortalecer, nós nos debilitamos e morremos."*

— Capitão Kirk no episódio "Metamorfose" da série Jornada nas estrelas.

## COMO USAR MAXSCRIPT PARA A AUTOMAÇÃO

Este tutorial trata de diversos aspectos do Max, porém, o mais importante nele é um script que automatizará as tarefas repetitivas. O script também "escreve" por si o MaxScript e configura otimizações usando um evento de mecanismo de callback do MaxScript. Além disso, você criará um material complexo e animará uma parte dele. A animação será uma reação em série começando com poucos quadros-chave fixados sobre um mapa de material, dirigido por um modificador Displace, que por sua vez movimenta uma série de objetos relacionados.

*Projeto 11*
# Mesa de pregos
*Por Richard Katz*

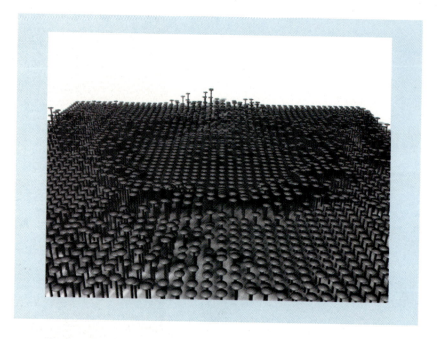

## Como funciona

Você começa com um plano primitivo não renderizado e o modelo de um simples prego. Você aplicará um modificador Displace ao plano e criará um mapa Displacement representando a paisagem de uma cidade. Você adicionará ao mapa Displacement um recurso Radial Gradient Ramp que utilizará para animar uma série de flags para exibir uma onda da maré devastadora que poderá ser desastrosa para os habitantes da sua pequena cidade.

Mas como você consegue multiplicar seu pequeno prego? É justamente aqui que aplicará o maior recurso do MaxScript: a automação. Você escreverá um script para copiar o prego milhares de vezes e programará cada um deles para acompanhar o vértice sobre o plano.

Você já trabalhou com uma cena na qual estava calculando milhares de scripts de controladores simultaneamente? Não é muito agradável. Você adicionará algumas linhas no script que manterão os pregos escondidos até serem renderizados.

## O INÍCIO

Você pode dividir este projeto em quatro partes. A primeira parte é construir a geometria que necessitará para completar o projeto. Após criar a geometria, a segunda parte será criar os materiais, a terceira parte será escrever o script e a quarta parte será rodar o script.

1. Em uma nova cena do max, crie um plano primitivo no visor Top com estes parâmetros:

   Length: **200**
   Width: **200**
   Length Segments: **50**
   Width Segments: **50**

2. Clique com o botão direito do mouse no plano e selecione Properties. Desmarque o parâmetro Renderable e clique OK.

3. Aplique um modificador Displace ao plano.

**Observação**: Uma versão terminada deste projeto, Nailwave.avi, pode ser encontrada no CD-ROM em anexo.

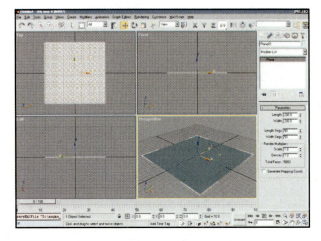

*Crie um plano primitivo.*

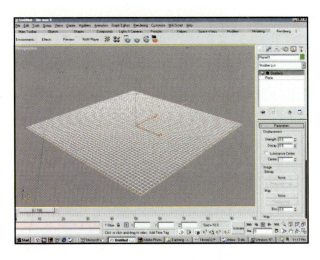

*O plano com o modificador Displace aplicado.*

4   Crie um cilindro primitivo no visor Top com os seguintes parâmetros:

   Radius: **1.6**
   Height: **20.0**
   Height Segments: **4**
   Sides: **10**

   Nomeie-o **Nail**.

5   Quebre o cilindro em uma malha editável. No modo sub-objeto Vertex, quebre a linha superior dos vértices. Dimensione as duas linhas inferiores dos vértices em 20% em XY no visor Top para produzir a haste do prego. Depois, mova as três linhas do meio no visor Left em Y para dar forma ao prego.

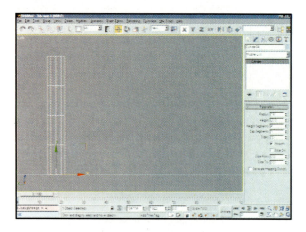

*Crie um cilindro primitivo.*

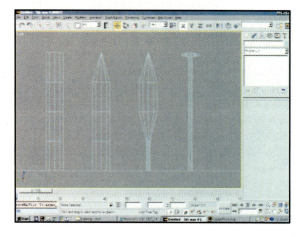

*Dimensione e mova os vértices para transformar o cilindro em prego.*

## Projeto 11 - MESA DE PREGOS

6. No visor Top, crie uma caixa ao redor do plano com os seguintes parâmetros:

   Length: **220**
   Width: **220**
   Height: **25**

   Isso funcionará como uma tela de fundo para os pregos quando você renderizar.

7. Mova a caixa para baixo para Z = -10.

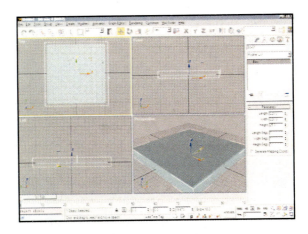

*Crie uma caixa primitiva.*

## Como configurar os materiais

Agora que você criou os objetos, vai precisar produzir os materiais para definir como os objetos aparecerão na renderização final. Você também criará o mapa Displacement para ser animado posteriormente.

1. Abra o Material Editor. Crie um material semibrilhante e atribua-o ao objeto prego:

   Specular Level: **30**
   Glossiness: **25**

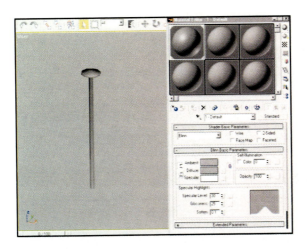

*Ajuste as propriedades Specular Highlights do material Nail.*

**2** Crie um material simples para a mesa. Conserve-o fosco em contraste com os pregos. Atribua este material à caixa:

Specular Level: **0**
Glossiness: **10**

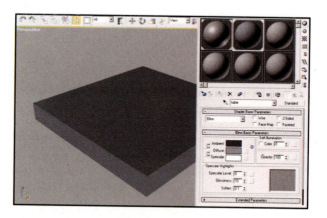

*Defina as propriedades Specular Highligths para o material Table.*

**3** Abra o Material/Map Browser. Clique e arraste um novo mapa composto para um slot no Material Editor. Nomeie o mapa como **displacement map**.

Como este é um mapa e não um material, você não pode atribuí-lo a um objeto. Depois que criou e animou este mapa, você irá atribuí-lo ao modificador Displace que aplicou ao plano na seção anterior.

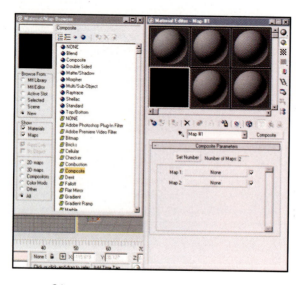

*Crie um novo mapa composto no Material Editor.*

**Projeto 11 - MESA DE PREGOS** | **241**

4. Crie um mapa Mask para o primeiro slot para a paisagem urbana. Nomeie o mapa Mask como **city**.

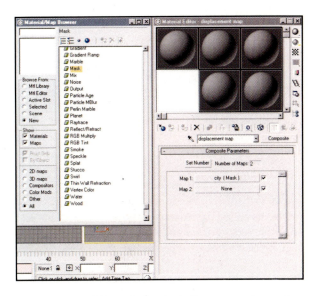

*Crie um mapa Mask no primeiro slot do Map, no mapa Composite.*

5. Crie um mapa Noise no slot Map do mapa city do Mask com as seguintes especificações:

   Type: **Turbulence**
   Size: **8**
   High: **0.44**
   Low: **0.11**
   Color #1: **R 33, G 33, B 33**

   Nomeie o mapa como **buildings**.

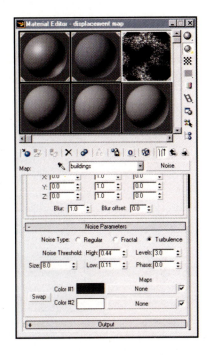

*Noise Parameters do mapa dos edifícios.*

6  Navegue um nível para cima, de volta ao mapa Mask da cidade. Crie um mapa Noise no slot do Mask para a água. Nomeie este mapa como **water**. Fixe os seguintes valores:

Type: **Regular**
Size: **64**
High: **0.65**
Low: **0.425**

Este mapa determinará que partes do mapa dos edifícios serão visíveis.

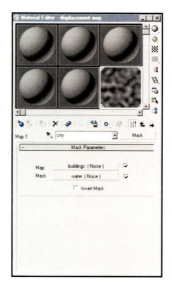

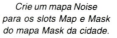

*Crie um mapa Noise para os slots Map e Mask do mapa Mask da cidade.*

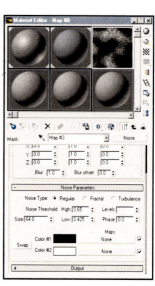

*Noise Parameters do mapa Water.*

7  No nível dos mapas compostos, crie outro mapa Mask. Nomeie este mapa como **wave**.

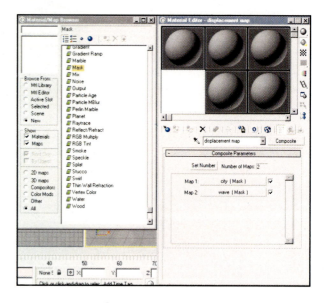

*Crie um segundo mapa Mask.*

## Projeto 11 - MESA DE PREGOS

8. Crie um mapa Gradient no slot Map e fixe todas as cores para branco. Nomeie este mapa como **wave_white**.

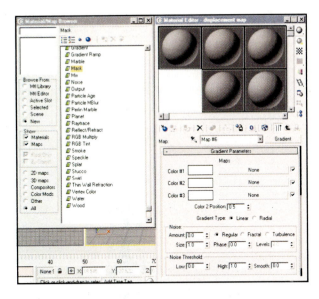

*Crie um mapa Gradient e ajuste todas as cores para branco.*

9. Crie um Gradient Ramp no slot Mask. Nomeie este mapa como **wave_mask**. Estabeleça as flags de início e de fim para preto e ajuste Radial no Gradient Type. Marque a opção Noise e estabeleça esta configuração:

   Amount: **0.15**
   Type: **Fractal**

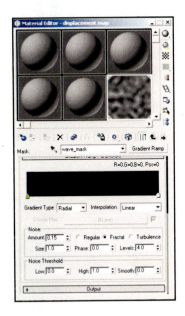

*Os parâmetros Gradient Ramp Noise.*

10. No Material Editor, no Gradient Ramp que você criou, crie três flags. Identifique-as como **Flag One**, **Flag Two** e **Flag Three**. Verifique se as cinco flags estão ajustadas para preto puro.

*A caixa de diálogo de propriedades das flags. Use isto para configurar as cores de todas as cinco flags para preto.*

11. Clique e arraste o mapa composto do Material Editor ou do Material/Map Browser para o slot Map do modificador Displace que você aplicou no plano como uma instância. Configure Strength do modificador Displace em **15**.

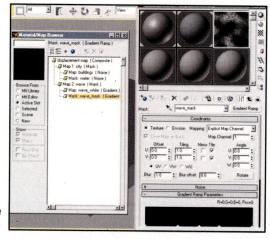

*Esta deve ser a aparência da hierarquia do mapa.*

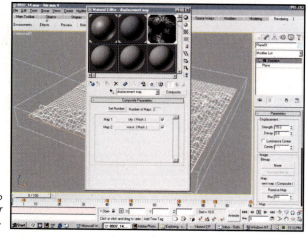

*Arraste o mapa composto para o slot Map do modificador Displace no plano.*

## Como animar a rampa

Agora que você criou o mapa de Displacement, vai precisar animar as flags no wave_mask no Gradient Ramp.

1. Pressione o botão Animate. Fixe o segmento de tempo ativo do quadro 0 ao 100.
2. Vá para o quadro 40. No Material Editor, na relação do Gradient Ramp Parameters, deslize cada uma das flags um pouco para a direita. Isso criará quadros-chaves para elas no quadro 0 e no quadro 40. Ajuste a cor branca para a Flag Two. Ajuste Noise Amount em **0**.
3. Abra a Track View, clique com o botão direito do mouse no botão Filters e ligue Animated Tracks Only, Material/Maps e Materials/Parameters. Clique com o botão direito do mouse em Objects e selecione Expand All. As flags que você acabou de animar deverão aparecer no foco.

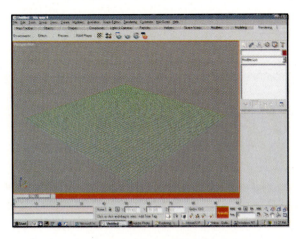

*Ative o modo Animate do 3ds max 4.*

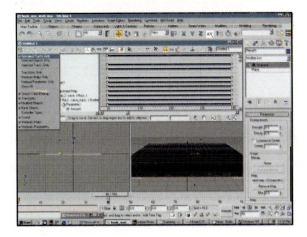

*Use o filtro Animated Tracks Only na Track View para focar as chaves que você criou.*

*Expandindo a hierarquia de objetos.*

4  Arrume as chaves para Flag One de maneira que a primeira fique no quadro 0 e a segunda no quadro 75. Clique com o botão direito do mouse as chaves para abrir o diálogo Key Info. Estabeleça o valor da primeira chave em **0** e o valor da segunda chave em **100**.

*A chave da flag Gradient Ramp na Track View.*

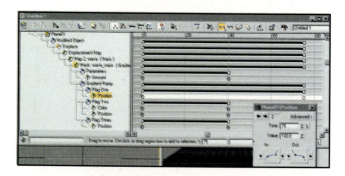

*Arrumando as chaves para a Flag One. Use o diálogo  
Key Info para configurar o valor das chaves.*

## Projeto 11 - MESA DE PREGOS | 247

5. Defina as chaves Position da Flag Two de maneira que a primeira fique no quadro 5 e a segunda no quadro 80. Defina seus valores em **0** e **100**, da mesma maneira como você fez para Flag One.

6. Determine a trilha Color da Flag Two. A primeira chave é preta e a segunda é branca. Copie a primeira chave no quadro 80 de maneira que a flag animará do preto para o branco e a seguir de volta para o preto.

7. Fixe a trilha Position da Flag Three. Mova a primeira chave para o quadro 15 e a segunda chave para o quadro 100. Estabeleça o valor da primeira chave em **0** e a segunda chave em **100**.

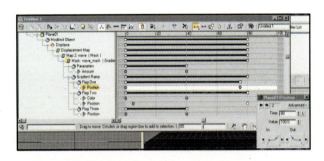

*A função de curva para a trilha Amount.*

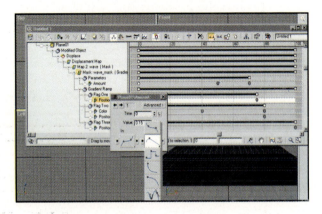

*Ordenando as chaves Position para a Flag Two. Use o diálogo Key Info para configurar os valores das chaves.*

8. Ordene as chaves na trilha Amount sob Para-meters para ajustar a diminuição do ruído. Mova a chave do quadro 40 para o quadro 70. Shift+copiar a chave no quadro 0 ao quadro 50. Mude a curva de fora da chave no quadro 0 para linear. Mude a curva de dentro da chave no quadro 50 para linear. A trilha Amount deverá ter uma função de curva semelhante ao aspecto da figura ao lado.

O desenho da animação terminada da Track View deveria ser igual ao da figura ao lado.

**Observação:** Existe uma dica para realizar isto mais rápido: Shift +arrastar a chave do quadro 0 ao quadro 80 para duplicá-lo.

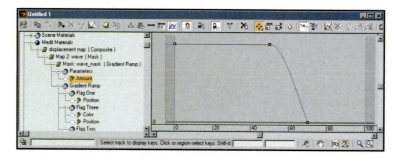

*Use o diálogo Key Info para ajustar os valores de dentro e de fora das curvas de animação para as chaves Amount.*

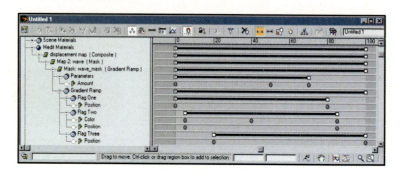

*O ordenamento final das chaves na Track View.*

# Como criar o script

O MaxScript é uma ferramenta poderosa. Possui uma grande profundidade, mas é fácil aprender seus conceitos. Se me encontro em uma situação em que desejo realizar algo com o 3ds max 4 que aparentemente não é possível executar na interface padrão (ou que seria muito lento para executar na interface), eu geralmente uso o MaxScript para auxiliar o meu objetivo.

Há diversas maneiras de interagir usando scripts prontos. Os scripts podem mostrar seus próprios recursos de interface no painel Utility, em uma janela flutuante, como um botão Macroscript no menu Tab e agora no 3ds max 4 como uma janela flutuante modal e em um menu quad. O MaxScript também funciona em lugares em que é avaliado automaticamente sem nenhuma interação por parte do usuário, como no caso de um controlador de animação com script. Este projeto fará uso de um utilitário de script e um controlador de posição de script.

**1** No painel MaxScript, defina o script como um utilitário.

Isso dirá ao 3ds max 4 para posicionar a interface no painel Utility.

```
utility nailsurface "Automated Hammer"
(

)
```

---

**Observação**: Para mais informação, consulte a seção "Scripted Utility Panels" no MaxScript Reference.

---

**2** Defina os elementos da interface.

Você vai precisar de dois elementos **pickbutton** para selecionar o plano e o prego. Precisará de um terceiro **button** para ser pressionado para começar o processa-mento e um elemento **progressbar** para exibir o progresso do script criando os pregos.

```
pickbutton picksurf "Pick Surface"
pickbutton picknail "Pick Nail"
button nailit "Nail it!"
progressbar pb
```

---

**Observação**: Para mais informação sobre **pickbutton**, **button** e **progressbar**, consulte a seção "Rollout User-Interface Control Types" no MaxScript Reference.

---

**Observação**: Infelizmente, não existem muitos recursos para aprender MaxScript. Existe pouco material publicado na linguagem do MaxScript e somente poucos Web sites oferecem algum tutorial. Na minha opinião, a melhor fonte para aprender MaxScript é encontrar alguns scripts prontos e separá-los, uma linha cada vez para examinar a ação de cada comando. Escutar o MaxScript é ótimo para testar linhas isoladas de um roteiro. A melhor referência disponível é Online MaxScript Reference do 3ds max 4, que aparece no menu Help do 3ds max 4. Geralmente, eu tenho o hábito de mantê-lo aberto e o uso com freqüência.

# 250 | 3ds max 4: efeitos mágicos

**3** Crie expressões de manipulação de evento para os elementos da interface.

Quando pressionar **picksurf** e **picknail**, você exibirá os objetos selecionados no botão para mostrar que foram escolhidos.

```
on picksurf picked ps do
(
  picksurf.text = ps.name
)

on picknail picked ps do
(
  picknail.text = ps.name
)
```

**4** Este é o manipulador de evento para o botão **nailit**.

No núcleo do manipulador para **nailit** está o "for loop" que duplica o prego, atribui uma posição do controlador de script e escreve um script que diz a cada prego como acompanhar um vértice específico do plano.

As linhas que começam com **t.position.controller.script.=\** são agrupadas de uma série de variáveis e encaminham cada cópia do objeto prego **t** baseado na posição do vértice **j** à qual está ligado.

A expressão atribuída ao valor **progressbar pb.value** precisa de uma pequena explicação. Considerando que **j** e **maxvert** são "inteiros", o resultado das suas divisões é um inteiro. Você precisa de um valor fracionado para encontrar a porcentagem que o **pb.value** quer. Assim, com a conversão fácil do MaxScript, você os obriga a ser "flutuador" quando divide, assim, o resultado deles deveria ser um valor entre 0 e 1. Você multiplica esse número por 100 para encontrar a porcentagem que tem sido completado.

O *loop* reúne um conjunto de objetos prego em **settmp**. Após o término do *loop*, **settmp** é convertido em uma seleção nomeada denominada **nailset**.

```
on nailit pressed do
(
 maxvert = picksurf.object.numverts
 u = picksurf.object
 settmp = #()
 for j = 1 to maxvert do
 (
  t = copy picknail.object
  append settmp t
  t.position.controller = position_script()
  t.position.controller.script = \
  ("(in coordsys world (getvert $" + u.name + " " + (j as string) + "))")
  pb.value = ((100*((j as float)/(maxvert as float))) as interger)
 )
  selectionsets("nailset") = settmp
  settmp = undefined
  messagebox "Script Finished."
)
```

**Observação**: Para mais informação, procure as seções "For Loop", "Script Controllers" e "Selection Set Values" no MaxScript Reference.

**5** Você aumentará a funcionalidade do script com umas poucas linhas para ter certeza de que lembrará de selecionar o prego e o plano.

```
if (picksurf == undefined) then (messagebox "Pick a surface!")
else if (picknail == undefined) then (messagebox "pick a nail!")
else
(
    .
    .
    .
)
```

**6** Mantenha os pregos ocultos até renderizar.

Esta otimização do script manterá os pregos ocultos até o momento de renderizar. Quando estão ocultos, os scripts das posições não são avaliados permanentemente. Estas quatro linhas estabelecem um sistema que automaticamente revela os pregos durante a renderização e o usuário nunca percebe que elas serão reveladas.

```
callbacks.removescripts id:#nailcb
hide t

callbacks.addscript #prerender ("unhide selectionsets(#nailset)") id:#nailcb
↪persistent:TRUE
callbacks.addscript #postrender ("hide selectionsets(#nailset)") id:#nailcb
↪persistent:TRUE
```

**Observação**: Para mais informação, consulte a seção "General Event Callback Mechanism" no MaxScript Reference.

*O script terminado Automatic Hammer.*

7. Salve seu script como **hammer.ms**. Avalie o script. Ele deve produzir um utilitário que é semelhante à figura ao lado.

---

**Observação**: Você pode encontrar o script completo, hammer.ms, no CD-ROM em anexo.

---

8. No Automated Hammer Utility Script, selecione o plano e os pregos, depois pressione o botão "Nail it!" e observe o progresso da barra de avanço.

   Quando a barra de progresso fica completa, uma *caixa de mensagem* deverá avisá-lo que o script está terminado. Neste ponto, os pregos foram instalados mas estão ocultos e não aparecerão automaticamente.

9. Esconda o objeto prego original.

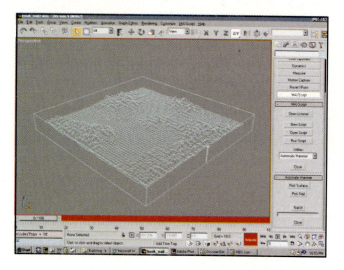

*O painel Utility com o script Automatic Hammer.*

## Como configurar a iluminação e executar a renderização

Os objetos foram construídos, as texturas foram criadas e aplicadas e o script foi escrito e rodado. Para apreciar o resultado de seu trabalho, você precisa instalar uma pequena iluminação e uma câmera antes de renderizar.

1. Crie um ponto alvo com X = -100, Y = -200, Y = 200. Na relação General Parameters, ligue Cast Shadows. Na relação Spotligth Parameters, estabeleça o ponto ativo em **55**. Em Attenuation Parameters, ligue Use Far Attenuation e estabeleça a distância Start em **125** e a distância End em **1000**. Mova o ponto alvo para XYZ 0,0,0.

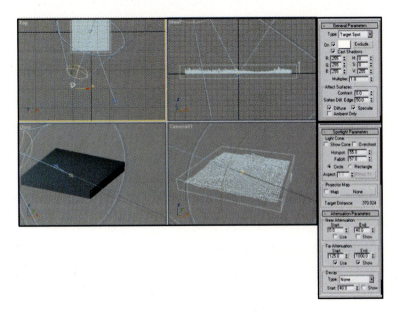

*Spotlight e Attenuation Parameters.*

2   Crie um alvo de câmera de X = 150, Y = -300, Z = 180. Mova o alvo da câmera para X = -15, Y = 0, Z = -20. Ajuste-o se necessário para encontrar uma boa visão dos pregos.
3   Execute a renderização e salve seus resultados como **Nailtable.avi**.
    Observe a onda explosiva bater na ilha!

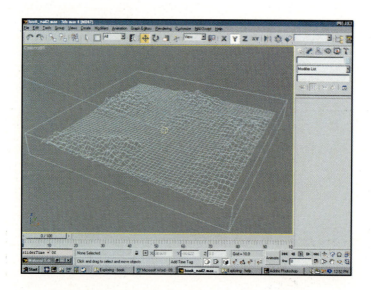

Encontre uma visão agradável para seus pregos com a câmera.

## MODIFICAÇÕES

A inspiração para este tutorial foi o pequeno brinquedo que as pessoas têm nos seus escritórios, nos quais eles apoiam suas faces ou mãos e deixam uma impressão. Também serviu de inspiração para escrever este capítulo o efeito da mesa de pregos do filme *X-Men*. As pessoas gostam de deixar as marcas de suas mãos ou de suas faces nestes pequenos objetos e a ampliação do uso desta ferramenta será atribuir um mapa Animated Relief de uma face humana no modificador Displace. De fato, você pode criar quaisquer procedimentos de animação ou recurso pré-renderização e rodá-lo de volta como um mapa Displacement, colocando os pregos em movimento.

Você pode obter um mapa ou uma imagem de satélite e criar um mapa do relevo de um local real, em lugar de usar uma paisagem produzida com procedimentos noise.

De que outras maneiras você poderá otimizar ou enriquecer o script? Que outros efeitos audaciosos você poderá criar, a partir do momento em que o MaxScript automatiza os detalhes tediosos para você? O MaxScript provê muitos meios de ligar objetos e ferramentas dentro do max em combinações quase infinitas.

Concordo que o MaxScript é uma ferramenta poderosa.

COMO CRIAR UMA SIMULAÇÃO COM ASPECTO DE UMA OBRA GRÁFICA

# RENDERIZAR DE MANEIRA FOTOGRÁFICA NÃO REALISTA

Executar uma renderização que não pareça um retrato realista (NPR) é a técnica de aplicar aspectos abstratos, estilizados ou simulados da mídia (gráfica) a uma animação em 3D. Existem diversos aspectos NPR; o mais popular é a aparência da 3D-cel, na qual gráficos em 3D são renderizados para parecer com os desenhos feitos à tinta e pintados em 2D (similar a maior parte dos desenhos cel-animados, ou seja, animação de criações feitas originalmente em celulóide). Este projeto mostra a você como criar ambos, o aspecto cel e o do esboço, usando 3ds max 4, Adobe Photoshop 5.0 ou posterior, materiais Falloff e um pouco de filtros.

*"Beleza (s.f.): É o poder pelo qual uma mulher encanta um amante e aterroriza um marido."*

— Ambrose Bierce

*Projeto 12*
# Renderização em estilo fotográfico não realista
*Por Laurent M. Abecassis*

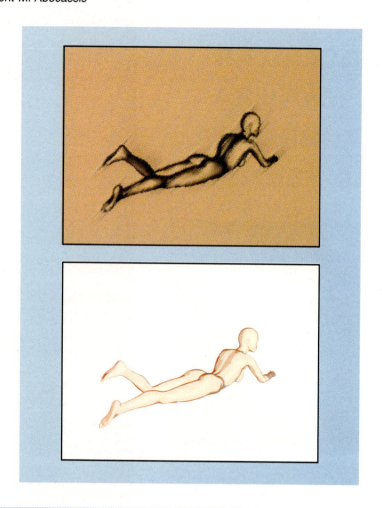

**Observação**: Este capítulo, incluindo o texto, as imagens e todos os arquivos correspondentes do CD-ROM ©2001 em anexo, tem seus direitos reservados por Laurent M. Abecassis.

**Projeto 12 - RENDERIZAR DE MANEIRA FOTOGRÁFICA NÃO REALISTA** | **257**

## O INÍCIO

Por este tutorial, você começará com uma cena simples com um personagem Zygote importado e uma câmera. Abra a cena **woman.max** do CD-ROM em anexo.

Para referência, você também pode abrir a cena **woman_npr.max** do CD-ROM em anexo. Trata-se da cena final com todos os elementos configurados corretamente.

**Observação**: O modelo "mulher" usado para este efeito tem os direitos autorais registrados e é usado com autorização da Zygote Media Group, que se especializa na modelagem da figura humana. Eles oferecem modelos para venda individual ou em coleções em www.zygote.com.

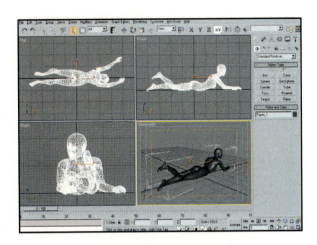

*Comece com esta cena simples.*

## COMO CONFIGURAR O MATERIAL BÁSICO

Comece pela criação do material que o ajudará a produzir o aspecto tradicional de rascunho.

1. Em Rendering/Environment, ajuste o Background Color para um dourado leve com as especificações R 210, G 190, B 120.

   Mudar a cor do plano de fundo fará coincidir o matiz da figura que será desenhada mais tarde no capítulo.

*Defina a cor do plano de fundo para um dourado leve.*

**2** Vá para o Material Editor, selecione o material Woman e defina as cores de Ambient, Diffuse e Specular iguais a cor do plano de fundo.

Todas as cores devem ser iguais para que você obtenha o efeito que está tentando criar.

**3** Fixe os valores Specular Level e Glossiness em **0** e aplique os parâmetros ao objeto Woman.

Mudando essa configuração, você evitará um brilho branco sobre o modelo, que provocaria no momento da renderização a perda da aparência e a sensação "tradicional".

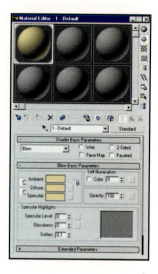

*Defina as cores de Ambient, Diffuse e Specular iguais à cor do plano de fundo.*

**4** Vá para a janela Camera01 e renderize a imagem.

Este é um bom exemplo de um toque rápido e estilizado que você pode aplicar nos seus processos de renderização. Usar as ferramentas de material do 3ds max 4 é muito simples de aplicar criatividade, materiais não reais e planos de fundo a uma cena.

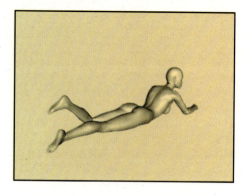

*Renderize a imagem Woman com as novas configurações para obter um efeito mais suave.*

## Como configurar o material Falloff

O material Falloff o ajudará a alcançar o efeito que o modelo mulher renderizado é mesmo um desenho à mão.

1. No Material Editor, aplique um mapa Falloff no slot Diffuse Color.

    Aplicar o mapa Falloff no slot do Diffuse Color, causará um destaque nas bordas da figura de destaque, dando a aparência de ter sido iluminada com Rim Lighting, um efeito de iluminação habitual usado pelos fotógrafos.

2. Renderize a cena para ter uma visão prévia do efeito que o Falloff cria usando configurações padrão.

3. Mude Falloff Type para **Shadow/Light**.

    Isto inverte o efeito da luz sobre o modelo.

*Falloff Parameters padrão.*

*Mude Falloff Type padrão, a cor e as configurações Mix Curve no Material Editor.*

**Observação**: Você pode desejar examinar os arquivos de ajuda do max para o material Falloff. Muitas combinações podem ser usadas para criar alguns efeitos artísticos reais.

4. Mude a cor branca pela mesma cor do plano de fundo (R 210, G 190, B 120). Mude a cor preta por uma cor mais escura da cor do plano de fundo (R 100, G 90, B 30).

    Esta configuração permitirá que o modelo se funda com o plano de fundo para assim parecer como se ele estivesse "desenhado" sobre o fundo.

5. Mude Mix Curve para coincidir com a figura mostrada aqui. Isto fará com que Falloff simule um contorno sobre o sombreado.

**Observação**: Quando tiver que definir que efeito aplicar em uma imagem, tente criar um trabalho realmente artístico usando recursos tradicionais para criar uma atmosfera e então reproduzi-las digitalmente.

6   Renderize uma imagem imóvel e salve-a como **sketchwoman.tif**.

Sua imagem deverá agora ter aparência similar à que é mostrada aqui.

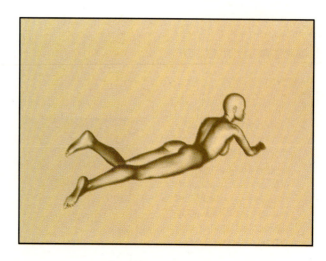

*Renderize a imagem Woman com suas novas configurações Material Editor.*

# Ajuste do processo com o Photoshop

Nesta seção, você usará o Adobe Photoshop para aplicar filtros na imagem que acabou de criar nas etapas anteriores. Esses filtros de manipulação de imagens farão com que sua ilustração se pareça mais com um esboço.

1   Inicie o Photoshop e abra o **sketchwoman.tif**.

2   Clique com o botão direito do mouse na camada Background na janela Layers, selecione Duplicate Layer e nomeie a camada duplicada de **Pastels**.

**Observação**: É importante que você aplique a camada Pastel antes da camada Strokes para obter uma quantidade apropriada de manchas embaixo das linhas desenhadas.

## Projeto 12 - RENDERIZAR DE MANEIRA FOTOGRÁFICA NÃO REALISTA | 261

3. Crie outro duplicado da camada Background, nomeando-a como **Strokes**.

   Você deverá ter agora três camadas. Usar estas camadas múltiplas, facilita o ajuste e a mistura dos filtros para alcançar a aparência de "esboço".

4. Selecione a camada Pastel e adicione o filtro Rough Pastels, localizado sob Filter/Artistic/Rough Pastels. Use os seguintes valores:

   Stroke Length: **40**

   Stroke Detail: **20**

   Texture: **Sandstone**

   Scaling: **100**

   Relief: **10**

   Light Direction: **Top Right**

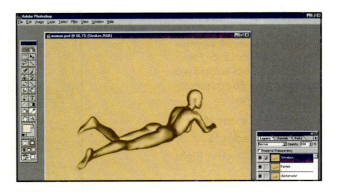

Crie três duplicados da camada Background da imagem no Photoshop.

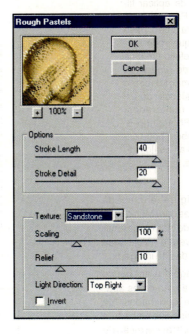

O filtro Rough Pastels.

**Observação**: Quando usar filtros do Photoshop, tente diversas combinações para obter o efeito. Experimente usar mais camadas e adicionar mais efeitos para desenvolver o desenho. A arte é baseada na imaginação e continuamente está alterando as normas para produzir algo que nos obrigue a olhar uma segunda vez e perguntar por que e como.

**Observação**: Você deve salvar sempre várias cópias das suas imagens quando conseguir o efeito ou quando se parecer com o que você quer. Você pode sempre voltar para uma imagem em particular e trabalhar no arquivo sem ter que lembrar todos os passos que o conduziram a conseguir esse efeito.

5. Selecione a camada Strokes e adicione um filtro Sprayed Strokes, localizado sob Filter/ Brush Strokes/Sprayed Strokes. Fixe os seguintes valores:

   Stroke Length: **20**
   Spray Radius **15**
   Stroke Direction **Right Diag**

   **Observação**: Outra maneira de aplicar filtros no Photoshop é criar uma ação. Isso permite que você aplique seu efeito em uma pasta onde renderizou sua animação como uma seqüência de arquivos numerados. Com o Photoshop 6, você também pode criar e salvar estilos de camadas.

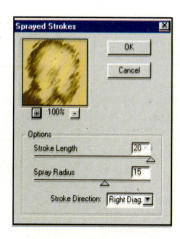

*O filtro Sprayed Strokes.*

6. Configure a camada Strokes para Multiply em lugar de Normal na janela Layers e nivele suas camadas de imagem.

   A imagem é um pouco escura e as cores aparecem queimadas, de maneira que você tem que aplicar correção de cores.

7. Vá para Image/Adjust/ Brightness/Contrast e defina Brightness em **40** e Contrast em **25**.

   Isso remove o tom escuro da imagem.

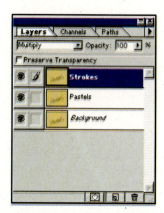

*Ajuste a camada Strokes para Multiply.*

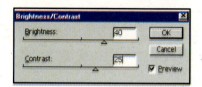

*Ajuste Brightness e Contrast.*

**Projeto 12** - RENDERIZAR DE MANEIRA FOTOGRÁFICA NÃO REALISTA | **263**

8  Vá para Image/Adjust/Hue/Saturation e fixe Hue em **-10** e Saturation em **-30**.
Isso remove o efeito de cor queimada e adiciona alguma variação ao tom escuro da imagem.

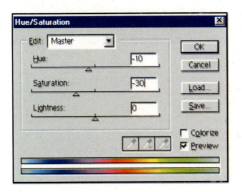

*Ajuste Hue e Saturation.*

9  O seu resultado final deverá ficar semelhante à imagem mostrada ao lado. Antes de seguir para a seção seguinte, você deve salvar seu arquivo.

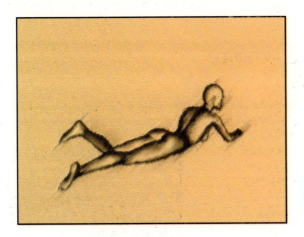

*A imagem final com as cores corrigidas.*

## O ASPECTO DO 3D-CEL

O próximo passo do seu estudo para executar uma renderização com recursos fotográficos não realistas é alcançar um aspecto mais divulgado: o 3D-cel. Você conseguirá isto diretamente no 3d max 4 sem plug-ins comerciais ou outras aplicações externas, usando muitos dos materiais Falloff da seção anterior, sob um enfoque diferente. Para a aparência 3d-cel, você usará a mesma cena que usou para criar o aspecto "esboço".

1. Abra a cena **woman.max** do CD-ROM em anexo.

   Você também pode abrir a cena **woman_cel.max** do CD-ROM em anexo. Essa é a cena final com a configuração correta.

2. Defina a cor branco puro na configuração do Background Color, em Rendering/Environment.

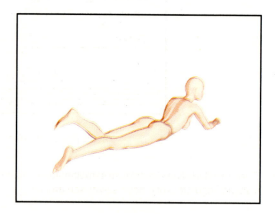

*A aparência 3D-cel.*

## DEFINIÇÃO DO MATERIAL DE CONTORNO

Esta seção detalha as etapas para configurar o material Outline para o seu efeito 3D-cel. O primeiro material que precisa ser criado é o material Outline, que simula a aparência da tinta da pintura.

1. Ajuste o material Woman para coincidir com a figura que acompanha o texto:

   Self-Illumination: **100**
   Specular Level: **10**
   Glossiness: **10**

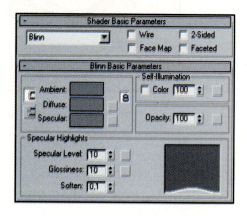

*Ajuste os parâmetros do material Woman.*

## Projeto 12 - RENDERIZAR DE MANEIRA FOTOGRÁFICA NÃO REALISTA | 265

2. No slot Diffuse, adicione um material Falloff e mude o seu nome para **Outline**. Defina Type para **Towards/Away**.

   A opção Towards/Away define a faixa angular Falloff entre face normal que é voltada na direção (paralela a) direção do Falloff e a normal que está orientada para longe da direção do Falloff. A faixa Falloff está baseada em uma mudança de 180 graus, com relação a direção da face normal.

*Ajuste o Falloff Parameters.*

**Observação**: Há possibilidades infinitas de criação adicionando múltiplos materiais, tais como, Mix e Blend. Tente usar múltiplas combinações para misturar com suas próprias técnicas.

3. Mude o preto para uma cor próxima da carne (R 250, G 220, B 200). Mude o branco por um tom mais escuro da cor da carne (R 150, G 30, B 0).

   Estas configurações criam um contorno mais escuro nas bordas do modelo.

4. Mude Mix Curve para coincidir com a figura apresentada anteriormente. Renderize o seu arquivo.

   Sua imagem deverá parecer quase como um desenho plano, como o que se mostra aqui.

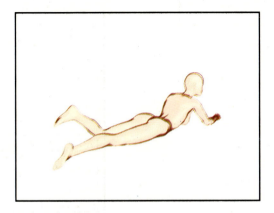

*Renderize a imagem quase desenhada.*

## Configuração
### DO MATERIAL SOMBREADO

Esta seção detalha os passos necessários para criar o material sombreado do efeito 3D-cel. No mesmo canal Diffuse usado na seção anterior, você adicionará um recurso Falloff que é controlado pela iluminação para criar sombras.

1. Pressione o botão Falloff e escolha um Mix. A janela do diálogo Replace Map perguntará se você manterá ou eliminará o material atual. Como você ainda tem necessidade dele, escolha o mapa Keep antigo, como sub-mapa.

   Você está aplicando uma mistura de materiais Falloff no canal diffuse; o primeiro que criamos ainda está em uso, mas ao adicionar o Mix, podemos acrescentar outro material Falloff e ganhar um controle muito maior sobre a imagem final com múltiplos Falloff Effects.

2. No slot Color #2, adicione outro Falloff e mude seu nome para **Shadows**.

   Assegure-se de adicionar este Falloff no slot próximo do Color #2 e não no slot do Mix Amount.

   Use este slot para criar a área sombreada sobre o objeto.

3. Ajuste seu Type como **Shadow/Light**. Mude o preto para R 220, G 120, B 80. Mude o branco para R 250, G 220, B 200.

4. Mude Mix Curve para coincidir com a figura mostrada aqui.

   Você pode comparar o antes e o depois das imagens para ver exatamente como essas novas configurações criam a sombra no corpo da mulher.

5. Configure seu Mix Amount em **50** para que ambos os materiais Falloff sejam usados em 50%.

   Como acabou de criar um material que é afetado pela iluminação da cena, você precisa criar uma luz.

*Conserve o material antigo como sub-mapa.*

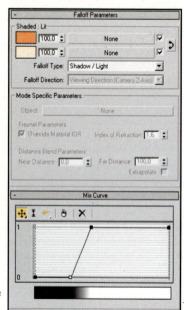

*Ajuste Falloff Parameters de seu material Shadow.*

**6** Coloque uma luz Omni exatamente acima da malha Woman e renderize a imagem.

Usando materiais Falloff simples e Mix, você criou um efeito visual de 3D-cel.

## *Modificações*

Você pode usar as técnicas deste projeto para adicionar efeitos nunca antes vistos na suas cenas em 3D. Experimente usando diferentes valores com seus filtros ou experimentando os plug-ins comerciais do Photoshop, tais como, Picture Man-Hand Drawing e Halftone Pattern. Você poderá carregar suas seqüências renderizadas no Discreet Combustion e aplicar filtros de animação na seqüência dos quadros.

Você também pode usar o Video Post diretamente no 3ds max 4, mas usar software externo lhe dará mais controle sobre as exibições prévias.

> **Observação**: Outra maneira de obter um aspecto 3D-cel é usar Illustrate!, que está disponível no Digimation. Illustrate! é um gerador de sombras matizadas de características não igualadas poe outro plug-in. Ele pode inclusive renderizar animações no formato Flash. No CD-ROM em anexo, você encontrará uma versão para avaliação de 30 dias do Illustrate! 5.1 para 3ds max 4.

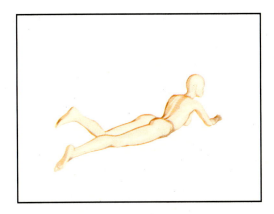

*Renderize o efeito 3D-cel terminado.*

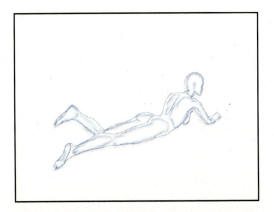

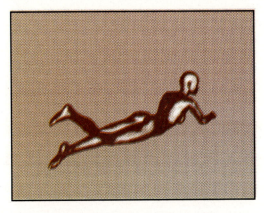

*Experimente os novos plug-ins, tais como, Picture Man-Hand Drawing e Halftone Pattern.*

# AJUSTE DE CÂMERAS

*"Se você quer ser bem-sucedido em um campo particular do trabalho, acredito que a perseverança seja uma das qualidades chaves. Não encontrei qualquer pessoa (que seja um vencedor) que não tenha se referido aos anos e anos de muita, mas muita luta difícil, para passar pelo processo de realizar alguma coisa. Não existe uma maneira de evitá-lo."*

— George Lucas

## INSERIR DE FORMA REALISTA UM MODELO 3D DENTRO DE UM VÍDEO DIGITAL

Na indústria atual dos filmes carregados de efeitos especiais e na procura de recursos gráficos por computador, você terá dificuldade em encontrar um filme que inclui algum recurso de 3D. Pegar uma peça de vídeo e inserir com sucesso, personagens e modelos de 3D, é o que tem transformado filmes como Guerra nas Estrelas – Episódio 1, Matrix e X-Men, nas brilhantes obras-primas de efeitos visuais que elas são. O 3ds max 4 tem as ferramentas que lhe proporcionarão o poder de um estúdio cinematográfico de milhões de dólares em efeitos especiais. Neste tutorial, você aprenderá como usar uma seção de um vídeo digital, geometria simples e iluminação para criar o ambiente para que seus modelos e animações em 3D existam. Você verá quão fácil será deixar que o 3ds max 4 o ajude a criar suas próprias animações e vídeos de aspecto profissional!

*Projeto 13*
# Ajuste de câmeras
*Por Marcus Richardson*

## Como funciona

Neste tutorial, você utilizará um simples modelo de sonda automática. Isso permitirá que você se concentre mais na iluminação, ângulos de câmera e reflexos, ao invés de dar atenção a uma animação muito complexa. Entretanto, lembre-se que após ter definido a cena adequadamente, você poderá importar seus próprios modelos de animação para a cena. Este tutorial usará cenas imóveis de vídeo para que você se habitue a usar as ferramentas do max. Usar vídeos em movimento requer medidas exatas, pontos de referência controlados e um monte de passos adicionais, sendo impossível ensiná-los num tutorial. Como plano de fundo para a cena, você utilizará um segmento em vídeo digital de uma viela escura e úmida fotografada sobre um tripode para reduzir os movimentos da câmera. A resolução será de 720x480 que é o padrão para vídeo digital. Isso significa que uma vez que você termine este tutorial e coloque seus personagens na cena, você pode gravá-la em uma fita de vídeo e encantar seus amigos mostrando-lhes o quão esperto você é!

## *O* INÍCIO

Para começar, carregue **CameraMatch01.max** da pasta do projeto no CD-ROM em anexo. Você verá a sonda automática e mais nada na cena. (Adicionamos braços e uma simples estrutura óssea para permitir que você o anime mais tarde.) O objeto automático foi produzido com uma esfera simples, polígonos que se projetam dela e com o mapeamento dele com o material Space Metal, oriundos da biblioteca do 3ds max 4. Você pode ver o arquivo completo abrindo o **CameraMatch02.max**.

## COMO POSICIONAR A CÂMERA

Este é o coração do tutorial. Você criará uma câmera livre e inserirá o background.avi. A primeira coisa que você precisa é juntar e ocultar a sonda automática.

1. No visor Front, arraste e selecione toda a sonda. Na barra de ferramentas superior, clique Group e agrupe a sonda. Nomeie-a como **Droid**. Clique o ícone Display na barra de ferramentas da direita e clique Hide Selected.

    Esse recurso servirá para revelar a sonda na animação posterior.

2. Clique no visor Front para ativá-lo. Na barra de ferramentas de criação de objeto à direita, clique no ícone Camera e crie uma câmera livre no visor Front. Fixe a posição para X = 0, Y = 0, Z = 0, se quiser; mas isso não importa porque você moverá a câmera de toda forma.

3. Clique com o botão direito do mouse no visor Perspective e pressione "C" no teclado.

    Isso fixará o visor para a visão da câmera que acabou de criar.

**Observação**: Outra maneira de selecionar a sonda é clicar na seta do Select by Name na barra de ferramentas superior e clicar Alt.

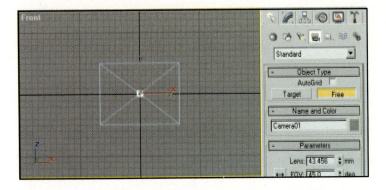

Crie uma câmera livre no visor Front e use as configurações padrão.

4. Agora você precisa inserir o plano de fundo AVI no ambiente do plano de fundo. No menu superior, clique Rendering e navegue descendo até Environment. Sob Common Parameters na caixa de aviso do ambiente, clique no botão None sob Environment Map.

Isto abrirá o Material/Map Browser.

5. Clique duas vezes em Bitmap. Selecione **background.avi** da pasta do projeto, no CD-ROM em anexo. Clique Open e, após carregar, saia das configurações do Environment.

Agora você precisa que o background.avi apareça no visor.

6. Na parte superior da tela selecione Views e selecione Viewport Background. Sob Background Source, clique Use Environment Background. Na parte inferior do menu, clique Display Background e então clique OK.

Você verá o clipe do filme aparecer no visor Camera. Você precisa definir o comprimento da animação de acordo com o comprimento total.

*Clique o botão None para abrir o Material/Map Browser.*

*O Material/Map Browser lhe permitirá inserir o vídeo do plano de fundo.*

*Selecione background.avi da pasta deste projeto no CD em anexo.*

7   Selecione File no topo da tela, e escolha View Image File. Na caixa de diálogo do View File, selecione background.avi do CD-ROM em anexo e clique o botão Info.

Você verá as estatísticas do vídeo clip. Elas mostrarão 720x480, Undefined, 129 quadros. Você também observará uma pequena mancha no vídeo após isso.

8   Na área Animation Control na parte inferior da tela, clique o ícone Time Configuration. Sob o cabeçalho Animation, estabeleça o Length em **120** para coincidir com o número de quadros no clip do filme e editar a área manchada do vídeo.

## COMO CRIAR O PLANO BASE

Antes de continuar, eu gostaria de reiterar que você não está usando medidas exatas. Então, a partir de agora, uma grande parte do trabalho que você realizará será baseado nos testes de renderização de tela e nas interpretações visuais. Eu prefiro este método porque é mais rápido e proporciona os mesmos resultados. Você também digitará a configuração das coordenadas específicas nas novas caixas Absolute Transform Type-In, na parte inferior da tela. Primeiro, porém, você precisa verificar se configurou suas unidades corretamente.

1   Clique Customize no topo da tela e Units Setup. Clique US Standard e selecione Feet w/Decimal Inches.

Eu medi esta viela desde a câmera até o fundo e a distância foi cerca de 100 jardas. Tem 3 pés em cada jarda, assim, no visor Top, você precisa criar uma caixa que tem 300 pés de comprimento.

*As novas caixas Absolute Transform Type-In na parte inferior da tela.*

2   Digite nas dimensões **300´0"x1´0.0"**. Nomeie o plano como **Ground**.

Agora você ajustará a câmera visualmente para colocar o plano Ground na posição adequada.

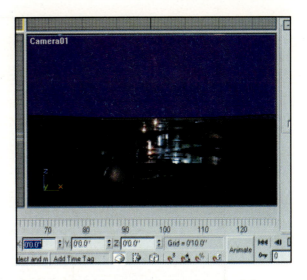

*A visão da câmera do plano Ground quando criado.*

**Observação**: Se você criou o plano com as coordenadas X = 0, Y = 0, Z = 0, verá a caixa sendo captada pela câmera. Isto está certo porque você estará movendo a câmera.

3. No visor Top, selecione a câmera, clique a ferramenta Move e digite as coordenadas de transformação X = -19´6.0", Y = -248´0.0", Z = 83´0.0".

Você verá que a caixa ainda não foi captada, mas permanece no ângulo errado.

4. Para ajustar o ângulo do plano, você precisa girar a câmera. Com a câmera ainda selecionada, clique a ferramenta Rotate e digite as coordenadas de rotação X = -84.5, Y = -0.017, Z = -0.017. Agora você observará que o ângulo começa a ficar correto, mas a base ainda é pequena. Como eu falei, você não está usando as medidas exatas.

5. Seleciones a caixa Ground e digite no Length o valor **4200´0.0"**. Você agora aplicará o material Matte/Shadow ao objeto.

6. Pressione "M" no teclado. Isso abrirá o diálogo do Material Editor. Selecione um das esferas vazias. Clique Standard/Matte/Shadow. Isto abrirá o diálogo Matte/Shadow. Verifique se clicou Receive Shadows. Aplique o material Matte/Shadow ao objeto Ground. Você agora realizará um teste de renderização rápido para examinar o resultado.

7. Selecione o visor Camera e clique oQuick Render Teapot no menu Top deslizante. Viu o que aconteceu? Nada! Não se apavore, isso é exatamente o que você queria. Criar uma esfera no visor Front e movê-la para baixo, tocando o plano Ground.

**Observação**: Você pode mudar entre o modo Wireframe e o modo Shaded pressionando a tecla F3. Este recurso é muito conveniente quando você começa a adicionar mais objetos à cena.

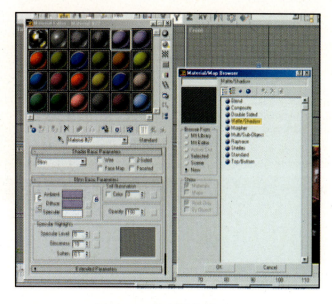

*Selecione o material Matte/Shadow.*

**Projeto 13 - AJUSTE DE CÂMERAS** | **275**

**Observação**: Este é um bom momento para definir uma tecla Quick Render. Você realizará um grande número de testes de renderização e ter uma tecla de atalho economiza muito tempo. Vá para a parte superior da tela para Customize/Customize do usuário da guia Interface/Keyboard. Na coluna da esquerda, você encontrará uma lista alfabética de todos os comandos que podem utilizar teclas de atalho. Clique em qualquer uma nessa coluna e pressione a tecla Q. Isto exibirá a relação das seleções Q. Selecione a opção Quick Render. Na coluna da direita, posicione o cursor na área Assign Key. Pressione a tecla que quer usar e selecione Assign Key. Eu uso a Q, mas ela já foi selecionada. Sugiro escolher I ou J.

8   Pressione o botão Quick Render novamente ou a sua tecla de atalho. Você pode ver que a esfera parece fora do lugar, mas está repousando no piso.

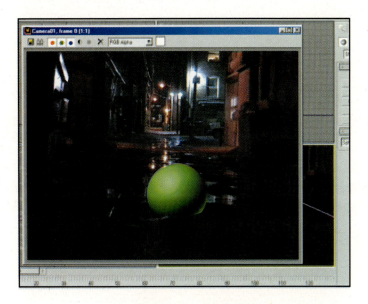

*Um teste rápido de renderização da esfera.*

## COMO CONFIGURAR
## A ILUMINAÇÃO BÁSICA DA CENA

Agora que temos alguns elementos geométricos na cena, você precisa definir a iluminação. Este passo, no meu entender, o mais importante em toda cena de ajuste de câmeras. Produzir a iluminação correta é a chave para conseguir que seus objetos tomem parte da cena.

1. Pegue a esfera que acabou de fazer e, no visor Top, mova-a de volta ao longo do eixo Z até que ela pareça estar na área da luz brilhante da viela. Use X = 0´6.0", Y = 988´0.0", Z = 53´0.0". Vá para o painel Create, selecione a guia Lights e selecione Omni.

   Você agora configurará um sistema de iluminação com três pontos de luzes omni. Me parece que esta é uma maneira excelente de dar aos objetos um aspecto realista.

2. No visor Top, crie uma omni com X = -800´0.0", Y = 0', Z = 0. Verifique que a opção Cast Shadows não esteja marcada! Nomeie essa luz como **Backfill**. Clique a luz que acabou de criar, mantenha pressionada a tecla Shift e arraste a luz para a direita. Quando aparecer o diálogo Clone, selecione Instance.

   Este comando deverá clonar a omni. Isto é importante porque lhe permitirá ajustar todas as luzes ao mesmo tempo. Você pode usar as coordenadas X = 800´0", Y = 0.0", Z = 813´0.0" e nomeie-a como **Sidefill**.

3. Selecione a nova luz, novamente mantenha pressionada a tecla Shift, mas desta vez arraste a luz de volta ao longo do eixo Y. Novamente, clique Instance. Use as coordenadas X = 3´10.0", Y = 1700'0.0", Z = 1500´0.0". Deverá ser denominada Sidefill02. As luzes deverão formar um triângulo.

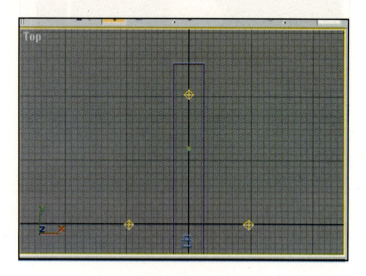

*Como distribuir as luzes omni no visor Top.*

Projeto 13 - AJUSTE DE CÂMERAS | 277

4   Vá para o painel Create, clique Lights/Target Spot e marque Cast Shadows. No visor Top, comece no lado esquerdo da tela e arraste o alvo para a esfera. Você pode usar X = -670´0.0", Y = 1243´10.0", Z = 1168´00.00" para a luz e X = 200´0.0", Y = 1200´0.0", Z = 0´0".0 para o alvo. Selecione o visor Camera e pressione sua tecla Quick Render.

Você observará que a esfera tem agora alguma profundidade com uma sombra projetada sobre o plano. Entretanto, a luz é muito mais brilhante na cena.

5   Clique uma das luzes omni, ajuste o valor V para **140** e pressione novamente a sua chave Quick Render.

Observe com a esfera se parece mais com a cena.

6   Clique Spot Light, ajuste V para **150** e execute novamente Quick Render.

**Observação**: Talvez você não veja a sombra ainda, o que é ótimo. Você precisará ajustar o valor das luzes para obter a melhor aparência no seu monitor.

**Observação**: Como você instanciou as luzes omni, todos os seus valores foram ajustados para 100.

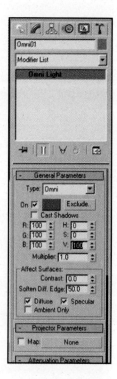

*Ajuste o valor V para 140 da luz omni.*

## Como criar

### OS OBJETOS DA CENA

Agora que configurou a iluminação, você pode criar a geometria para mascarar objetos como a caçamba, o poste do telefone e os muros. Antes de começar, eu gostaria reiterar que como não dispomos das medidas exatas da cena, muitos coisas serão realizadas visualmente. Eu fornecerei os tamanhos e as coordenadas exatas para este tutorial, mas quando você desenvolver seus próprios cenários e vídeos, terá que exercitar sua visão. Não é tão difícil, mas necessita praticar.

1. No visor Top, crie a caixa com as dimensões Length 96´0.0", Width 145´0.0" e Height 200´0.0". Marque Generate Mapping Coordinates e nomeie-o como **Dumpster1**. Mova a caixa para X = -295´0.0", Y = 390´0.0", Z = -5´0.0". Após isso, selecione a ferramenta Rotate e gire a caçamba com X = -2.093, Y = 7.388, Z = -3.27. No visor Camera, sua cena deveria ser igual à esta.

**Observação**: Quando fizer isso sozinho, parecerá conveniente alternar entre o modo Shade e o modo Wireframe usando a tecla F3. Quando enfileirar objetos, dimensione-os em relação com a cena e então movimente-os pelo cenário para que as bordas coincidam com os objetos na cena, no caso a caçamba!

*A visão de Camera do Dumpster1.*

2. Pressione a tecla "M" para chamar o Material/Map Browser e aplique o material Matte/Shadow ao Dumpster1. Selecione a esfera e mova-a para X = -220´0.0", Y = 470´0.0", Z = 53´0.0", no visor Top. Ela deverá estar parcialmente atrás do objeto Dumpster1. Pressione sua tecla Quick Render. Você agora pode começar a ver como funciona o objeto mascarado.

*Você pode ver a esfera atrás da caçamba.*

**Observação**: Às vezes você descobrirá que os objetos não coincidem exatamente e você vê uma imagem dupla. Mova a caçamba e mantenha pressionado o Quick Render até que elas se ajustem corretamente. Nos objetos mais complexos com muitas bordas agudas angulares ou superfícies redondas, você deverá ajustar a geometria da máscara no modo Sub-object, para alinhá-los com o clipe do filme.

3. No visor Top, crie um cilindro com as seguintes dimensões Radius 30´0.0", Height 570´0.0". Nomeie-o como **Phone pole 2**. Então, ainda no visor Top, coloque-o em X = -287´11.0", Y = 1058´11.0", Z = -11´10.0". Aplique nele o material Matte/Shadow. Mova sua esfera de teste para X = -328´0.0", Y = 2100´0.0", Z = 180´0.0". Selecione o visor Camera e pressione sua tecla Quick Render.

    Agora a esfera aparece atrás do poste telefônico!

4. No visor Top, crie um cilindro com as seguintes dimensões Radius 8´0.0", Height 570´0.0". Nomeie-o como **Phone pole 1**. Então, ainda no visor Top, coloque-o em X = 164´2, Y = 1706´7, Z = -3, acreditando que você quer o poste com luz nele. Aplique nele o material Matte/Shadow, como foi feito com a caçamba. Mova sua esfera de teste para X = 152´0.0", Y = 2100´0.0", Z = 180´0.0". Selecione o visor Camera e pressione sua tecla Quick Render.

    Agora a esfera aparece atrás do outro poste telefônico.

5. No visor Top, crie uma caixa com Length como 80´0.0", Width como 145´0.0" e Height como 474´0.0" e nomeie-o como **Alleywall**. Coloque-o em X = -456´0.0", Y = 1035´0.0", Z = -5´0.0". Aplique nele o material Matte/Shadow. Mova sua esfera de teste para X = -430´0.0", Y = 1300´0.0", Z = 97´0.0".

*A esfera aparece atrás do poste.*

6   Selecione o visor Camera e pressione sua tecla Quick Render. Agora a esfera aparece atrás do muro da viela! Selecione a esfera de teste e delete-a, você não necessita mais dela.

**Observação**: Você pode ver agora como é fácil! Se você desejar pode reconstruir todos os elementos da tela. Mas você não fará isso porque não será necessário para sua animação.

## ANIMAÇÃO DA SONDA

Agora você animará o objeto Droid voando em torno da cena. Você pode acompanhar sua animação ou fazê-lo executar diversas outras atividades. Lembre-se que você não pode mandá-lo posicionar-se atrás de algum objeto que ainda não foi criado; você tem que criar esses elementos antes de prosseguir com as etapas seguintes.

1   Sob o painel Create, clique Display/Unhide By Name. Isso chamará a caixa de diálogo Unhide.

2   Selecione o Droid Group e clique OK. Selecione a sonda, vá até Group na parte superior da tela e clique Ungroup. Os braços e ossos estão ligados ao corpo principal da esfera, assim, é a única coisa que você precisa animar.

**Observação**: É muito importante que antes de animar a sonda, você a desagrupe. Se você não desagrupar antes da animação os braços da sonda se movimentarão separados do corpo!

3   Clique o corpo esférico Droid e mova-o para X = 100´0.0", Y = 2400´0.0", Z = 14´0.0" no local mais distante da viela, atrás da parede. Ligue o botão Animate e mova o cursor para o quadro 30. No visor Top, mova a sonda para X = -90´0.0", Y = 2130´0.0", Z = 70´0.0".

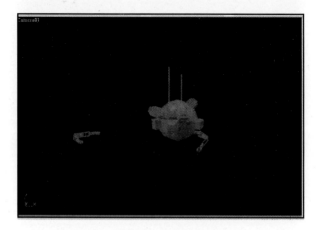

*Assegure-se que você separou o grupo, do contrário,*
*os braços da sonda se movimentarão separados do corpo.*

Projeto 13 - AJUSTE DE CÂMERAS | 281

4  Mova o cursor para o quadro 60 e mova a sonda para X = 170´0.0", Y = 2080´0.0", Z = 250´0.0" de maneira que ele se move para cima e atrás do poste telefônico. Selecione o último quadro-chave da barra do tempo, mantenha pressionada a tecla Shift e arraste-a até o quadro 70. Isto deverá criar uma cópia do ultimo quadro-chave no quadro 70.

Isto fará com que a sonda realize uma pausa durante 10 quadros.

5  Com o botão Animate ainda ligado, arraste o cursor até o quadro 100 e mova a sonda para X = -130´0.0", Y = 1200´0.0", Z = 75´0.0", atrás da caçamba. Arraste o cursor para o quadro 120 e mova a sonda para X = - 5´00.0", Y = 162´0.0", Z = 35´0.0".

Observe que isto está localizado acima da poça, mas ela não o reflete. Na próxima seção, você aprenderá como adicionar os efeitos de acabamento na cena.

*A sonda está atrás do poste.*

*Não há reflexo da sonda na poça.*

## Como fazer as poças
### refletirem a sonda

Para adicionar o último toque de realidade nesta cena, você deve produzir um reflexo nas poças da chuva, quando a sonda voa acima delas. Para conseguir isso, você criará outro material Matte/Shadow com uma máscara riscada nele. Isso permitirá que a sonda reflita somente nas poças.

1. Abra o Material Editor e selecione uma esfera vazia. Clique o botão Standard e selecione Matte/Shadow quando abre o menu pop-up Material/Map Browser.

2. Sob as propriedades de Matte/Shadow, assegure-se de marcar Opaque Alpha e Receive Shadows. Estabeleça o Shadow Brightness em **1.0**. Sob Reflection, clique o botão Map e selecione Mask. O diálogo Replace Map aparecerá. Selecione Keep Old Map como Sub-map e clique OK.

3. Clique o botão Map (aparecerá como Map # bitmap). Sob Bitmap Parameters, clique o botão None próximo do mapa de bits. Navegue até a pasta do Capítulo 13 do CD-ROM em anexo e selecione background.avi. Isso lhe proporcionará uma camada para mascarar o reflexo. Clique o botão None próximo ao Mask, selecione Raytrace e deixe todos os parâmetros como padrão.

4. Selecione o plano Ground e aplique-o ao material que você acabou de produzir. Se marcar Render agora, você poderá perceber o reflexo da sonda levemente. Lembre-se que se trata de uma cena escura e esse é o motivo pelo qual o reflexo da sonda não está em destaque. A próxima seção lhe mostrará como melhorar a visibilidade do reflexo e da sonda!

*As propriedades do material da máscara poderão ser vistas desta maneira.*

Projeto 13 - AJUSTE DE CÂMERAS | **283**

## *O* TOQUE DE ACABAMENTO

Você deve ter percebido que ainda é difícil ver a sonda refletida nas poças. Para dar os toques finais nesta cena, você adicionará um simples brilho no vídeo post nas antenas da sonda. Isso não somente permitirá que a sonda apareça nas poças como também iluminará melhor a viela escura. E supostamente, todas as sondas tem luzes nas antenas, certo?

1. Pressione "M" para abrir o Material Editor. Selecione a esfera de aspecto metálico Red. Para economizar tempo, isso já foi aplicado na parte superior das antenas da sonda. Clique o Material Effect Channel e fixe-o em **1**.

2. Feche o material, e na barra de menu superior, selecione o Rendering/ Video Post. Clique no pequeno bule de chá render com a seta em Add um evento em Scene. A Camera 1 deverá aparecer destacada; clique OK na parte inferior.

3. Clique a caixa amarela com a linha ondulada que abrirá para adicionar um evento Image Filter. Selecione Lens Effect Glow no menu drop-down e selecione OK.

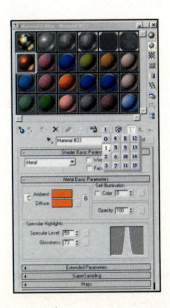

*Estabeleça o valor do Material Effect Channel em 1.*

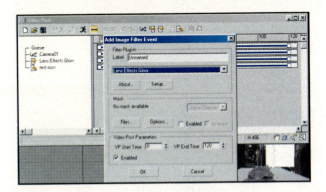

*Selecione Lens Effect Glow na relação móvel.*

4. Clique a caixa amarela com a seta "abaixo". Isso abrirá o Add Image Output Event. Clique Files e navegue para algum local do seu disco rígido onde você deseja salvar a renderização. Selecione o formato. Eu recomendo um filme QuickTime, mas você pode usar qualquer um. Clique Save e então OK em Image Output Event.

5. Agora você configurará o brilho. Clique duas vezes em Lens Effects Glow e clique Setup na caixa de aviso. Isso chamará a caixa de configuração de Lens Effects Glow. Antes de realizar alguma coisa, assegure-se de que o cursor do tempo de animação está fixado no quadro 105; dessa maneira a sonda está localizada à vista e sobre uma poça. Clique VP Queue e então clique Preview. Isto mostrará a cena renderizada na janela.

6. Sob Properties tab/Source, desmarque Object ID e selecione Effects ID. Aparece já marcado o valor **1**, que é o que você definiu no material Red Metal no Material/Map Browser. Você deveria estar assistindo a uma re-renderização da cena e não está enxergando nada novo. Clique a guia Preferences e fixe Effect/Size em **1.2**. Sob Color, selecione User e fixe a Intensity em **60.0**.

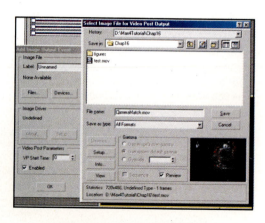

Especifique em qual formato e o local onde você deseja salvar sua renderização.

Especifique estes parâmetros para alcançar o brilho apropriado.

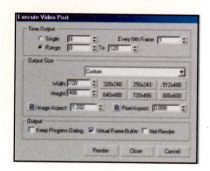

Selecione seu Output Size e renderize!

**7** Após a cena re-renderizar, você deveria ver um bonito brilho nas antenas da sonda e no reflexo da poça. Clique OK e neste momento você está pronto para renderizar a cena. Clique no homenzinho correndo no topo da tela. No menu pop-up Execute Video Post, selecione Range 0 a 120 e selecione seu tamanho sob Output Size. Clique Render e observe-o rodar! (Este é o momento perfeito para experimentar uma das Render Wonders que todos os animadores de computadores gostamos de assistir.)

---

**Observação**: Para esta primeira renderização, recomendo a resolução de 320x240 para que você examine o resultado da cena. Quando usar seus próprios modelos (ou se você desejar gravar esta cena em fita), execute a renderização em 720x4865 em vídeo NTSC. Se você está exportando o trabalho para uma fita DV, renderize em 720x480.

---

**Observação**: Para animar os braços, você precisa selecionar um osso e movê-lo para cima e para baixo com o botão Animate ligado. Você pode fazer isso se desejar. Você também pode fazer a sonda girar de cabeça para baixo e realizar todo tipo de movimentos. Seja criativo!

## Modificações

Usar seus próprios modelos é o melhor método para personalizar esta cena. Você pode adicionar maior realismo a esta cena acrescentando focos luminosos na sonda. Você pode desejar criar um sistema de partículas que atue como uma chuva e balança a sonda.

Na pasta do projeto no CD-ROM em anexo há diversos exemplos de cenas de ajuste de câmeras que eu criei com figuras estáticas. Eles tem o nome de Ship.avi e Swamp.avi. Examine-os e talvez surjam algumas boas idéias!

*Uma nave espacial pousando na figura plana de um pântano.*

*Um personagem que eu criei caminhando através de uma imagem plana.*

# APÊNDICE

*"Drama é a vida com os pedaços enfadonhos eliminados."*

— Alfred Hitchcock

## O CONTEÚDO DO CD-ROM

O CD-ROM em anexo está cheio de todo tipo de arquivos com exercícios e produtos para ajudá-lo a trabalhar com este livro e com o 3ds max 4. As seções seguintes contém uma descrição detalhada do conteúdo do CD.

Para informação adicional sobre o uso deste CD, por favor consulte o arquivo ReadMe.txt no diretório raiz. Este arquivo inclui importantes informações repetidas, assim como informação sobre instalação, exigências do sistema, soluções quebra-galho e apoio técnico.

**288** 3ds max 4: efeitos mágicos

## EXIGÊNCIAS DO SISTEMA

Este CD-ROM foi configurado para ser usado nos sistemas que operam com Windows NT Workstation, Windows 95, Windows 98 e Windows 2000. A seguir, as exigências mínimas que são recomendadas para rodar o CD; as necessidades para o software incluso podem variar.

Processador: 486DX ou maior

Memória (RAM): 24MB

Monitor: VGA, 640x480, 256 cores ou mais

Espaço de armazenagem: 10MB mínimo

Outros: Mouse ou recurso apontador compatível

Opcional: Conexão para Internet e Navegador para Web

## COMO CARREGAR OS ARQUIVOS DO CD

Para carregar os arquivos do CD, insira o disco no seu drive de CD-ROM. Se o AutoPlay está habilitado o programa de configuração começará automaticamente na primeira vez que você inserir o disco. Você pode copiar os arquivos para o disco rígido ou utilizá-los direto do disco.

> **Observação**: Este CD-ROM utiliza nomes compridos e misturados e exige o uso de um driver de CD-ROM de modo protegido.

## ARQUIVO DE EXERCÍCIOS

Este CD-ROM inclui todos os arquivos de que você necessitará para completar os exercícios do *3ds max 4 Magic*. Esses arquivos podem ser encontrados no diretório raiz da pasta Examples.

## PROGRAMAS DE TERCEIROS

Este CD inclui também programas e demos de terceiros originários de empresas líderes da indústria. Estes programas foram cuidadosamente selecionados para ajudá-lo a fortalecer suas habilidades profissionais no 3ds max.

Por gentileza, observe que os programas incluídos neste CD são programas shareware, ou seja, "experimente antes de comprar". Por favor apoie os vendedores independentes comprando ou registrando todo programa shareware que você usar por mais de 30 dias. Verifique na documentação fornecida com o programa, onde e como registrar o produto.

- ▶ **Adobe Acrobat Reader**. Este programa permite ler e imprimir arquivos Adobe PDF (Portable Document Format). Os arquivos PDF são mais confiáveis e fáceis de ler.
- ▶ **Blob Mod**. É um simples modificador metaball. Ele posicionará um metaball em cada vértice de uma malha.

  **Diretório**: 3rdParty\peterwajte\blobmod\BlobMod.dlm

Apêndice | **289**

▶ **Chase**: Chase Gravity é um invólucro espacial que induz as partículas a procurar o envoltório espacial ou um objeto específico. É útil para criar animações de conjuntos de objetos ou usando partículas para esboçar um objeto.

**Diretório**: 3rdParty\peterwajte\chasemod\sticky.dlm

▶ **Forrest Pack Lite**. É um pacote de oito plug-ins para 3ds max e 3D Studio Viz destinado a dar uma solução completa para a criação de grandes superfícies de árvores e plantas.

**Diretório**: 3rdParty\forestpacklt\setup.exe

▶ **Hair**. É uma partícula que simula cabelo. Principalmente empregada para criar cabelo comprido, também pode ser usada para simular os cabelos curtos do corpo.

**Diretório**: 3rdParty\peterwajte\hair\pw_hair.dlo

▶ **Illustrate! 5.1**. Um recurso técnico gráfico para execução de renderização nos ambientes do 3ds max e 3D Studio VIZ. Captura suas cenas em 3D e as renderiza imitando esboços manuais. O Illustrate! inclui uma enorme variedade de estilos de desenho.

▶ **Key_Shifter**. Este MaxScript de Stefan Didak (animagic) define objetos Limitadores durante o desenvolvimento do processo.

▶ **Particle Paint**. Este material transforma um sistema de partículas em uma lata de tinta spray. No momento em que a partícula se aproxima de um objeto dotado do Particle Paint os materiais se misturam.

**Diretório**: 3rdParty\peterwajte\ppaint\ppaint.dlt

▶ **Particle Displace**. Este plug-in é um simples modificador de deslocamento de partículas. Funciona da mesma maneira que o modificador Displace habitual, exceto que o sistema de partículas é usado para deslocar o objeto e não o recurso provisório (gizmo). Este plug-in facilita a criação de objetos e de sistemas de partículas.

**Diretório**: 3rdParty\peterwajte\pdisplace\pdisplace.dlt

▶ **Solidify**. É um modificador que transforma suas superfícies e as deixa sólidas.

**Diretório**: 3rdParty\solidify\solidify.dlm

▶ **Texporter**. É um plug-in utilitário para o 3ds max. Seu principal propósito é a simples pintura de malhas.

**Diretório**: 3rdParty\texporter\plugins\Texporter3.dlu

▶ **Ultimate MAX Internet Guide**. Este guia inclui um banco de dados para pesquisa com cerca de 450 sites na Internet. Você pode procurar através de simples funções embutidas como listar todos os tutoriais gratuitos ou empregar utilitários de pesquisa usando palavras chaves mais específicas.

**Diretório**: 3rdParty\appliedideas\setup.exe

## PROJETOS GRATUITOS

Na pasta Bonus Projects, você encontrará cinco projetos adicionais, incluindo projetos totalmente novos e material desenvolvido para projetos existentes. Os incluímos (no formato PDF) de forma gratuita.

## Projeto-bônus 1: Fumaça e vento
### por Sean Bonney

Criar efeitos realistas de fumaça requer considerações especiais nas áreas de colisão, quantidade de movimento e volume. Em muitas ocasiões a fumaça se chocará com os objetos da cena de uma maneira difusa e variável, de acordo com o momento e o volume, segundo as condições do vento e as propriedades térmicas da cena. Neste projeto, você levará em consideração o vento e a fumaça juntos, porque o movimento da fumaça será determinado pela percepção do movimento das massas de ar na cena.

## Projeto-bônus 2: Modelo e mapeamento de uma cabeça
### por Laurent M. Abecassis

Como temos o hábito de ver cabeças e caras desde o momento em que nascemos, podemos detectar qualquer irregularidade no aspecto de uma cabeça modelada sem sequer compreender qual é o problema. Este projeto ensina a modelar cabeças realísticas usando a técnica NurMs e o plug-in freeware TLUnwrap. NurMs é uma subdivisão das técnicas de modelagem que permite que você trabalhe sobre uma malha de baixa resolução que você subdivide em tempo de renderização. TLUnwrap é um modificador freeware criado pela Mankua (**www.mankua.com**) que permite que você abra seu mapa UVW diretamente no visor. Isso ajuda a gerar os mapas de imagem até alcançar um aspecto real.

## PROJETO-BÔNUS 3: EXPRESSÕES FACIAIS E MOVIMENTO DOS LÁBIOS
### POR LAURENT M. ABECASSIS

Este projeto trata de expressões faciais e movimento dos lábios. Ele explica como definir as diversas partes do rosto e sugere meios para animá-lo, usando o 3ds max 4. Este projeto explora os alvos morfológicos necessários para provocar uma expressão facial, como usar os ossos e pele para criar os movimentos de cabeça e como utilizar um limitador LookAT para animar a visualização de um personagem.

## PROJETO-BÔNUS 4: CONTEÚDO AMPLIADO DO PROJETO 3
### POR DANIEL MANAHAN

Este projeto ensina aos usuários avançados como modelar o solo intrincado e os arcos utilizados no Projeto 3, "Cena Submarina".

## PROJETO-BÔNUS 5: CONTEÚDO AMPLIADO DO PROJETO 8
### POR SUE BLACKMAN

Este projeto ensina aos usuários a articular os movimentos complicados do conjunto mecânico de captura utilizado no Projeto 8, "Máquina Mecânica".

## *Leia isto antes de abrir*
## *o envelope do software*

Ao abrir o pacote do CD, você concorda com a obrigatoriedade de cumprir o seguinte acordo:

Você não pode copiar ou redistribuir o CD-ROM como um todo. Copiar e redistribuir os programas de software individuais no CD-ROM está regulamentado pelos donos dos direitos autorais individuais.

O instalador, código, imagens e arquivos do autor(es) estão com seus direitos protegidos pelo editor e os autores.

Este software é vendido como se encontra, sem garantia de nenhuma espécie, seja ela expressa ou implícita, inclusa mas não limitada pela garantias implícitas da comercialização e adequação para um propósito determinado.

Nem o editor nem seus representantes ou distribuidores, assume nenhum compromisso por qualquer dano alegado ou real provocados pelo uso deste programa. (Alguns estados não permitem a exclusão das garantias implícitas, dessa maneira talvez a exclusão não possa ser aplicável no seu caso.)

# Índice

## Símbolos

256X256 pixels, 222

## A

acesso
  propriedades das subchaves nas chaves
    Master, 123-124
  subobjetos, 121
ActiveShade, 222-223
adicionando
  atmosfera em tormentas, 205-208
  brilho em objetos, 283-285
  caos com modificador Noise, 131-132
  chuva em paisagens marítimas com
    tormenta, 208-211
  cor em materiais, 217
  detalhes em texturas, 219-221
  detalhes geométricos em texturas, 225-
    229
  espuma em páisagens marítimas com
    tormentas, 202-204
  manipuladores, 145-151
  movimento em objeto água-viva, 120-
    123

névoa para simular a transparência das
  águas profundas, 72
raios de luz atravessando a água, 73-74
adicionando movimento a criaturas tipo água-
  viva, 120-122
  ciclos repetitivos, 122-123
agrupando os deslizadores, 154
água
  adicionando névoa para simular a trans-
    parência das águas profundas, 72
  água com ondas, animando Cell Color,
    49-52
  águas agitadas, 35-37
  água subindo, materiais para, 47-42
  água-viva. *Veja* criaturas tipo água-viva
  dando corpo à água, partículas metablob,
    40
  deformando, 112-115
  paisagens marítimas com tormenta. *Veja*
    paisagens marítimas com tormenta
  raios de luz atravessando o mar, 73-74
  refletindo luz da, 71-72
  respingos, criando, 109-111
  textura de água brilhante, 65-66
água brilhante, criando, 65-66

**294** | 3ds max 4: efeitos mágicos

água corrente
  aparência de, 43-47
  coletando, 41-42
  configurando o jorro inicial da água, 33-34
  controlando com defletores, 35-37
  modificações em, 53
  preparações para, 32
  renderizando, 52-53
  respingo, criando, 38-39
água gotejando, animando Cell Color, 49-52
águas agitadas, envolturas espaciais Motor, 35-37
água subindo, materiais para, 47-52
ajustando
  ângulos do plano, 274
  luz para refletir pela superfície da água, 71-72
  os valores de Life para evitar o balanço, 41
ajuste de câmera, 270
  adicionando brilho a objetos, 283-285
  configurando a iluminação básica, 276-277
  criando
    objetos da cena, 278-280
    reflexos, 282
  modificações em, 285
  objetos, animando, 280-281
  preparando para, 271
alinhando
  dummies, 178
  objetos, 163
alterando
  cabos de Bézier para Bézier Corner, 172
  dispersão de partículas, 34
alvos morfológicos, 152
ambientes, cenas submarinas, 132-136
anexando objetos
  a objetos que balançam, 105-108
  a outros objetos, 163-164
ângulos, ajustando os ângulos do plano, 274
ângulos do plano, ajustando, 274
animais, água-viva. *Veja* criaturas tipo água-viva
animando
  bolhas, 60-61

Cell Color, 49-52
criaturas tipo água-viva. *Veja* criaturas tipo água-viva.
criaturas vivas, criaturas tipo água-viva. *Veja* criaturas tipo água-viva.
cáusticos, 70-71
explosões, animação final, 27-28
fios, animação mecânica, 160-161
Gradient Ramp, 245-247
interações e movimentos de, 63-64
luz natural, 97-100
  materiais, explosões, 15-16
  mesa de pregos, 245-247
  objetos, ajuste de câmara, 280-281
  ondas, 59
  vistas, cenas submarinas, 76-77
animação, barra de ferramentas de, 143
animação de personagens
  braços, preparando para a animação, 141
  combinando diversas ferramentas de animação, 151-153
  FK. *Veja* FK
  IK. *Veja* IK
  modificações em, 154
animação mecânica
  bolas
    enviado para baixo na esteira rolante, 177-178
    lançando, 183-184
    levantando, 180-183
    movendo com ligação dinâmica, 169-171
  camadas misturadas, 185
  esteiras rolantes, 171-174
    enviando bolas para baixo, 177-178
    movendo com controladores Expression, 178-180
  fios
    anexando em polias, 162
    animação, 160-161
  garras de captura, 184
  girar engrenagens e rodas, 174-177
  juntando tudo, 185-186
  manchas de movimento, 186
  mecanismos da polia, 158-160
  modificações em, 187-188

# Índice 295

objetos
    anexando, 163-164
    girar, 166-168
    ligando apenas um objeto, 164-168
    objetos móveis, 169-171
    preparando para, 157-158
antenas, adicionando brilho em antenas da sonda, 283-285
aparência da água, 43-47
aplicando
    correntes IK em objetos, 142-146
    filtros no Photoshop, 262
Array, ferramenta, 230
aspecto 3D-cel, 264
    materiais do esboço, 264-265
    materiais sombreados, 266-267
aspecto de água corrente, 43-47
assistentes Point, 105
ativando Ghosting, 120
atmosfera. *Veja também* tempo
    adicionando em tormentas, 205-208
    névoa, cor da, 206
automação, MaxScript, 236

## B

balanço da corda
    anexando objetos ao, 105-108
    flexionando a corda, 103-105
    modificações no, 115
balanço em mares com tormenta, criando, 191-195
barras de ferramentas, barra de ferramenta Animation, 143
Blab, Harald, 157
blasts. *Veja* explosões
Blur Studios, 79
bolas
    elevação, 180-183
    enviando para baixo na esteira rolante, 177-178
    lançando, 183-184
    movendo, 169-171
bolhas
    adicionando texturas, 69
    animando, 60-61
        interações e movimentos de, 63-64

configurando tamanho e tempo, 62
escolhendo um objeto para produzir bolhas, 61
Motion Blur, 61
bombas, criando marcas do impacto, 9-11
braços
    correntes IK, aplicando em, 142-145
    flexionando músculos, 151-153
    métodos de nomeação, 142
    preparando para animar, 141
brilho
    adicionando a objetos, 283-285
    ao redor de imagens projetadas, 94
    das explosões, 17-20
Bézier Corner, mudando nos cabos, 172

## C

cabos
    anexando em objetos, 163-164
    mudando de Bézier para Bézier Corner, 172
caixa de verificação Exponential, 207
caixas Absolute Transform Type-In, 273
caixas primitivas, 239
código Warrior(), 157
Cell Color, animando, 49-52
cenas, renderizar, 78
cenas submarinas, 55
    adicionando
        névoa para simular águas profundas, 72
        raios de luz atravessando a água, 73-74
    água, textura da água brilhante, 65-66
    animando
        bolhas, 60-61
        cáusticos, 70-71
        ondas, 59
        vistas, 76-77
    bolhas
        animando interações e movimentos de, 63-64
        configurando tamanho e tempo, 62
        texturas, 69
    câmeras ligadas, raios de luz, iluminar a água para a massa de luz, 75-76

**296** 3ds max 4: efeitos mágicos

criando, 132-136
criaturas tipo água-viva. *Veja* criaturas
tipo água-viva
escolhendo objetos para produzir bolhas,
61
modificações em, 79
preparando para, 56-57
profundidade do campo, 57-58
refletindo luz sobre a superfície da água,
71-72
renderizando, 78
solo, textura do solo rochoso, 67-68
chaves Master, acessar propriedades das
subchaves, 123-124
chuva, adicionando em paisagens marítimas com tormentas, 208-211
chuva de entulhos, 24-26
ciclos repetitivos, 122-123
cilindros primitivos, 238
cinemática inversa. *Veja* IK
cinemática progressiva. *Veja* FK
clone
entre os canais Bump e Specular Level,
200
luzes, 88
mapas, 217
câmeras livres, configurando, 271-273
câmeras. *Veja também* ajuste de câmeras
configurando, 271-273
planos do solo, 273-275
profundidade do campo em cenas submarinas, 57-58
codec Ligos Indeo 5.11, 115
colando modificadores, 112
coletando água corrente, 41-42
colheres, girando, 166-168
colocando massa de luzes, 85
combinando ferramentas de animação para
criar configurações de personagens sem
emendas, 151-153
conexões
ferramenta espacial, 177
objetos, 176
problemas com, 175
configurações Attenuation, 89, 94
configurações de iluminação geral, 83-89

configurações Particle Timing, respingos da
água corrente, 38
controlador Attachment, 159
controlador de movimento Constrain to Path,
animando criaturas tipo água-viva, 128-
129
controladores
Attachment, 159
Float List, 98
Noise Float, 98
controladores de expressão, animando as
esteiras rolantes, 178-180
controlador Float List, 98
controlador Noise Float, 98
controlador Rotation, 148
controlando
água corrente com defletores, 35-37
objetos com FK, 146-150
copiando
mapas, 217
modificadores, 112
cor Attenuation, 89
cordas
anexando a objetos, 162
animando, 160-161
cor Diffuse, 66
cores
adicionando em materiais, 217
cor Diffuse, 66
cor Self-Illumination, 66
cor Specular, 66
névoa, 20
correntes IK
aplicando em objetos, 142-146
sobrepondo, 146, 154
solução de rotação, 143
correntes IK sobrepostas, 145, 154
cor Self-Illumination, 66
cor Specular, 66
criando
caixas primitivas, 239
cenas submarinas. *Veja* cenas submarinas
chuva, 208-211
chuva de entulho, 24-26
cilindros primitivos, 238

# Índice

criaturas tipo água-viva. *Veja* criaturas tipo água-viva
deslocamento de nuvens, 5-8
entulhos em chamas, 21-24
espuma, 197
expressões manipuladoras de evento, 250
Free Spotlight, 90
luzes Omni, 223
luz solar. *Veja* luz solar
mar agitado, 191-195
marcas de impacto, 9-11
objetos da cena, 278-280
ondas de choque, 12-14
paisagens marítimas com tormenta. *Veja* paisagens marítimas com tormenta
planos do solo, 273-275
planos primitivos, 237
reflexos, 282
respingos, 119-111
scripts, 249-252
terra queimada, 6-8
texturas metálicas enferrujadas no Material Editor, 215-219
criaturas tipo água-viva, 117-118
  animando
    com controlador de movimento Constrain to Path, 128-129
    com modificador Flex, 130
  cenas submarinas, 132-136
  criando o objeto água-viva, 119-120
    adicionando movimento, 120-123
  materiais
    configuração, 125-126
    criação, 126-127
  modificações para, 136-137
  movendo os tentáculos com o modificador Noise, 131-132
  preparando para, 118-119
  quadros-chave, 120
  refinando tiras em objetos 3D, 123-125
criaturas vivas, animando criaturas tipo água-viva. *Veja* criaturas tipo água-viva
curvas de função, 160-161
  função de curva direta, 167
curvas de função reta, 167
cáusticos, animando, 70-71

## D

dedos, controlando com FK, 146-150
defletores, controlando a água corrente, 35-37
deformando a água, 112-115
demarcações de sombra, 225
dependente da história (HD), 143
desativar o mapa Noise, 218
desenho à mão. *Veja* sketches
desligando destaques especulares, 85
deslizadores
  agrupando, 154
  movendo, 153
deslizador Hand, 149
deslocando
  planos, 191
  texturas marítimas, 6-8
destaque especular, desligando, 86
destaques, explosões (nuvens deslocadas), 5
detalhes
  adicionando em texturas, 219-221
detalhes geométricos
  adicionando em texturas, 225-228
  iluminação, 228-230
Didak, Stefan, 157
Digimation, 79
  Illustrate!, 267
Digital Nature Tools (Digimation), 79
dimensionando partículas, bolhas, 62
diminuição da luz, 87-88
dinâmica de corpo macio, 101
  água, deformando, 112-115
  flexionando objetos, 103-105
  preparando para, 103
Dirt (Blur Studios), 79
discreet, reator, 79
dispersão de partículas, mudando, 34
distância Near Clip, 58
dummies
  alinhando, 178
  animando como unidades independentes, 164-165
  ligando, 159

## E

efeitos estroboscópicos, playback em tempo real, 180

**298** | 3ds max 4: efeitos mágicos

efeitos Volume Light, 93
Electric (Blur Studios), 79
elemento progressbar, 249
elementos pickbutton, 249
emissor de partículas, 109-111
    herança de rotação ligada, 111
    propriedades de, 110
emissores SuperSpray, 109
empurrar objetos, envoltura espacial Wind, 64
end-effector (executor final), 143
engrenagens
    girando, 174-177
    malha, 176
entulho, criando entulho em chamas, 21-24
entulho em chamas, 21-24
entulhos em chamas de impacto, 21-23
envoltura espacial Motor, água giratória, 35-37
envoltura espacial Wind, 60
    empurrando objetos, 64
envoltura espacial Gravity, 23
    controlando a direção da água corrente, 34
envolturas espaciais
    Gravity, 23, 34
    Motor, 35-37
    Wind, 60
Epic, 233
esboços
    configuração de materiais para, 257-258
    configuração do material Falloff, 259-260
    criando no Photoshop, 260-263
escolhendo objetos para emitir partículas, 61
espuma
    adicionando a paisagens marítimas com tormenta, 202-204
    criando, 199
Essential Textures (Digimation), 79
esteiras rolantes
    criando, 171-174
    enviando bolas para baixo, 177-178
    movendo com controladores Expression, 178-180
Explicit Map Channel, 99

explosões, 3
    animando, 27-28
    brilho inicial de impacto, 17-20
    chuva de entulhos, 24-26
    deslocamento de nuvens, 5-8
    entulhos em chamas, 21-24
    explosões de impacto, 17-20
    marcas de impacto, 9-11
    modificações em, 29
    ondas de choque, 12-14
    preparando para, 4-5
    terra queimada, 6-8
    texturas marítimas deslocadas, 8-10
explosões de impacto, 17-20. *Veja também* explosões
expressões manipuladoras de evento, 250

# F

Far Attenuation, 73
fator brilho, clonando entre os canais Bump e Specular Level, 200
ferramenta Bind to Space Warp, 34
ferramenta Displacement, criando mares agitados, 191-195
ferramenta Rubber Stamp, 232
ferramentas
    ActiveShade, 222-223
    Array, 230
    Bind to Space Warp, 34
    Rubber Stamp, 232
    Select Object, 61-62
ferramentas de animação, combinação para criar juntas sem emendas na configuração de personagens, 151-153
ferramenta Select Object, 61
ferramentas espaciais, conexões, 177
filtro Animated Tracks Only, 245
filtro Rough Pastels, 261
filtros
    aplicando no Photoshop, 262
    filtro Animated Tracks Only, 245
    filtro Rough Pastels, 261
    filtro Sprayed Strokes, 262
filtro Sprayed Strokes, 262
finalizando animações mecânicas, 185-186
FinalRender Stage-0 (Trinity 3D), 79

Índice     299

FK (cinemática progressiva), 139-141
   controlando objetos, 146-150
flexionando
   músculos, 151-153
   objetos, corda balançando, 103-105
formas, refinando as tiras em, 123-125
formatos de imagem para mecanismos de jogos, 233
Free Spotlight, 90
função Create Material Preview, 204

## G

garras de captura, 184
Ghosting, ativando, 120
Gimble Look, 180
girando
   engrenagens e rodas, 174-177
   objetos, 174-177
gizmos Motor, 35
Global Tint, 97
Goldberg, Rube, 187
gradientes, invertendo, 10
gradientes invertidos, 10
Gradient Ramp, animando, 245-247
grupo Parametric Deformers, 113

## H-I

HABWare, 157
HD (dependente da história), 143
herança de rotação de ligação, emissores de partículas, 111
HI (independente da história), 143
IK (cinemática inversa), 139-141
Illustrate!, 267
iluminação
   adicionando raios luminosos que atravessam a água, 73-74
   ajustando para refletir da superfície da água, 71-72
   animando a luz natural, 97-100
   configurações de Attenuation, 94
   configuração, 253-254
   configuração da iluminação básica para ajuste de câmera, 276-277
   configuração da iluminação geral, 83-88
   detalhes geométricos, 228-230

   efeitos Volume Light, 93
   Global Tint, 97
   iluminação padrão, 84
   luzes clonadas, 87
   luzes do projetor, 90-94
   luzes editáveis, 84
   luzes omni, 276-277
   luz solar, 95-96
   modificações em, 100
   preparando para, 83
   renderizar sem luzes, 222
   texturas, 221-222, 224
iluminação padrão, 84
imagens projetadas, 91
   brilho ao redor, 94
independente da história (HI), 143

## K-L

Key_Shifter, 157
levantando objetos, 180-183
Lift Cups, levantando objetos, 180-183
ligações dinâmicas, limitador Link, 169-171
ligação
   dummies, 159
   objetos, 75-76
      ligação de apenas um objeto, 164-166
limitadores, 106
   limitador Link, 171-172
   Path Constraint, 105
limitador Link, ligação dinâmica, 169-171
Link, 159
LookAt Constraint, 106
loops for, 250
luzes-chave, sombras, 86
luzes do projetor, 90-94
luzes editáveis, 84
luzes omni, 276-277
   criação, 223
luz natural
   animação, 97-100
   efeito de manchas produzidos pelo sol ao atravessar as folhas, 97-100
luz solar, 95-97
   efeito manchado da luz solar atravessando as folhas, 97-100
   rompendo em torno da janela, 96

**300** 3ds max 4: efeitos mágicos

## M

malhas de engrenagens, 176
mancha de movimento baseado no objeto, 52
mancha, movimento da mancha (renderizando água fluindo), 54-55
manipuladores, 145
   adicionando, 146-150
   Plane Angle, 150
   Swivel Angle, 145
manipuladores Plane Angle, 150
manipulador Swivel Angle, 146
mãos, controlando com FK, 146-150
mapa de reflexos automático, 45
mapa Displacement, 239-240
mapa Noise, desativando, 218
mapa Projection, 100
mapa RGB Tint, 228
mapas
   clone, 217
   mapa Displacement, criação, 239-240
   mapa Fallof, 259
   mapa Noise, desativando, 218
   mapa Project ion, 100
   mapa RGB Tint, 228
   mapas Cellular, 49
   mapeamento de reflexo automático, 45
   renderizar, 221-224
   Shadow Maps, 96
mapas Cellular, 49
mapas Falloff, 259
Map Bias, 96
mapeamento explícito, 215
marcas de impacto, 9-11
mares agitados, criando, 191-195
máscara de objeto, 278
mascarar objetos, 278
massa luminosa, posicionando, 85
materiais
   adicionando cor em, 217
   configuração para uma aparência de esboço, 257-258
   criaturas tipo água-viva, 125-127
   materiais de contorno de aparência 3D-cel, 264-265

materiais sombreados para a aparência 3D-cel, 266-267
material Blend, 221
mesa de pregos, configuração, 239-244
materiais de contorno, aspecto 3D-cel, 264-265
materiais sombreados, aspecto 3D-cel, 266-267
material Blend, 221
Material Editor
   criando texturas de metal enferrujado, 215-219
   função Create Material Preview, 204
material Falloff, configurando para um aspecto de esboço, 259-260
Material/Map Navigator, 198
MaxScript, 250, 255
   automação, 236
   criação de scripts, 249-252
   preparando, 237-239
mecanismo de jogos
   256x256 pixels, 223
   formato de imagens para, 233
mecanismo Unreal (Epic), 233
mensagens de erro, tipo de rotação, 149
mesa de pregos, 236
   animando, 245-247
   configuração da iluminação e da renderização, 253-254
   materiais, configuração, 239-242, 244
   modificações em, 254
   preparando para, 237-239
mesa de pregos, criando scripts, 249-250
metal, texturas de metal enferrujado
   adicionando detalhes em, 219-221
   criando no Material Editor, 215-219
MetaParticles, 63
métodos de denominação, braços, 142
misturar camadas, 185
modificador Edit Mesh, 42
modificador Edit Patch, 125
modificadores
   copiar e colar, 112
   Edit Mesh, 42
   Edit Patch, 125
   Flex, 113

# Índice 301

Lathe, 123-124
MeshSmooth, 152
modificadores Volume Select, deformando a água, 112-115
Morpher, 152
Noise, adicionando caos, 131-132
ordem de, 152
Point Cache, 114
Push, 113
Skin, 151-152
UVW, 42
modificadores Volume Select, deformando a água, 112-115
modificador Flex, 113
animando criaturas tipo água-viva, 130
modificador Lathe, 123-124
modificador MeshSmooth, 40
modificador Morpher, 152
modificador Noise, adicionando caos, 131-132
modificador Point Cache, 114
modificador Push, 113
modificador Skin, 151-152
modificador UVW, 42
modificações
ao balanço das cordas, 115
em explosões, 29
na animação do personagem, 154
na animação mecânica, 187-188
na água corrente, 52-53
na iluminação, 100
na mesa de pregos, 254
na NPR, 267
nas cenas submarinas, 79
nas criaturas tipo água-viva, 136-137
nas paisagens marítimas com tormenta, 211
nas texturas, 233
no ajuste da câmera, 285
molas de corpo macio, objetos que balançam, 103-105
Motion Blur
animação mecânica, 186
bolhas, 61-62
renderizar água corrente, 52-53
movendo
deslizadores, 153

objetos, 169-171
partículas, velocidade de, 21
movimento, adicionando a criaturas tipo água-viva, 120-122
ciclos repetitivos, 122-123
músculos, flexionar, 151-153

## N

NPR (non-photorealistic rendering), 255
aspecto 3D-cel, 264
modificações em, 267
preparando para, 257
névoa
adicionando para simular águas profundas, 72
cor da, 206
nuvens, texturas de nuvens deslocadas, 5-6

## O

objetos
adicionando brilho a, 283-285
alinhando, 163
aplicando correntes IK a, 142-146
conectando, 176
controlando com FK, 146-150
criaturas tipo água-viva. Veja criaturas tipo água-viva
cáusticos, animando, 70-71
elevando, 180-183
enviando na esteiras rolantes, 177-178
escolhendo emitir partículas, 61
explodindo. Veja explosões
garras de captura, 184
girando, 166-168
água. Veja água
lançando, 183-184
ligando, 75-76
movendo, 169-171
objetos da cena, criando, 278-280
objetos Emitter, ocultando, 18
objetos Scatter, ocultando, 18
ocultando até renderizar, 251
pregos, configuração de materiais, 239-242, 244
respingo, criando, 109-111

**302** 3ds max 4: efeitos mágicos

objetos 3D, ajustando tiras em, 123-125
objetos da cena, criando para ajuste da câmera, 278-280
objetos Emitter, ocultar, 18
objetos lançados, 183-184
objetos que balançam, molas de corpo macio, 103-105
objetos Scatter, ocultando, 18
objetos sinalizadores, 166-168
objetos voadores, animando, 280-281
ocultando
   objetos até a renderização, 251
   objetos Scatter e Emitter, 17
ondas, animando, 59
ondas de choque, 12-14
operações Boolean, 42
ordem dos modificadores, 152
Output Amount, 92

## P

paisagens marítimas com tormenta, 189
   criando mares agitados, 191-195
   modificações em, 212
   texturas de, 196-201
pandas, anexando a uma corda que balança, 105-108
partículas
   alterando a dispersão, 34
   chuva de entulhos, criação, 24-26
   criando chuva, 208-211
   entulhos em chamas, criação, 21-23
   interações de animação e movimentos de, 63-64
   partículas metablob, 40
   sincronização, 62
   tamanho, 62
   velocidade do movimento, 21
partículas emissoras, 109-111
   escolhendo um objeto para, 61
partículas metablob, 40
Particles Spawn, 25
Path Constraint, anexando objetos a objetos que balançam, 105-108
pequena chuva de entulhos de impacto, 24-26

Photoshop
   aplicando filtros, 262
   criando imagens que pareçam esboços, 262-263
planos
   deslocando, 191
   planos do solo, criando, 273-275
planos do solo, 273-275
planos primitivos, criando, 237
playback em tempo real, efeitos estroboscópicos, 180
plug-ins, 79
poças de chuva, criação de reflexos em, 282
polias, animação mecânica, 158-160
pregos
   configurando a iluminação e a renderização, 253-254
   materiais, configuração de, 239-244
   mesa de pregos, criação de scripts, 249-252
   modificações em, 254
problemas com as conexões, 175
propriedades do emissor de partículas, 110

## Q-R

quadros-chave
   criaturas tipo água-viva, 120
   lançar objetos, 183-184
QuickDirt (Digimation), 79
reactor (discreet), 79
refinando tiras para objetos 3D, 123-125
refletir luz sobre a superfície da água, 71-72
reflexos, criando em poças de chuva, 282
renderizar
   cenas, 78
   configuração, 253-254
   água corrente, 51-52
   mapas, 221-224
   sem luzes, 222
Render Map, 216
Render Multipliers, 191
respingos, criando, 109-111
   da água corrente, 38-39
rodas, girando, 174-177
Roller (HABWare), 157
rotação de correntes IK, soluções, 143

# Índice

**303**

## S

scripts
criando, 249-253
MaxScript, 249
Self-Illumination, 127
Shadow Maps, 96
Shag: Hair (Digimation), 79
sinalizador Speed Chaos Factor, 22
sincronização de partículas, 62
sistemas de partícula
água corrente, configuração do jorro inicial da água, 33-34
ajustando os valores Life para evitar o balanço, 41
respingos da água corrente, 38-39
sistemas IK, independente da história (HI), 105
solo rochoso, criando, 67-68
soluções para correntes IK, rotação de, 143
solução IK independente da história (HI), 105
sombras, 86
luzes-chaves, 86
luz solar rompendo em torno da janela com sombras dimensionais, 96
sondas
adicionando brilho nas antenas, 283-285
animando, 280-281
Specular Level, 66
Splash!Max (Digimation), 79
Stitch (Digimation), 79
subchaves, acessando as propriedades das subchaves através de chaves Master, 124
subobjetos, acessando, 121
superfícies planas riscadas por sulcos, 226
Swami*, 157

## T

Target Distance, 58
teclas de atalho, 59
teclas Quick Render, 275
tempo. *Veja também* atmosfera
adicionando atmosfera em tormentas, 205-208
chuva, adicionando em paisagens marítimas com tormentas, 208-210
terra queimada, criação, 6-8

texturas
água brilhante, 65-66
em paisagens marítimas com tormenta, 196-201
fragmentação, 230-232
iluminação, 221-224
metal enferrujado, criando no Material Editor, 215-219
modificações em, 233
solo rochoso, 67-68
texturas de nuvens deslocadas, 5-6
transparência das bolhas, 69
texturas divididas, 230-232
texturas do mar, deslocando, 6-8
texturas metálicas enferrujadas
adicionando detalhe a, 219-221
criando no Material Editor, 215-219
tipo de rotação, mensagens de erro, 149
tiras, ajustando para objetos 3D, 123-125
tormentas, adicionando atmosfera a, 205-208
Track View, 129
Tree Druid (Digimation), 79
Trinity 3D, FinalRender Stage-0, 79

## U-Z

Unreal, 233
Unreal Tournament, 233
utilitário Light Lister, 95-97
valores de Life de um sistema de partículas, ajustando, 41
velocidade de movimento de partículas, 21
visor Perspective, 271
visão Schematic, 142
vistas, animando cenas submarinas, 76-77
volume, dando volume à água (partículas metablob), 40
Web sites
Zygote Media Group, 257
Didak, Stefan, 157
HABWare, 157
Ligos, 115
Swami*, 157
Zygote Media Group, 257

# O CD que acompanha
# *3ds max 4: efeitos mágicos*

O CD que acompanha este livro contém recursos valiosíssimos para aqueles que usam o 3ds max 4, dos quais estes merecem destaque:

- ▶ **Arquivos de projeto:** Os arquivos de projeto iniciais e os arquivos de exemplo completos disponibilizados pelos autores permitem que você aprenda todas as etapas dos projetos.
- ▶ **Produtos de software de terceiros relacionados ao 3ds Max 4:** Diversos plug-ins interessantíssimos foram incluídos no CD, como, por exemplo, Ultimate MAX Internet Guide, Forrest Pack Lite, Solidify e Textporter. (Para obter uma lista completa de produtos de software de terceiros, consulte o Apêndice A.)
- ▶ **Capítulos-bônus:** Cinco projetos são oferecidos como bonificação, abordando desde projetos completos a material complementar para projetos preexistentes.

## ACESSO AOS ARQUIVOS DE PROJETOS NO CD

A maioria dos projetos deste livro usa arquivos do 3ds max 4 que contêm parâmetros predefinidos, imagens, áudio e outras informações importantes de que você precisará para trabalhar no projeto final.

Todos os arquivos de projeto encontram-se convenientemente posicionados no diretório Examples do CD. Para acessar os arquivos do Projeto 5, por exemplo, localize o diretório correspondente no CD que acompanha este livro: Examples\Chap05.

Recomendamos que você copie os arquivos de projeto para o seu disco rígido, o que não é absolutamente necessário se você não pretende salvá-los.

**Observação:** Para obter uma lista completa dos arquivos do CD-ROM, consulte o Apêndice.